生命哲學
Philosophy of Life

2022年第2辑
（总第4辑）

詹石窗　主编

Philosophy of Life

商务印书馆
The Commercial Press

图书在版编目 (CIP) 数据

生命哲学研究 . 总第 4 辑 / 詹石窗主编 . — 北京：
商务印书馆 , 2022
ISBN 978-7-100-21095-9

Ⅰ . ①生… Ⅱ . ①詹… Ⅲ . ①生命哲学—研究 Ⅳ .
① B083

中国版本图书馆 CIP 数据核字（2022）第 207231 号

生命哲学研究
总第 4 辑
詹石窗　主编

商 务 印 书 馆 出 版
（北京王府井大街 36 号 邮政编码 100710）
商 务 印 书 馆 发 行
北京虎彩文化传播有限公司印刷
ISBN　978-7-100-21095-9

2022 年 12 月第 1 版　　　开本 787×1092　1/16
2022 年 12 月北京第 1 次印刷 印张 13¾
定价：78.00 元

目录

现当代生命哲学

书 评

特　　稿

论老子的圣贤智巧对
庄子和孔孟的超越

杜保瑞　张雅迪[*]

摘　要：儒家重理想，以理想、使命为生命的出路，但理想常不可得，所以儒者常为杀身成仁、舍生取义之举，悲壮固然，却事未可成。于是庄子主张出世，追求个人精神、技艺的无限超越，个人生命有了出路固然是好的，但出世了就没了社会事功。老子哲学则既能够守住理想，又有应对世俗的智巧，所以是入世哲学的瑰宝，突破了儒家和庄子思想的瓶颈。老子的智巧以事功完成为目标，通过让利，让众人服务于事功的目标，不求个人名利，只求百姓福祉，所以老子是世间法最终的出路，并形成了对于孔孟和庄子的超越。

关键词：老子　孔子　孟子　庄子　世间法

一、前言

先秦哲学以政治关怀为主要出发点，各家学派都以关怀社会的入世心态，提出种种理想与做法以改善社会。唯各家出发点不同，因此意旨有别。其中，墨家关怀基层

---
* 杜保瑞，上海交通大学特聘教授，人文学院哲学系博士生导师，主要从事中国哲学方法论研究。张雅迪，上海交通大学马克思主义学院博士研究生，从事中国哲学、马克思主义中国化研究。

百姓，主张皆以为百姓发声为格局。儒家关怀百姓也关怀国家体制，深知唯有健全的官僚体制才能造福人民，于是期许自己承担社会责任，但却时常受到挫折。庄子认为社会体制只是束缚人心的牢笼，主张个人自由，不涉入政治管理事务。老子哲学既有儒家为民服务的理想，又有庄子看破社会体制虚伪性的认识，提出真正能够放下自己名利的做法，无为而无不为，是以超越了孔孟与庄子，是真正圣贤的智慧。为何圣贤必须如此舍己以为人呢？必须如此只服务却不受益呢？这是因为权力世界多恶人，不如此不足以成事，至于权力世界多恶人之原因这一点，则只有法家的学说才能讲清楚了。以上都是世间法的思维，若从出世间法的角度来看，佛教哲学才真正更彻底地说明生命的历程、人生的意义和世界存在的实况，因此就更能理解社会现实的产生原因以及自处之道。唯佛教哲学涉及信仰，不能人人相信，在没有佛教信仰的前提下，从世间法的角度说，一般知识分子的人生境界，就是以老子的圣贤智慧为最高了。此即本文之写作主旨。

孔子之所以为圣人，不只是因为他留下的《论语》中的智慧宝语，更是因为《论语》中的话语就是他自己的行为写照，他实践了自己说出的话，扎扎实实地带领众多的弟子，奠立了中国历史上的儒生族群，这个族群，世世代代为国家民族的事业奉献己生。所以孔子确乎圣人矣！老子呢？他没有明确的事迹，历史上传说为老子者甚至不止一人，但唯独有一部著作流传，且媲美于《论语》，开启了中国历史文明中在孔子思想之外的另一番思维气象，强调守柔、守弱、无为，同样使世世代代的知识分子衷心服膺。显然，孔子是圣人，而老子是智者；恰恰是老子的智慧，才真正让孔子的理想获得落实——老子的智能正是实现圣贤人格的路径，圣人提出理想，经由老子的智慧，而将其操作完成。本文之作，即在揭示这个观点，其关键就是：儒家讲理想，而道家深入人性，唯有掌握人性，理想才得以落实；人性不是建立了性善论就了事，性善论固然建立了人人可为尧舜的可能性，但治理天下、稳定秩序，还须从人性之恶下手，这就需要儒道合作。

这么一来，孔老就可以互补了，本文之作，便是在整合学派思想的立场上，界定各家的适用范围，指出它们特别的强项与其不及之边界。了解各家的特长，准确地应用之，而不要是此非彼，这样才是学习中国哲学的良好做法。本文之作，将对比庄子哲学和孔孟思想，提出老子哲学的超越之处。最后，要说明老子形态的圣贤人格如此艰辛作为的原因，关键就在于法家思想里所谈到的君王，君王多有闯祸丧国者，法家强迫自己面对的问题，就是如何让君王得以有效治国。反之，一位无能多欲的君王，正是造成圣贤的原因，因为圣贤既要匡正天下拯救百姓，又要受制于君王及其身边的权力之徒。从儒家到老子再到法家（庄子除外），这些都是世间法。两千多年来的中国智慧,固然家家都有道理,但这个民族始终浮浮沉沉,如同全球的人类命运一样,想要终极地看清世道,还有待佛学。然而,佛法是出世间法,人多不信,因此在世间法中,掌握老子哲学的智慧,正是人间圣贤的最高理想。

二、学派理论的认识方式与互相攻击下的误区

历来,中国哲学各家各派都有互相攻击的现象:儒道之间,有《论语》中儒者和隐士之辩①,有《庄子》中讥讽孔子之语②;儒法之间,有《韩非子·难篇》之辩儒;儒墨之间,有《墨子·非儒篇》之文章。这是先秦之时,迨至汉末,又有道佛之争;至宋明,又有儒佛之争。

这些争辩,伸张己意,正本清源,原本是理所当然。然而,却往往在批评他派学说时用力过度,导致各家水火不容;更令各家理论的真正价值被淹没在攻防争执之中,导致后学者产生学习上的阻碍。这种现象,到了被正视并且澄清的时候了。

三、整合诸子思想的理论努力:从参照中知己知彼

对于中国哲学的学习,笔者认为,一方面要深入原典,另一方面要参照各家。这是因为,儒、道、墨、法、佛各家,都是在讲人生理想的哲学,但因各家的切入面向之不同,观点也就互异,单从自己的面向以及关切的问题来看,各家的理论都是成立的。只是,不同学派彼此批评的时候,就会因为失去焦点而致错解。要解决这个问题,势必要互相参照,找到各自的特点与差异,就不必互相非议了。当然,中国哲学各学派都建立在有理想的人的思想上,既然是有理想,就要宣传推广以为世人所用,碰到意见不同时自然要争辩一番。然而,意见之不同不一定都是立场的对立,通常是由不同的问题甚至是不同的职业身份而造成的分歧。如《汉书·艺文志》中记载先秦学派的来源:

---

① 参见"长沮、桀溺耦而耕""子路从而后,遇丈人"两文,朱熹:《论语·微子第十八》,《四书章句》,齐鲁书社,1992年,第186页。
② 参见"孔子适楚,楚狂接舆游其门曰"一文,郭庆藩:《庄子集释》,王孝鱼点校,中华书局,2013年,第183页。

儒家者流,盖出于司徒之官……道家者流,盖出于史官……阴阳家者流,盖出于羲和之官……法家者流,盖出于理官……名家者流,盖出于礼官……墨家者流,盖出于清庙之守……纵横家者流,盖出于行人之官。[①]

既然职业身份不同,所论问题必异,各种主张只对自己的问题是有效的,而在学派争议中,往往看不清楚别人的问题,攻击别人的同时,就把别人给错解了。然而,古人如此也就罢了,因为他们自己是学派的创建者。但今人的学习,就不能如此了,不能读了一家就认为只有这家是真理,而是应该综览各家,互相参照,如此方能见出各家特点;也不必再有学派意见之争,只要采用各家的优点就好了。

四、架构诸子哲学的视野:六爻的架构

近年来,笔者通过对中国哲学各学派的问题进行整合,提出了一个架构,借由《周易》六爻的阶层关系,将墨家、儒家、庄子、老子、法家、佛教列入这初爻到六爻的社会阶层视野中。初爻是墨家,代表基层百姓的心声,提出节用、薄葬、非乐、天志、明鬼等观点。儒家是二爻,代表基层言吏的心声,提出仁义礼智的价值观,实际上就是服务的人生观,倡议君王要行仁政爱百姓,自己扮演专业政治管理人的角色,而不是权力型的人物。庄子是第三爻,在体制中没有实权实位,自己选择做个自由人,以追求自己的兴趣、嗜好、技艺为目标,以达到个人技艺的最高境界为人生的理想,不负社会建设的责任。老子是第四爻,代表中央的高层管理人,权力大,能做大事,但却时常处于权力斗争当中,所以要学习无为、守弱、谦下,这样才能团结人心,促成美事。法家是第五爻,专注于君王权力使用的问题:谈御下之道,重赏罚;谈君权至上,此为势,需慎用;又谈严守法令及外交攻防之术,而有法、术、势三项应用的技巧。佛教是第六爻,已与人间社会体制资源管理运用之事无关,只重自己的生死问题,求永生,在人间唯给而已,自度度人,自觉觉人。

以上架构借由《周易》六爻解释社会阶层的理论架构,将中国哲学各家各派的理论形态,列入初爻到上爻的六个阶层予以区分,以彰显各学派思想的特色,目的是讲清楚各家的差异。究其原因,关键是视野的不同:六爻由下而上是普通百姓、基层官员、自由业者、中央高阶官员、国君、高阶退休享福之人。笔者认为,各个学派理论的

---

① 班固:《汉书》,岳麓书社,1997年,第588—685页。

提出,与其自身所处之时位有直接的关系,因而提出的理论主张、意见都是合理的,只是多不全面。人生问题无数,个人处境多端,借由六爻的六个阶层,恰能彰显学派理论所处位阶不同的特征,从而合理化各家的命题意旨,但也破解了各家争辩的合理性。当然,从社会体制的阶层对比各家的形态,并不等同于将之视为各家理论成立的合法性基础,也不能就此限制了各家理论的适用范围。然而,借由这样的架构而对各家进行的对比研究,确实能对各家理论的合理性有适切的说明;同时在这对比的视野中,各家意旨更容易被了解,也取得了互不冲突的理论立足点。这就是适用性问题的落实,协助读者在认识各家学派的理论时,若能以这六个不同位阶人物的心灵去观照,就更能理解它们,也同时解决了理论合理性的问题。每个理论都有出发点、有智慧观点,也有面照不及的地方,不强求全面,不对比高下,各适其用是最好的。

基于以上的架构定位,笔者将展开关于儒道各家理论特质定位的讨论,从中见出老子哲学思想在庄子与孔孟之间的特殊定位。

五、孔子哲学的特质和边界

《论语》中的重要价值观以孝、仁、礼三个观念为主,《弟子规》书中所引的"弟子入则孝,出则弟,谨而信,泛爱众,而亲仁,行有余力,则以学文",也正是孔子思想的纲要,可以见出孔子追求的理想,是每个人都应该培养自己,以为社会服务,而且是成为在体制内的服务角色。孔子教诲弟子如何从政,就是要培养为体制服务的君子人格,从而成为基层官员的价值指导原则。孔子自己本来几乎就是一个平民,借由努力学习,获得政治人物的肯定,从而被拔擢为官;然而,不论位阶多高,他毕竟不是王公贵族出身,始终不能掌握根本性的最高权力,这使得他在国家体制的社会实践上,终究不能成功。《论语》中有言:

> 陈成子弑简公。孔子沐浴而朝,告于哀公曰:"陈恒弑其君,请讨之。"公曰:"告夫三子。"孔子曰:"以吾从大夫之后,不敢不告也。君曰'告夫三子'者!"之三子告,不可。孔子曰:"以吾从大夫之后,不敢不告也。"[①]

齐国本是姜子牙的封地,世代为姜姓国君,后为田氏权臣所篡,其间发生弑君事

---

① 朱熹:《论语·宪问篇》,《四书章句》,齐鲁书社,1992年,第145页。

件。就礼法而言,这是各诸侯国必须共同讨伐,以维护周王朝封建体制之尊严与法度的政治大事。然而,在鲁国从政的孔子,所面对的鲁国,本身也为三桓权臣所挟持,孔子面君报告此事,国君要他直接找三桓讨论,孔子也知道三桓不会理会此事,但为维护礼法,只得硬着头皮去报告,结果可想而知,无人搭理。这就看出,孔子对于政权拥有者,是无可奈何的,虽然自己有崇高的理想,想维护周王朝的礼法,但是他的位阶只是中高层官员,而非上层统治阶级,在关键的政治事件中依然要听命于人,且无反抗的想法。可以说,孔子对于掌握鲁国政权以至一统天下的理想是有心无力的,空有品格理想,却无实际做法,也没有关于如何操作的理论。孔子思想的特质,是要让每一个人成为君子,且应为社会服务。这样的品格,是社会体制中所有的人应有的基本修养,唯其如此,社会才会进步。然而,体制是有阶层的,权力是自上而下的,最高权力的掌握者才是真正决定体制良莠的关键。孔子的理想当然是让整个国家、社会都变好,但他自己在鲁国的实践就不能成功,以致离鲁他去,周游列国,但依然不行,最后只得回到鲁国以教学为主要工作。理想是留下来了,弟子也教育成材了,但各国的政治依然不堪,关键还是权力的问题,没有掌握高层的权力,就始终不能给人民真正美好的生活。孔子自己主张"不在其位,不谋其政"①,从礼法的角度,这是对的;但若为了天下百姓,则在其位是重要的,但更重要的是能做好事情、建设社会、服务国家、造福百姓,而这一切,不与权臣谋划是不能成行的。然而,如何为之? 老子有办法,且是站在官员的角色所讲的办法;韩非也有办法,且是站在国君的角色所讲的办法。而孔子是知识分子从政的角色,从他的位阶眼光来看,却是没有办法的。孔子的思想,固然成就了知识分子的人格,且建立了中华民族的道德价值观,但对如何掌握权力这种极为现实的问题,他的思想是没有构着的。孔子的理想只能是在体制内管好自己,能够清楚地分辨谁是君子、谁是小人;然而一旦与小人为伍时,他却只能自己避去,而不能掌握之。孔子如此,孟子亦然。笔者以为,这一部分就是老子哲学对儒家思想有所贡献之处。

六、孟子哲学的特质和边界

相较于孔子,孟子在政治哲学方面着墨更多。孔子可以说是从个人的角度说明人生的意义,且以服务为人生观,重君子小人之辨。孟子则是更多地从官员及君王的

---

① 朱熹:《论语·泰伯篇》,《四书章句》,齐鲁书社,1992 年,第 79 页。

角色出发,说明为官之道以及为君之道,同样是赋予高度的理想性要求,对中国政治哲学中国家存在的目的、国君与百姓的关系、国君与大臣的关系、官员与百姓的关系,都做了规范;基本上就是国家以照顾百姓为目的,而国君则应行仁政爱百姓,官员则是负责执行,如若做不到或国君不听从建议,则应辞官。此外,孟子提出性善的人性论,讲仁义礼智,也建立了工夫修养论,为君子人格的建立提出了修养论的普遍原理,即尽心知性等理论。这样就可以对比老子哲学思想的特色了。就儒家而言,在政治理论方面,儒者固然培养自己从政的能力,且要求国君尊重自己的专业,但是,作为在体制内的服务者,其事业的成功,仍然是要等待明君的——明君在上,正应孟子的期许,也是孟子所谈国君言论之所指。然而,君王英明与否,孟子没有办法左右,只能言语规劝,不合则自己求去。大臣做不好事,孟子也只能不与之相处,自己办自己的事情。也就是说,孟子与孔子一样,是知识分子性格,大道理讲得清楚,具体实践时的操作技巧是缺乏的。国君不行、大臣不行的时候,为保持高洁的理想,也只能选择自己离开权力场合。这样,虽然自己的高洁品格是保住了,但是对天下百姓却照顾不及了。

孟子道性善,言必称尧舜,但众人多半时间是活在私欲横流之中,君王大臣莫不如此,除了讲道理给他们听之外,就不能多做些什么吗?除了自己辞官他去外,就没有别的路可走了吗?孟子的逻辑就是,枉道事人,未有可成的,此话诚然。孟子想的是理想的完美实现,但是不可控制的变量太多,如何达到完美?物质建设如高铁、机场都是一点一滴建设起来的,社会建设、政治改革何尝不是如此?即使没有一百分,也不能就连十分都不要了,有时仅仅是十分,都能使很多百姓获益的。因此,孟子哲学一样有其边界,有其不能有效处理的面向。孟子谈的是国君与大臣应该如何作为的问题,期许自己是协助君王治理国家、一统天下的大臣;但是国君以及众多大臣之如何作为,孟子是没有办法管控的,而自己这个大臣职位的取得,以及受到君王的尊重,也只能依赖国君本身的英明,却无法在他的理论与实践中有所贡献。也就是说,孟子没有把知识分子从政的各种问题处理完全——如何顽强地实现理想,如何操作?有没有什么技巧?孟子并没有搞清楚这些事情。这样一来,理想就只能是理想了。对于这个问题,还是老子的哲学才真正面对了。

七、儒家面对问题的解决之道

面对人性自私贪鄙的问题,面对君王如此、大臣如此、一般基层官员如此、百姓如此时,儒家的做法就是教化全民。孔子自己是大教育家,孟子亦有弟子围绕。儒家的君子、孔孟之徒,纷纷以教育为己任,试图在广大百姓的基础上,重建人生的价值,厘清生命的意义,落实以君子人格为典范的教育理想。此一道路,可谓根本解决之道。然而,其依然是不足以成效于当下一时之间。因为再怎么教育百姓,也不能保证这些弟子将来都能从政,且占据上位;再怎么教育官员,也难以改变眼前的权力斗争局面。而儒者能做的,或是在野兴办教育,或是在朝坚守正义。问题就是,坚守正义往往与群小为仇,两相争斗的结果,皆是君子受刑戮的命运。儒者都是要从政的,就算是办教育也是在培养从政的官员,但是,政治毕竟是体制的事业,体制的资源便是小人觊觎的货财,体制的权力又是君王与大臣最为看重的事情,权力与资源引起无数的贪欲来争夺,儒者教人孝悌忠信,尽忠职守,这一正一邪之间的拉锯,就一位真正的君子儒而言,不论他的位阶是在基层还是高层,都是十分艰困的局面。那么,儒者该如何应对呢? 历史上有儒家理想性格的大臣,他们都面对了,也应对了,而他们面对及应对的技巧,却有许多是道家的智慧。并非他们已经不再是孔孟的信徒,而是以孔孟的理想为志向,以道家的智慧为操作的技巧,如此才能肆应贪鄙的人性以及艰困的局面。

其中,道家尚有老、庄、列三型。列子专注个人身体修炼,对儒家帮助不大,因为整个人生观的方向是不一致的。庄子的人生方向也与儒者不一致,但是庄子的形态毕竟是悠游在人间,这却对儒者有莫大的参考价值。至于老子,才真真正正是儒者从政的关键助力。老子的思想,深入人性黑暗的一面,根本性地关切了人际关系变化的律则,提出了掌握人际关系变化的应对之道,这正是儒者从政所需的操作技巧。列子姑且不论,以下先论庄子,再论老子。

八、庄子的特质与对儒家的功用

庄子哲学追求个人的自由,不参与社会体制的建设,这主要就《庄子》内七篇的主旨而言,外、杂篇就不然了,故此处以内七篇的庄子原型之思路为准。《庄子》可以说是体制外的哲学,包含出世主义及个人主义的思想,《齐物论》中就说出了社会议论的不可信,都是个人成见之致,因此任何人主张的社会理想都是不值得信赖的。《人间世》中则提出应世面对之道,基本上都是避开传统社会性角色的扮演逻辑,不以掌管天下、治理国家为思路,彻底看清政治人物的暴虐性格,对于社会体制的角色扮演都采取了退避的态度,也就是角色的存在是不得已,如"天下有大戒二,其一命也,其一义也"①。但扮演角色的原理可以是逍遥,也就是不投入,不以社会世俗的眼光处理自己的生活,摆脱社会评价的束缚,看破社会体制的虚妄,只求个人的适性逍遥。脱离了社会性的角色之后,个人的兴趣、嗜好、技艺就成了追求的重点。这样的人生态度,对儒家而言,是有其价值的。庄子可以看清世俗的虚伪,儒者何尝不能看清? 只是儒者有社会使命感,使得自己不得不艰辛地在体制内挣扎。问题是,确有不可为之时,若尚有可为,当然应该尽力一搏,假如时不我与,势不我利,在不可为的时候,也应该知道这不可为的边界已经出现,那就应该选择退出,放弃在体制内积极建设的角色与心态。事实上,孔子和孟子的去鲁与去齐,就是一种退出的行为,放弃了在体制内建设国家、社会的角色扮演,走出一条以个人专业教育子弟的体制外道路。若非有这种对世俗虚妄的透视,孔子和孟子岂能离开实现理想的舞台? 这一点,正是孔孟与庄子同调的地方。但很可惜,《论语》中的隐士却不能了解孔子。如:

> 问于桀溺,桀溺曰:"子为谁?"曰:"为仲由。"曰:"是鲁孔丘之徒与?"对曰:"然。"曰:"滔滔者,天下皆是也,而谁以易之。且而与其从辟人之士也,岂若从辟世之士哉?"耰而不辍。子路行以告,夫子怃然曰:"鸟兽不可与同群,吾非斯人之徒与而谁与? 天下有道,丘不与易也。"②

桀溺以孔子的周游列国只是辟人,而他们作为隐士者则是整个辟世了。其实,孔子也谈辟世,其言:"贤者辟世,其次辟地,其次辟色,其次辟言。"③差别只在,隐士之辟世,避开政治,再也不回头;孔孟之辟世,只是暂时离开眼前这个舞台,却希望有机会再回来,或是培养弟子回来。当然,这个差别是巨大的,已经显示了终极人生方向的不同,也就是说道家庄子和儒家思想的价值立场是根本不同的,一者出世,一者入世。"出世"是指不以社会体制的建设为人生的意义,不以社会体制的角色为生命的价值,"世"是世间,有管理众人之事务的社会体制,儒家就活在这样的结构里,期许君王大臣爱百姓、行仁政。而庄子就不活在这样的体制里,他的看破是彻底的看破,最终追求的是个人的适性逍遥,或是技艺的超升,或是神仙的境界。

本文认为,儒家的理想,确乎是人类社会体制根本需要的价值观,唯人性浇薄,贪欲横行,儒者的理想通常难以在社会现实中完美落实。为了避免与暴君恶人相

---

① 郭庆藩:《庄子集释》,王孝鱼点校,中华书局,2013 年,第 155 页。
② 朱熹:《论语·微子篇》,《四书章句》,齐鲁书社,1992 年,第 186 页。
③ 朱熹:《论语·宪问篇》,《四书章句》,齐鲁书社,1992 年,第 151 页。

斗而丧生受戮,接受庄子出世的思想是有必要的,这是保身、全生、养亲、尽年之道。①《论语》中的"贤者辟世,其次辟地,其次辟色,其次辟言",其中的"辟世""辟地",就是出世思想的方向,有不可为之时,就宜避开,若不能避,必身死牢笼,或者就同流合污了。儒者洁身自爱,讲公私义利之辨,自然不肯同流合污。庄子何尝不然?《逍遥游》中的大鹏鸟,心志比天,何肯与蜩、鸠为伍②,只是它一去不返,甚至祈求神仙的境界,社会体制的良好建设绝非它要追求的方向,这就跟儒家分途而为了。

孔孟及庄子都能看破社会体制的虚妄面,又都洁身自好,不肯与污秽为伍,在势不可为之时,都会离开舞台。那么,天下大势怎么办?百姓福祉甚至是国家安危怎么办?一旦有机会,或本来就在位,也一定要离开舞台,追求自己的兴趣、技艺吗?孔孟是离开了,但是又找到了新的角色——教育树人,所以并非投身个人技艺,还是在追求淑世理想,只是换了个教育舞台罢了。更何况,孔孟是大哲学家、大思想家,在理论上建立了万世不朽的价值观,则更上了思想的舞台。且孔孟的时代,知识分子与政权的关系尚有其自由,因为是多国时代,其实还有去处,只是他俩的时代没有明君而已,当然以孔孟的标准,明君还真是举世难求。至于秦以后的儒者,没有他国求官的空间,除非是三国、南北朝等乱世,但既是乱世,本就不是大有可为之时。然而就算是大一统的时代,依然是高层权势斗争激烈的格局,心系天下、关怀百姓的儒者,想要照顾人民、清理政治,则将如何自处以及与权臣小人相处?如何与暴君或是黯主相处?这时候,待在体制阶层中,有个一官半职,便是儒者不能不扮演的角色。当然,在体制外做儒商、做教育家也是很好的,但体制内仍然是儒者最终的舞台。此时,老子的智慧就真正派上用场了,因为他深透人性,对负面的人心了解深刻,对人事变化的规律掌握正确,知道如何应对,既能生存于体制的诡谲风云中,又能适时地为百姓做出贡献,既能保身,又能应世,还能有所贡献于人民的需求。

但是,老子这种智慧的展现,归根结底,仍是依据于对孔孟及庄子的两套重要思想的认识:其一是儒家的道德信念,为人民服务的胸怀;其二是庄子的世局观察,追求自性逍遥的精神。老子哲学是有仁爱胸怀的,但是政治场合终是虚妄不实的,权臣、小人、昏君总是时时掣肘的。因此,理想固然高远,做法必须务实,不求十分圆满,只求多做一分是一分,就在这样的夹缝中,老子哲学能够发挥处世应变的高度智慧,关键就在于对人性的了解以及对规律的掌握。

---

① 郭庆藩:《庄子集释》,王孝鱼点校,中华书局,2013年,第155页。
② 郭庆藩:《庄子集释》,王孝鱼点校,中华书局,2013年,第9页。

九、老子哲学的特质与对儒家的功用

老子是讲求规律的哲学,所谈"有无相生""反者道之动""天下万物生于有,有生于无",是说明人事变化的规律,掌握了规律,就掌握了应变之道。老子谈的是领导者的哲学,所谈"无为而无不为""取天下""天下莫能与之争""善有果而已""功成、事遂",说明了他就是要积极掌握世界,有创造事业、建设社会的理想。老子又不只有理想,还有实现理想的智巧,即"弱者道之用""损之又损,以至无为""取天下常以无事""夫唯不争""果而勿娇""身退""功成而弗居""生而不有,为而不恃,长而不宰"。可以说,老子的哲学,既有儒家治世的理想,又有庄子看破社会体制的虚妄的认识,进而有如何在虚妄的世界为人民服务的工夫修养。既要追求理想,照顾人民百姓,又要知道权力世界之无情与残酷,因此必须"无有入无间",唯其"无为",故能"无不为"。也就是"非以其无私耶,故能成其私"。无私、让利、给而不取,正是老子待人处世以及治事的智巧。既然权力世界多嗜欲之徒,就把利益让给他们,满足了人心无厌的欲望,就能够掌握自己的作为。满足他人的关键就在于自己能够无私而让利,这就是无有、无事、无为之意,既然自己都不有、不恃、不宰了,那当然也就能够生而、为而、长而了,如此则昏君、权臣、小人的掣肘都不会起作用,因为他们的私利都获得保存了。无私就是无事,无事就是无有为己私利之事,如此便能取天下,即掌握改变世界的权柄,从而创造事业福利人民,这就是"以无事取天下"。想掌握改变世界的权柄,此事谈何容易?因为人都好争,但所争的都只是私利,若私利都让给他们,权柄就掌握住了,这就是"夫唯不争,故天下莫能与之争"。天下人都会为了巩固自己的私利而来维护你做事的权利,因为你做事,他获利。这样的思维,确实有超出孔孟之道之处。

此中的无为,是要"无"去什么呢?孟子已经说清楚了,儒家的君子就是要有公私义利之辨,显然为公无私是儒者的基本修养,但是儒家这里谈的主要是财货的利益,财货的利益于儒者多半可以"无"去,可不去争夺,但是有一样东西是儒者不易放弃的,那就是名,而名又常锁在位里,有位才有名。但有位而无法做事时,儒者宁可放弃此位,弃位而留名,留个不与小人为伍的清名,这才是儒者所要的名。孟子一方面称赞柳下惠是"圣之和者也",但另一方面却也批评他的做法:"伯夷隘,柳下惠不恭,隘与不恭,君子不由也。"[①]柳下惠就是"不羞污君,不卑小官;进不隐贤,必以其道,遗佚

---

① 朱熹:《孟子·公孙丑》(上),《四书章句》,齐鲁书社,1992年,第48页。

而不怨,厄穷而不悯"①。显然,柳下惠保位而不在意名声,实际上不是为了位,而是为了有机会做事情,不论位高位低,不论君王明暗,保位而不重位,其实就是不重名,名能放下,与污君卑位共伍而不在意,却能谨守直道做事,这就是儒家有时候难以做到的境界。孟子如此批评,孔子也一样批评"降志辱身矣"②,也认为柳下惠这样的行径虽然"言中伦,行中虑"③却仍是"降志辱身",既是"降志辱身",孔子肯定不为也,这就是重视自己的清名。如果太重清名,那就是伯夷、叔齐的情况,坚决反对武王伐纣的事业,确实留下清名,但于百姓无所帮助、于建设无有贡献,这就是重名的结果。儒者以孟子为心志高傲者之最极,其言:"故将大有为之君,必有所不招之臣。"④然而,战国时的国君多傲慢粗鄙或无能多欲,如何将大有为?如何肯下臣?依照孟子的期许,则所有有理想的儒者君子,就都遇不上明君、站不上高位、掌不到权柄、做不了大事了。名,于老子哲学中,则是要放下的东西:"名与身孰亲?身与货孰多?得与亡孰病?甚爱必大费,多藏必厚亡。故知足不辱,知止不殆,可以长久。"⑤名声确实重于一切,这是儒者的信念,但这是公私义利、是非善恶之辨下的名声,而不是是否当位、在位、得位的名声。再深一层,一个人是否有道德,那是重在自己的身心言行,而不是在他人的评价。儒者爱惜声誉,不齿与权臣、小人为伍,怕污了自己的清名,但这就像子路回答丈人之言意:"欲洁其身,而乱大伦。君子之仕也,行其义也。道之不行,已知之矣。"⑥这一段话就是主张不宜自洁其身而放弃社会责任的意思。然而,君子入仕固然是儒者的大义,但如何入仕而能治事,如何治事又能处世而保身全生,如何在乱世而据高位以保民安国,这就是孔孟之儒者不太在意的事情了。事实上,这一段话是发生在孔子周游列国的时候,也就是自己也是不在位的时候,子路主张君子宜入仕在位,但他的老师却为了选择更好的环境而去国他求。当然,这是在春秋战国时期,而且孔孟皆如此。但是孔子的弟子中有官做的人,他们的行为,就多少有老子思路的影子了——真要做事,不只是利益不重要而已,名也不重要了,名与利皆不是真正重要的,重要的是为人民服务。此处讲到儒者之好名,不是一般的好名好利——好名好利就不会辞官了,因此这不是庄子所说的"德荡乎名,知出乎争",有德者好此名,于是为名而用智争夺。儒者所做的,却是去职不争,然而,这正是权臣、小人之所以如此肆无忌惮的原因:既然你好美德之名,那权柄我就不客气地全部吃下了。这种好名之

---

① 朱熹:《孟子·公孙丑》(上),《四书章句》,齐鲁书社,1992 年,第 48 页。
② 朱熹:《论语·微子篇》,《四书章句》,齐鲁书社,1992 年,第 188 页。
③ 朱熹:《论语·微子篇》,《四书章句》,齐鲁书社,1992 年,第 188 页。
④ 朱熹:《孟子·公孙丑》(下),《四书章句》,齐鲁书社,1992 年,第 51 页。
⑤ 王弼注:《老子道德经注》,楼宇烈校释,中华书局,2011 年,第 125 页。
⑥ 朱熹:《论语·微子篇》,《四书章句》,齐鲁书社,1992 年,第 187 页。

举,对儒者而言确实高阶,但还有更高的境界,就是儒者的好有德之名再加上老子的去名之美德。《菜根谭》就发挥了这方面的见解:"放得功名富贵之心下,便可脱凡;放得道德仁义之心下,才可入圣。"①这样的观点,正是深谙老子处世智巧的名言。文中的超凡入圣,是指真正能为百姓做到事情、谋到福利的人的作为,必须是能够放下自己洁身自好的心态,才能真正做到的。把自己的光耀遮住了,就有了与权臣、小人、黯主肆应无穷的身段;而一旦自己道德高尚、形象完美,则只能被冷落、排挤,如果还要指导是非,那就等着被诬陷凌辱了。自己身命都不保了,谈何照顾百姓、福利人民呢?这就是柳下惠的"降志辱身",而孔子是不愿意"降志辱身"的,孔孟还在祈求明君,道家则没有这个念想了。所以儒家还求个清名,或许也说得名了,如孔孟之高举伯夷、叔齐;道家不求名,"大权似奸而有功",反而落得个奸名,于是都没名声了。

笔者之意即是,孔老是互补的,儒家提出理想的目标,老子提出处世的智巧,关键就在于对人性的了解。儒家主张性善,认为人皆可以为尧舜,于是通过教育,讲究孝悌忠信以为立国之大本。而老子深知人性之负面心理,在具体治国理政时,懂得如何应对进退。儒家的最高价值是仁义礼智的道德信念,老子的最高价值是无为的信念,无为即无私,无私即为追求仁义礼智,但了解世人的庸俗粗鄙,于是更看重操作的智巧。可以说,儒者不能过去的关卡被老子给攻克了,关键就是放得下这道德仁义之名,"绝圣弃智,民利百倍;绝仁弃义,民复孝慈"②。当所作所为能够不是为了自己得到名声时,才真正落实了作为,做事只在目标本身,善有果而已,而不在自己的荣誉。老子言:"善有果而已,不敢以取强。果而勿矜,果而勿伐,果而勿骄,果而不得已,果而勿强。物壮则老,是谓不道,不道早已。"③过度在意自己贡献的结果,而又身在高位,是会让别人容不下你的。高层的资源权势之争,是"无间"的,没有空隙让别人钻进去,所以要"无有入无间"④,即自己没有任何的名誉利益,才能跻身高层,做点小事。然而,当儒者怀抱着淑世的理想,高举道德仁义的大旗,要来救国救民、改革吏治、惩治贪腐时,自己道德崇高,别人就是小人、权臣了,这样岂能站上高位?岂能掌权治事?君子要有理想,要洁身自爱,这是当然,但若要为民服务,就还要舍弃名声,不是去为恶,而是不舍弃与恶人为伍,否则如何入仕治事、服务人民?这样,在尚有可为之际,不因形象而种下败因,在不可为之际,不因行为而败亡受戮,永远保持可进可退的空间,这就是老子的智巧对儒家的互补。当然不能说儒者就没有这样的智慧,而

---

① 洪应明:《菜根谭诠解》,穆石普译注,天津古籍出版社,2018年,第340页。
② 王弼注:《老子道德经注》,楼宇烈校释,中华书局,2011年,第48页。
③ 王弼注:《老子道德经注》,楼宇烈校释,中华书局,2011年,第80页。
④ 参见:"天下之至柔,驰骋天下之至坚。无有入无间,吾是以知无为之有益。不言之教,无为之益天下希及之。"王弼注:《老子道德经注》,楼宇烈校释,中华书局,2011年,第123页。

是说这样的智慧主要是被老子哲学讲清楚的,老子哲学就是身在高阶管理层者的体悟,领悟世人多欲,知道如何处事面对而发展出来的智慧。

那么,这样的智慧,在什么意义上超越了庄子、超越了孔孟呢? 下节论之。

十、老子对庄子及儒家的超越

老子对庄子是超越的,但这是世间法意义上的超越。世间法的目标就是建设社会、落实事业、照顾人民的生活,就此而言,庄子等于是没有世间法的管理哲学的,虽然不能说庄子没有政治哲学,但他的政治哲学实际上就是放任政治:"汝游心于淡,合气于漠,顺物自然,而无容私焉,而天下治矣。"[①]当然,这肯定是不行的、无效的、过于天真的,甚至是不负责任的。庄子看透了高层的虚伪,认为人民的痛苦源于政客对人民的伤害,因此只要君王不伤害人民,人民各自生活,必然就和乐安康。然而,这只是讲给自己听的,若是自己是君王就这么办了,但问题是,对庄子形态的隐士而言,怎么可能从天上掉下来一个君王之位给他呢? 就算他真能这样办了,下民、大臣就能不违法作乱吗? 就能天下治吗? 所以,庄子与老子的差别,就是"没有有效的政治哲学"与"有有效的政治哲学"的差别。至于相同的地方,则是对人世间的不天真,知道世间并非幸福美好,知道政治多是污秽肮脏。庄子选择弃世而出世,只做自己,对于世俗的荣誉利益都不看在眼里,不受任何世俗评价的束缚,如王骀、哀骀它之行为[②],自己自由了,便可放手去追求个人技艺的无限上升,这是庄子的形态;老子则不然,念兹在兹的还是人民与天下,于是谦下、守弱、无私、让利,委曲求全,顾全大局,团结众人,成就事业。庄子的理想一人为之即可,超高的技艺就是天才的类型,因为这是不关乎体制建设的个人才华之展现;老子的理想却须众人合作才能成事,因为其做的都是体制内的社会建设事业,所以没有众人齐心协力是不可能完成的。而众人之中既有干练的部属,也有小人、权臣、昏君,如何让前者不被后者掣肘,能放手去做,就是老子哲学智慧的展现了。其中,额外的利益都要分给别人,功劳是君王的,权力要与权臣共享,资源要分给小人,酬劳要给予干部,只有这些在位的角色都希望事业成功的时候,才能有君子领导指挥的格局。一旦成事,便创造了新的社会资源,这才有了百姓可享的空间。在这样的作为中,儒家淑世的理想才能获得落实。

---

① 郭庆藩:《庄子集释》,王孝鱼点校,中华书局,2013 年,第 294 页。
② 郭庆藩:《庄子集释》,王孝鱼点校,中华书局,2013 年,第 187 页。

　　究竟是什么样的因素,使得老子哲学中的智慧可以成就儒者认为的不可为之事呢?关键就是放下了名利,这里指的是自我价值感的名,与自己应得的利。在儒者的眼光中,这名与利是实在的,名非虚名,而是实至名归之名;利非不当之利,而是自己努力所应得的报酬。但老子哲学中告诉我们这些也可以放下。庄子放下的是世俗的名利,但都是虚名假利,因为他也没有对社会做出贡献,甚至以自己的潇洒之姿、高超的技艺,还可以获得丰厚的财货,只是他的作为无关乎社会世俗之名利,也无关乎人间的道德是非,仅自满自足逍遥自适而已。老子哲学则不然,损之又损,所损的,就是自己应得的名利,但是老子已经明言,就是要"损之又损,以至无为",也就是完全没有了名利,才能成就社会的事业,才能"无为而无不为"。这是因为,老子所论都是高阶官员的处事原理,你办成事,且得名利,则天下好事尽叫你得去了,别人岂不忌妒得很?因此老子深知要让利,所有人心的贪欲都在自己所得的让出中获得了满足,别人就再也没有忌妒你、与你争斗的必要了。这就是老子哲学所提出的圣贤的智慧。真正成为圣贤的人,是在操作中落实了天下大利的人,要得天下大利,就要自己让利,否则权小之徒不会给你机会成就大事业。儒者并非不能让利,但在荣誉心的坚持中,不肯"降志辱身",因而错失了为民服务的实际。儒者这种荣誉心的坚持,适合在基层为官。基层官员尽可以践行英雄主义,受人民感念,扬名天下,表扬于朝。一旦跻身高层,除非不怕忌惮与忌妒,否则都是要去掉荣誉,低调行事的。社会世俗的虚名必须看破,这是庄子的胸怀,但服务人民的理想必须落实,这是儒者的价值。然而,唯有老子哲学的智慧,才能真正结合两者,而超越庄子与儒家。这种智慧表现在一条条老子的语句中:

　　　　是以圣人处无为之事,行不言之教,万物作焉而不辞,生而不有,为而不恃,功成而弗居。夫唯弗居,是以不去。①
　　　　是以圣人后其身而身先,外其身而身存。非以其无私邪?故能成其私。②
　　　　上善若水。水善利万物而不争,处众人之所恶,故几于道。夫唯不争,故无尤。③
　　　　何谓贵大患若身?吾所以有大患者,为吾有身,及吾无身,吾何有患?故贵

---

① 王弼注:《老子道德经注》,楼宇烈校释,中华书局,2011年,第7页。
② 王弼注:《老子道德经注》,楼宇烈校释,中华书局,2011年,第21页。
③ 王弼注:《老子道德经注》,楼宇烈校释,中华书局,2011年,第22页。

以身为天下,若可寄天下;爱以身为天下,若可托天下。①

　　故善人者,不善人之师;不善人者,善人之资。不贵其师,不爱其资,虽智大迷,是谓要妙。②

　　天下之至柔,驰骋天下之至坚。无有入无间,吾是以知无为之有益。不言之教,无为之益,天下希及之。③

　　名与身孰亲?身与货孰多?得与亡孰病?是故甚爱必大费,多藏必厚亡。知足不辱,知止不殆,可以长久。④

　　为学日益,为道日损。损之又损,以至于无为。无为而无不为。取天下,常以无事;及其有事,不足以取天下。⑤

　　这些被老子看透彻、讲清楚、说明白的道理,之所以成立,是因为这是针对高阶层权力人士所说的道理。但是,为何高层坏人多呢?此暂不表,下文谈法家时说明。面对坏人,庄子哲学选择离去出世;儒者选择"辟世""辟地""辟色""辟言",也是避开,只是还在寻找其他可以奉献的可能,而不轻易出世,因为还有大伦在;然而老子的智慧告诉儒者,再怎么样都还有可为的空间,只要自己懂得再让、让利、让名、让形象、让功劳、让权力、让资源,这就是"损之又损",自己完全"无为"了,就能"无有入无间",那时就能"无为而无不为"了,也就是"夫唯不争,故天下莫能与之争"。不争私利,则造福天下公益的权柄就在手中紧紧握住了。这就是圣贤之所以能够成就事业的道理,也正是老子的哲学超越了儒家与庄子的道理。

　　总结而言,这个道理,就是老子哲学掌握了人际变化的智巧,从而得以落实儒家的圣贤理想。关键在于,庄子看破世俗的洞见深入其心,但庄子放弃了,老子却仍不放弃。在哲学史的发展中,也许孔老是同时,而庄子晚出。然而,在思想的世界里,孔子之所见,人生之理想,庄老皆见之,然唯孔子坚守之且讲明白了圣贤的理想。庄子之所见,世界之虚妄,孔老亦见之,唯庄子一往无前地走上了弃世出世之路。老子之所见,既重理想亦见虚妄,孔庄亦见之,唯老子提出的处世治事之智巧,既坚守理想又顾及现实,真正超越了庄子与孔孟的类型,在世间法中出类拔萃,可谓在好人群中的应世宝典。

---

① 王弼注:《老子道德经注》,楼宇烈校释,中华书局,2011 年,第 32 页。
② 王弼注:《老子道德经注》,楼宇烈校释,中华书局,2011 年,第 72 页。
③ 王弼注:《老子道德经注》,楼宇烈校释,中华书局,2011 年,第 123 页。
④ 王弼注:《老子道德经注》,楼宇烈校释,中华书局,2011 年,第 125 页。
⑤ 王弼注:《老子道德经注》,楼宇烈校释,中华书局,2011 年,第 132 页。

那么，回头来处理为何高层多坏人的问题，以及试探解决之道，这就需要从法家的智谋中寻求了解了。

十一、法家的特质与对儒家的功用

本文以《韩非子》为对象而论法家。法家与老子的关系，在《韩非子》中有《解老》《喻老》两篇，《解老》论理，语气不似韩非，冗长絮叨，但直以继承老子为宗旨，实际不然，所谈仍是法家思想。《喻老》以史事证说老文，意旨皆同于其他篇章，当为韩非之亲作无误。重点是，《韩非子》之书明讲继承老学的发挥，唯重法、重术、重势，法与势者皆非老学重点，可以说韩非所发挥的老学思想，成为重术的智谋了。老子掌握事变的规律，故有应世之智巧，谓其有术，并不为过，唯仅以行术见之，未免偏歧了。以上是说法家与老子哲学的关系。

法家思想，面对战争及权臣、小人当国之时，思考如何强势掌握国家体制，以追求富国强兵之局。从对比的角度视之，孔子思考生命的意义，指出人生以服务为目的，于是进入体制内，成就君子人格。孟子思考人性的本质，提出性善说，支持孔子君子人格的理想，建构人性论；又思考服务社会的终极理想，便是寄望于国君之行仁政、爱百姓，以及官员之勇于负责，建构了政治哲学。孔孟思想奠立了做人的根本道理以及国家社会体制存在的根本目的，可谓理想性哲学，唯对现实问题所谈不多：理想在现实中如何操作？现实有些什么困境？孔孟一旦面对这种问题，都只是以理想的贞定为思考的出路，却不能在现实问题的解决上明确地提出对策。王阳明讲"致良知"也是这一路，道德意识精实，直承孔孟。但是阳明又有别的能力，他精通兵法，运用计谋，面对战争，他是有办法的，只是面对中央的权力时，他也只能退避。至于孔孟，面对战争，就没办法了。庄子的思考，直接跳出有关国家社会的存在目的与意义的问题，只管个人生命的伸展，洒落世俗的羁绊，直上青云，甚至炼成神仙。这虽也是面对现实的一种出路，但说到底只能是天才的自我出路，而不能是全民的共同理想。老子的思考，为全民找出路，将孔孟的理想内化入心，对庄子的见识洞察明晰，却更有见于人事变化的规律，找到知识分子应世治事的智巧，解决了在体制内生存艰难的问题，也掌握了建立事业照顾百姓的方法。然而，以上都不是法家面对的问题。

法家面对的是国家在征战中的败亡之局，奋思有以挽救之道。关键就是，权臣当国，挟外自重，窃国自肥。于是君王需有御下之术，首应保势，其次重法，借赏罚以明威,从而保势。至于肆应国际,以及管理臣下,则有多方之术。故可以说法家才是真正最重视现实的思想学派:孔孟见现实而提理想,庄子见现实而避世,老子见现实而掌握之;但是,儒道所见之现实,都不及法家所见之现实之唯真实、唯残酷、唯关系重大。孔子辟世,孟子去齐,庄子出世,老子避昏君、权臣、小人,然而法家则是面对敌国当前、君位不保、权臣窃位,可以说是现实中之最重,因此便有当务之急。关键就在君王的角色扮演上。这一点,孟子所提亦不少,但重点在期许君王行仁政、爱百姓,谈的是角色的理想。而法家所提重点在君王御下以保位,重法以治国,用术以胜敌,谈的是角色的操作智巧,从而权柄在手,富国强兵。其中当然预设了福国利民的理想,只是御下之际,深知众人皆为名利而来,所以必以赏罚约束之而已。虽然不重德性,但只是说空有品德却无能力亦是于国家无用之人,并不是否定德性的价值。法家如此现实的思考,可谓务实,文中不见一残民以逞、欺压百姓的思想,只是为面对危急存亡之局,而提出的强势管理之道。唯一有理论上的问题的,是与儒家辩论时也在误解儒家,此事见于《韩非子》之《难一》到《难四》诸篇。这倒也是法家自己缺乏对比的视野之所致,一味申明己意的同时,却是误解而贬抑了儒家。

《韩非子》中多有精彩的理论建树,其现实,都是因为国君贪鄙无能、群臣作乱于下所衍生的思考,对此,韩非都提出了解决的方法,关键还是要求国君须是大有为之人。此理点明,就能回答圣贤艰难的原因所在了。因为现实上,国君一旦贪鄙无能,就会导致群臣作乱于下,这就是高层多坏人的原因,也正是孔子所面对的鲁国政情、孟子所面对的齐国政情,以及老子所思考的圣贤智巧必须如此操作的原因。关键就是国君多欲以及无能,多欲则群小为其代言人,无能则权臣为其发言人,高层充斥着权臣及小人,一旦知识分子当朝救国,就没有能够不面对权臣、小人的。能够面对权臣、小人且应对得当的知识分子,才能建设事业、造福百姓。不能面对、应对的话,要不出世如庄子,要不辟世如孔孟,更有甚者,就是与其对立而身遭刑戮,如子路之被剁成肉酱。在这样的时局之中,知识分子从政,便只有老子哲学中的智慧之道才能面对,故而《韩非子》亦以继承及发扬老子思维为宗旨,而并不肯定儒家。

可以说,法家又比老子哲学更加务实,因为他要面对的是高层多坏人这个更根本的政治现实的问题。如果国君贪鄙多欲又无能昏庸,那么权臣及小人的存在便是必然,孔孟去国,庄子出世,唯有老子哲学提出了应对之道。莫怪乎圣贤难为,势必如此委曲求全,方可"无有入无间"。因此对法家而言,国君必须被改造,必须成为保位御下、富国强兵的强人,只不过这又谈何容易?韩非自己都说,"有道术之士"时常被权臣阻隔于外,不能面君,就算面君了,又有多少国主真有英明之才而能善听并堪造就的？①有当然是有的，但从历史上算来，比例低得可怜。然而，不只是法家的理想难以奏效。儒家认为百姓必须被改造，要教之以孝悌忠信，天下才会太平，这当然也是谈何容易。庄子认为不需要改造什么了，自己逍遥出世就行了，但有几人真能放下世俗评价的束缚？这也是谈何容易。老子认为应改造自己，像"变形虫"一样适应任何艰困的环境，就能救人，但除非是真圣贤，凡人也仅说说而已：谁能真不要利益、不要荣誉、不要形象只为顾全大局？这同样谈何容易。

　　法家提出的解决之道就在君王角色扮演的具体操作上，可惜依然是一本理论堂皇的巨作，国君也不会深入阅读而获得智谋，于是历史依然如故，一家朝代兴起了又衰落；儒者在基层依然充满了理想，希望改变这个世界，并且自己成为英雄；自由派人士依然逍遥自顾，追求神仙不死的永恒意境；圣贤依然必须委曲求全，顾全大局，牺牲小我，完成大我。人世间似乎循环不变，各家的理论都有道理，但都不全面。理论上各家彼此需要，现实中各家谁也顾不了全局，王朝兴亡，历史更迭，人心依然。因为所有美好的理论与优秀的人品都难以一时汇聚。那么，政治哲学的最终出路为何？个人生命的最终出路为何？笔者以为，就前者而言，古代圣贤思想的提出，都是在王朝体制下的思维，或许现代民主共和政体能够缓解这个问题，因为问题的关键大都出在最高领导人本身：一方面政权拥有者有"家天下"的观念，难免自私；另一方面政权的继承者来自宫廷内部，难免贪鄙无能。对于今日的共和政体而言，至少最高领导者不至于是无能之辈，国家强盛的重点变成政策的方向及治国的策略，相比于古代的国君，问题已经改善很多。当然，衡诸今日的世界各国，民主共和政体也还未达到最终理想的境界，这个问题，眼前是没有答案了。那么，个人生命的终极出路呢？笔者以为，这就需要参考佛教的意见了。

十二、佛教的思想对儒道法家的超越

　　本文讨论老子哲学对儒家与庄子的超越，意旨已明。继续讨论法家，是要说明圣贤之所以必须具有如此智巧，关键就是主上无能、大臣奸恶。而这个问题，是法家更为直接面对的，解决之道也已提出，就是要君王适任其职，而现实的效果如何则是另

----

① 参见："此十数人者，皆世之仁贤忠良有道术之士也，不幸而遇悖乱暗闇惑之主而死，然则虽贤圣不能逃死亡避戮辱者何也？则愚者难说也，故君子少也。且至言忤于耳而倒于心，非贤圣莫能听，愿大王熟察之也。"韩非：《韩非子》，陈奇猷校注，上海古籍出版社，2000年，第47页。

外的问题。也仅在法家的说明中,能清楚看到知识分子面对的体制高层的真实面貌,莫怪乎圣贤难为。法家的思考是直接对准君王本身的作为而发言的,首先指出因君王的过错而有亡国之征的种种事件①,避免了这些个人的过失,便可保位强国。然而史实是,封建政体的君王,一个个还是无法避免这些过错,人类的历史中也就无止境地出现政权更迭、王朝兴衰。关键就是人心的贪欲,以及各种条件不能一时齐备。法家的智谋固然有效,但仍无法摆脱封建君王无能贪鄙的先天结构。就算是如今的民主共和政体中,依然有人心险恶的问题,人类建立的社会,距离理想大同世界尚是十分遥远,此时,则必须借由宗教哲学来重新理解这种种的现象与问题。

宗教的种类固然十分众多,本文仅以佛教哲学说之,一方面佛教是中国传统文化中的三大学派之一,早已内化于民族心灵之中;另一方面,笔者个人认为假使有信仰的话,佛教的世界观及人生的路向之说明,是最能彻底解决问题的理论了。

要认识佛教,关键在于它的世界观,基本上就是原始佛教提出的因果业报轮回的生命观,在其理论不断地发展中,佛教宇宙论是大千世界之说,人类所居只是大千世界中的一个国土,尚有众多的世界国土以及不同种类的众生,为人所能得见或根本不能得见,且世界一个个在其自身的成住坏空之中。但因为有无数个世界,就算这个世界坏空了,还有别的世界存在,于是有许许多多的世界此起彼灭地递延着,也有无以数计的众生在各个世界中轮回流转着。有情众生因执着而有各自的业力因缘,国土中的社会,则是众生共业所成,非单一角色所能决定,其良莠清浊之状况难以绳计。佛教为人生指引的出路,就在生命现象的理解与个人努力的超升中,理解一切社会个人的生命和生活状态都是无以计数的原因与条件共同构成的,谓之缘起。任何当下的状态都不必然、不固定、不永恒,因此也就不必执着,随顺即可,一旦随缘,过往业力所形成之束缚就断了,一直随缘,人就没有忧愁烦恼了。生死、贵贱、贫富、寿夭、美丑、善恶、好坏,一切都不必执着,当知诸法皆空,因为万法唯识,都只是自己以为如此而自我执着而已。小乘佛教主张舍离而解脱,舍离欲望便解脱痛苦;大乘佛教主张理解而救度,理解诸法且帮助他人。能理解生命现象的终极来由,便能不执着而无烦忧,自己不烦忧了,别人还在烦忧,所以应予救度。自己理解就是自觉,救助他人就是觉人。大乘佛法自觉觉人、自度度人,终于为所有的生命找到最终的出路。毕竟是彼岸永恒的智慧生命,所以出路在彼岸。然而,众生都是在人间的众生,一旦生命的视野打开,此岸亦即彼岸,生命是无穷地绵延,好好净化这个人间的国土,此处就是永恒

---

① 韩非:《韩非子》,陈奇猷校注,上海古籍出版社,2000 年,第 300 页。

的彼岸了,这就是《维摩诘经》中所说的菩萨净化国土即是佛土的意思。[①]

回头来面对老子哲学,老子哲学以圣贤的智巧面对世间体制的种种虚妄与难堪,为了照顾百姓,以知识分子的身份跻身高层,以无私的付出供应所有阶层人物的所需,他自身的生命意境是圆满无缺的,也无所求于天地之间了。问题只是,世界永远有那么多的不圆满,智者永远都必须如此无私地奉献以改善之。这世界会变好吗?本文提出法家的思考,不是说法家的理论能最终解决这些问题,而是法家点出了问题的关键在领袖,但这也许只是封建王朝的关键问题,现代共和政体可以没有这个问题了,或者问题不再那么严重、那么关键了。当然,私人企业、民间公司、行号团体还是会有这个问题,那就用法家的智谋协助解决就好。至于国家体制以及国际社会,显然没有因为人类共同走向共和政体就变得完美了,这就说明,人类对于世界美好的思考还要有更深的层次。这个层次就是对宇宙运行真相的究明。然而,宇宙的真相是超越经验、感官、知觉的能力的,科学的研究固然有跃进的发展,未知尚且多于已知的。佛教的宇宙观之所以提出,并非依据科学研究,而是感官能力的直达,感官能力是可以提升的,这就是修行工夫的结果。这是知识论的问题,笔者已讨论于本文第二节,此处不再深入。重点是,佛教提出的世界观、宇宙论、生命哲学的意见,说明了这一切社会国土世界的发生演变,都是有情众生自我构作而来的,当下理解了就不再做无谓的构作,从而导致伤害与痛苦,终至烦恼不已。那么要做什么呢?就是帮助别人理解觉悟,停止痛苦。但这又谈何容易?佛陀于印度教化众生,佛教经典于全世界弘扬其说,佛教团体不断改革发展,时至今日,已提出"人间佛教"之说。就是要在当下的世间,借由佛化生活的拓展,举凡饮食、阅读、旅游等行业林林总总,都在佛教事业体内进行,让更多的人以缘起性空、自觉觉人的智慧去生活与实践,这就从根本上安顿人心了。

世界本来就是有情众生共业所造,帝王的贪鄙无能、权臣小人的犯上作乱、盗匪的横行、人事的斗争,都是众生执迷下自然的结果。这很正常,但其实也是无常,看破了,看透了,就放下得更彻底。真放下了,荣誉、地位、权势、财富、健康、美貌也就更不需执着了,自身生命的自我饱满也更加充实了。没有缺欠,就不再外求。觉

[①] 参见:"尔时长者子宝积说此偈已,白佛言:'世尊,是五百长者子,皆已发阿耨多罗三藐三菩提心,愿闻得佛国土清净,唯愿世尊,说诸菩萨净土之行。'佛言:'善哉,宝积,乃能为诸菩萨,问于如来净土之行,谛听,谛听,善思念之,当为汝说。'于是宝积及五百长者子,受教而听。佛言:'宝积,众生之类,是菩萨佛土。所以者何?菩萨随所化众生,而取佛土;随所调伏众生,而取佛土;随诸众生,应以何国入佛智慧,而取佛土;随诸众生,应以何国起菩萨根,而取佛土。所以者何?菩萨取于净国,皆为饶益诸众生故。譬如有人,欲于空地,造立宫室,随意无碍;若于虚空,终不能成。菩萨如是,为成就众生故,愿取佛国;愿取佛国者,非于空也。'"吴信如:《维摩诘经》,《大乘诸经述要》(上),中国藏学出版社,2008年,第251页。

悟了，就只剩与人相处，且不断给予而已。这个看破，比庄子的看破还要透彻；这个度人救人，比儒家的仁民爱物更深、更久；这个无执，比老子的无私无为更透、更明。但是这一整套的智慧却是有它在世界的出世间法的背景的，若无这个知识上的信念，是得不到这个智慧的好处的。没有这个信念其实也无妨，那就在世间法中以老子的智慧用世即可，因为老子哲学已经是世间法中最终极圆满的智能形态了。尚要提出佛学以为思考的基地，是因为世间法追问究极之后却有太多的未解，一是逼入最现实的政权问题而有法家把状况讲清楚了，二是逼入生命最根本的问题而有佛教把真相讲清楚了。然而，没有掌握国家机器的人是无法处理根本政权的问题的，一般的人，哪怕是最有能力的知识分子，也只能将自己的角色定位在老子式的智者状态中应变处世。而没有佛教的宗教信仰的人，也无法真正地接受因果业报轮回的生命观，但那也无妨，以老子式的智慧生存在世间，一样是圣人之位。

十三、结论

本文之作，以世间法与出世间法的架构，讨论老子的哲学思想，主张老子哲学是世间法中究极的人生智慧，它预设了儒家的仁爱胸怀，也领受了庄子的逍遥精神，却入世而治事，既免于儒者无可为时的困境，又不尚庄子出世逍遥的路向，是以谓之老子超越庄子与孔孟。就此而言，老子哲学的智能形态是圣贤的形态，圣贤者入世救人，以孔孟的儒家为原型，但老子哲学有其超越之处，关键在智巧，在对人心的理解与规律的掌握。可以说这是仁民爱物的胸怀加上无为守弱的智巧以完成圣贤的角色扮演，是不同于庄子的天才的形态的。天才者个人完成就是完成了，文学家、艺术家、武术家、特技专家等都是，个人做到了自己技艺最顶尖的境界就是天才了。天才是个人的事件，圣贤却是众人的事业；天才很好，能够安顿个人的心灵，圣贤更好，能够安顿众人的心灵。因为他无为，也就是无私无我，因此能以"无有入无间"，在夹缝中帮助这个世界，以服务于人民百姓。

老子形态的圣贤之所以必须如此扮演角色，是因为国家体制的问题。古代王朝体制，万事取决于国君一人，天下安危系于一人之身。虽然有时候这句话讲的是忠臣良相，但归根结底，还是系于君王，法家把这个艰困局面的根本原因说清楚了。儒家要做官，所以不敢批评君王，但还是有孟子敢于直接说出来；庄子要做隐士，根本无畏君王，所以也是直接说出来；法家爱国心切，必为君王谋，而提出许多的策术。然而，话都说了，君王依然故我，那么儒者淑世理想的出路在哪里？正人君子该怎么作为呢？两千多年的王朝体制下，有理想的知识分子若是真要为人民服务，无不需以老子哲学中的智能形态以应世治事，否则无有能成其功者。因此，笔者要指出，当世间法中要解决在社会体制里造福人民的问题，以平民知识分子的角色身份来说时，就属老子的圣贤智慧是究极的了。当然，如果角色本身是生在帝王家的可能继承者，那自然可以有不同的形态，也就是《周易》"乾卦"的形态，一路以主角形态扮演，是董事长、理事长、国君、领袖的形态，使用的是儒法并用的哲学。只要不是帝王世家，而是平民百姓或官吏阶层，就只能用老子的哲学，老子哲学是"坤卦"形态，平民担大任的形态，是秘书长、总干事、总经理、执行长的形态。又如果所面对的是没有体制的战乱时期，角色上是要做人民的英雄，那就要去革命起义，做开国的君王，这又可以是别的智能形态了，这就需要兵家、法家用于具体事物，也要儒家作为根本目的。《人物志·英雄篇》谈到项羽、刘邦的优劣高下之说可以参考，此处不宜深入。老子哲学中的智慧是给身在体制内部的角色人物适用的，是要说给不是"第一号"的人物听的。并非开国君王不需要谦下无为，而是他的角色根本关键是开创性、指挥性的，是意志坚定地提出方向性的人物，否则不足以为开国君王。至于那些忍辱负重、委曲求全、任劳任怨、不敢居功的角色，才是老子哲学这种形态的圣贤在作为的。否则何以"弱者道之用""非以其无私耶，故能成其私""不敢为天下先"。当然，追求帝王事业者在成功达阵之前，也需要这些智慧，然而这恰恰说明了，只要不是天下最有权势之人，都需要老子形态的智能。例如"高筑墙，广积粮，缓称王"之说，就是老学的应用，用的是"柔弱胜刚强"之道，但这也正是在自己并非实力最强的时候的作风。若是汤武革命、楚汉相争之势，何来"柔弱胜刚强"？文王的时候是"柔弱胜刚强"，形成楚汉相争局面之前的刘邦是"柔弱胜刚强"。一旦成为武王，一旦刘邦到了楚汉对决之局，柔弱是胜不了刚强的。老子哲学中的"弱者道之用"是要掌握之而不是要消灭之、兼并之，开国帝王的"弱者道之用"只是一时的隐匿之策，最终必然是要将对手消灭、兼并的。一味地将老子视为帝王术之诠释，不仅将帝王术说偏了，也说偏了老子哲学的圣贤形态。圣贤不是帝王。当然，圣贤可以为帝王，一旦圣贤为帝王而为圣王时，那就是百姓之福、万民之庆、国家的最大礼赞了。可惜圣王者少，于是就需要有圣贤。老子哲学就是能完成圣贤形态的哲学智能，宜予厘清，因为任何时代都需要有具备这种智能形态的平民知识分子出来拯救百姓。

此外，黄老道家对老学的发展提出君王亦要无为，但那已经是老学发展下的新思维。《韩非子》的法家思想中也讲这种无为，这是隐匿自己的意图以完全掌控部属的意思的无为，而不是老子哲学原意中的"无私"意味的无为。历来多有以帝王术诠解老子文句意旨的做法，但这是黄老道家和法家的形态，不是老学原旨。笔者既不是反对无为概念可以这样使用,也不是反对黄老道家和法家的理论,而是要还原老子哲学思维的原形。只有原形确定,才能在使用到它的时候清楚其方向,知道它的适用边界何在,否则包含太多诠释可能性的理论,一定不是建构严谨的理论。

圣贤难为,世间法就是如此,想解脱于世间的束缚,那就只有出世间法了。佛教思想是出世间法的哲学,但涉及它在世界的信仰,信与不信没有定然之数,有缘分的人信了而以之为生存之道,若是无缘于此信仰的人,而本身又是有理想的、对世间怀抱热情与胸怀的人,那么老子哲学式的圣贤思想,就是这个生命的最高旨趣了。

On the Transcendence of Zhuangzi and Confucius and Mencius by Laozi's Sages and Wisdom

Duh Bau-Ruei; Zhang Yadi

Abstract: Confucianism attaches great importance to ideals and takes ideals and missions as the way out of life. However, ideals are often unavailable, so Confucians often kill themselves for benevolence and sacrifice their lives for righteousness. Therefore, Zhuangzi Lord came into the world to pursue the infinite transcendence of personal spirit and skill. It is good to have a way out for personal life, but there is no social contribution. Laozi's philosophy is both hold the ideal, and can handle a worldly wisdom opportunely, so it is the treasure of the philosophy of China's accession to wto, beyond the Confucianism and the bottleneck of Zhuangzi thought. Laozi's wisdom is aimed at the completion of work, and enables people to serve the goal of work by making profits. Laozi does not seek personal fame or wealth, but only the well-being of the people. Therefore, Laozi is the ultimate way out of the worldly law, and in this way, it goes beyond Confucius and Mencius and Zhuangzi.

Key words: Laozi Confucius Mencius Zhuangzi worldly law

重思德勒兹生命论
哲学中的内在性概念
——兼论德勒兹与巴迪欧的斯宾诺莎诠释

姜宇辉*

摘　要: 内在性是德勒兹哲学中的一个核心概念,但其复杂性和含混性也向来引发争论。概括起来,这个争论大致体现于两种截然相反的立场:要么是将内在性仅视作建构和创造概念的原创方法,要么是将其视作一个本体论的基础范畴,进而将其归结为内在于万物之中的基本存在秩序。既然这两种趋向的缺陷都极为明显,由此不妨尝试提出第三种范式,将内在性界定为三位一体式的运动,即思想内在于自身,思想内在于存在,存在内在于自身。在德勒兹那里,贯穿这三个环节的基本线索是表现,而在《斯宾诺莎与表现问题》这个经典文本之中,表现尤其关涉外在因、流溢因和内在因的区分。这就需要首先辨析外在因(效能因)和内在因之差别,进而澄清表现这个概念的旨归,即有限思想趋向于无限存在的强度性运动。接下来,我们又通过引入巴迪欧的斯宾诺莎阐释,进一步敞开了流溢因这个有别于德勒兹的生命主义的别样可能性。最后,我们将围绕一和多、无限和有限、主体和真理这三个核心主题来进一步辨析德勒兹与巴迪欧的主体性理论的根本差异。

关键词: 内在性　表现　内在因　斯宾诺莎　呈现　空性　真理　主体性

---

* 姜宇辉,华东师范大学哲学系教授,主要从事当代法国哲学、电影哲学和媒介理论等研究。

"贯穿德勒兹的所有作品的一条线索——它最好被概括为'内在性'这个概念。然而,这个概念既是如此复杂,又是问题重重。"[①]诚哉斯言。对比德勒兹的其他关键概念,内在性所展现出来的复杂性和疑难性是尤为鲜明而突出的。这首先体现于他自己的两段重要的界定之中。第一段自然是《斯宾诺莎与表现问题》中的那个著名的说法:"内在性是哲学的眩晕(vertige),与表现概念分不开(表现的双重性,即既是表现内在于表现自身者之中,又是被表现者内在于表现之中)。"[②]但初看起来,这里似乎并无多少眩晕可言,因为从表现自身者到它的表现,再到被表现者,这三个逐次递进的环节清晰明确,毫无含混。那么,德勒兹这里所言的眩晕无非是说内在性这个概念对以超越性为终极诉求的传统形上学提出了相当棘手的难题而已。对于传统哲学来说是眩晕,但对于德勒兹的哲学来说就堪称快感乃至迷狂了。

但内在性之眩晕在德勒兹文本中的再度强烈发作就颇令人困惑了。在他生前正式出版的最后一篇论文《内在性,一个生命……》之中,他总结道:"绝对的内在性(L'immanence absolue)内在于它自身之中:它既非内在于任何事物,也不与任何事物发生内在的关系,它既不依赖于任何客体,也不归属于任何主体。"[③]注意,这里的用词是"immanence"(内在性),而非"l'immanent"(内在者),但疑点和难点也恰恰在此。内在性是一种关系,而内在者则是一种存在。说内在者"内在于自身之中",虽然晦涩,但还有解释的余地;但若说内在性内在于自身之中,这就几乎是自相矛盾了。关系不能独立存在,它一定要在不同的事物(甚或相同的事物)之间发生、建立和展开。那么,说一种关系可以不依赖于任何事物,而仅存于自身之中,这到底意味着什么?先不涉及德勒兹哲学的细节,单看这个说法,至少有两个逐层深入的解释。首先,关系优先于关系项,或更明确地说,关系是根本性的运动和过程(比如生长)[④],而诸多关系项仅仅是这个过程之中的环节、片段和结点(比如生长的不同时期及形态)。由此当然可以说内在性的关系"内在于"它自身之中,因为各种关系项都是从这个关系之中"表现""涌现"而出。其次,更进一步说,内在性关系又是"绝对的",即既具有普遍性,又具有本源性。世间的关系林林总总,千差万别,但在德勒兹看来,唯有内在性

---

① Miguel de Beistegui, *Immanence: Deleuze and Philosophy*, Edinburgh University Press, 2010, p.5. 在新近出版的由查尔斯·J.斯蒂瓦尔编撰的《德勒兹:关键概念》(田延译,重庆大学出版社,2018 年)之中,"内在性"虽未明确出现于词条目录,但却几乎和所有"关键概念"皆发生了密切的关联,尤其可参见后附索引第 370 页。

② 吉尔·德勒兹:《斯宾诺莎与表现问题》,龚重林译,商务印书馆,2013 年,第 178 页。同时参考法文版,必要时对中译进行修正,下同。

③ Gilles Deleuze, *Deux régimes de fous: Textes et entretiens 1975–1995*, Les Éditions de Minuit, 2003, p.360.

④ "换言之,它只是对它自己而言,然而是在运动中,才是内在性。"阿甘本:《潜能》,王立秋、严和来等译,漓江出版社,2014 年,第 411 页。

的关系既遍在于万物之中,又可以在本体论上被视作万物之存在的本源和基础。如此澄清和剖析之后,我们发现这句看似晦涩的断语其实与《斯宾诺莎与表现问题》中的那个说法大同小异,最终都涉及表现自身者—表现—被表现者这个基本的三元关系。

由此,下文的论述就从这个基本点出发,进一步解决三个难题:到底是谁/什么在表现自身,谁/什么又是被表现者? 表现既然是一种遍在而根本的内在性关系,那么它的基本形态到底是怎样的? 它又如何能够成为本体论上具有优先性和基础性的范畴?

一、内在性之眩晕

内在性就是"思想内在于自身,思想内在于存在,存在内在于自身"这三个环节的合体。这就是我们最终意在达成的结论。那就逐次推进,一步步呈现论证的环节。

首先不妨从市面上通行的三部德勒兹辞典入手。在《德勒兹词典》(*The Deleuze Dictionary*)之中,内在性这个根本的关系得到了两点概括性的界定。它虽然源自中世纪神学之中关于造物主和被造物之关系的抽象繁琐的思辨,但其适用范围是极为广阔的,从宏观到微观,万事万物之中都普遍存在着各式各样的内在性关系——地球内在于银河系,桌子内在于房间,天内在于年,心内在于身,个体内在于社会,等等。但很显然,这些内在性的关系彼此之间差异明显,有的是部分内在于整体,有的是瞬间内在于过程,有的则是无形内在于有形,那么,被德勒兹尊奉为本体论的基础范畴的内在性又究竟是怎样一种关系? 它又何以能够统括种种内在性,进而成为本源和基础? 首先,它"更强调连接而非分离的形式"[1]。仍然要参考表现之三元关系才能理解这里的连接和分离之间的对照。内在性将被表现者纳入表现之中,由此克服了它与表现自身者之间的"分离"。但表现之所以能起到此种"连接"的作用,更是基于一个本体论上的前提,即从表现自身者到被表现者的表现过程,根本上也就是从潜在到实在的转化过程。[2]不过,实在内在于潜在这个基本的关系仍然还是太过空泛了,似乎不可一概而论,比如观念潜在于心灵,生命潜在于胚胎,大厦潜在于蓝图,这显然是三种截然不同的潜在关系。那么,在德勒兹看来,真正能够居于潜在之源的那个表

---

① *The Deleuze Dictionary*, edited by Adrian Parr, Edinburgh University Press, 2005, p. 126.
② *The Deleuze Dictionary*, edited by Adrian Parr, Edinburgh University Press, 2005, p. 127.

现自身者到底是谁/什么？它又何以能够将万物纳入自身的表现运动之中呢？

在《德勒兹和加塔利词典》(*The Deleuze and Guattari Dictionary*)之中，这个难题终于得到了初步的明确回答。内在性根本上展现为一个平面，而这个平面首先就是"概念的场域"(field for concepts)①。由此似乎可以说，内在性的关系首先就是思想内在于其自身，就是以概念的根茎式连接和强度性流变来克服种种僵化与固化的树形结构。但这似乎就意味着，概念的创造、思想的创生根本无须外在的动力，或任何外部的力量对于思想来说至多起到促进或阻碍的作用，根本的动力还在于思想自身。唯有思想才能从内部推动自己，只有思想才能真正激活自身。但此种对于思想的理解显然更接近柏拉图在《理想国》中所谓的辩证法，或亚里士多德在《尼各马可伦理学》中所言的理论智慧，而不大可能是德勒兹的本意。事实上，在《差异与重复》之中，他自己虽然屡次提及"诞生于思想之中的思想"②及类似的表述，但就在同一章中，他不是也明确表示，"要靠着与强迫思想发生之物的遭遇的偶然性来树立和建立一种思维活动(acte)"③吗？那么，思想的外部是什么呢？当然是存在。而这当然也就提示我们，内在性的关系理应从思想内在于自身的"概念的平面"进一步推进至思想内在于存在这个本体论的基础。在《内在性与哲学的眩晕》一书中，克里斯丁·科斯莱克(Christian Kerslake)对此给出了极为精准深刻的概括。他指出，从形式上看，内在性指的是思想内在于其自身("无须任何外部条件")；但从本体上说，它又指的是思想内在于存在："思想(*thought*)能够充分表现存在(*being*)；存在绝非'超越'(transcendence)于思想之上。"④但棘手之难题在于，此种内在性的关系到底是如何发生的？概念的内在性平面很容易理解，德勒兹终其一生都在勾勒此种平面的各种"图式"(diagramme)，但这个概念的平面何以能够触及存在本身，甚至与后者发生本质性的关联？如该词条撰写者那般不加区分与甄别地将观念之物和实在之物混同在一起讨论⑤，显然并非明智之举。

与之相对，还存在着两种立场鲜明但截然相悖的进路。一种进路是固执地将内在性局限于思想之内在性的自我相关、自我指涉和循环，进而悬置乃至拒斥本体论的

① Eugene B. Young, Gary Genosko and Janell Watson, *The Deleuze and Guattari Dictionary*, Bloomsbury, 2013, p.162.
② 吉尔·德勒兹：《差异与重复》，安靖、张子岳译，华东师范大学出版社，2019 年，第 288 页。
③ 吉尔·德勒兹：《差异与重复》，安靖、张子岳译，华东师范大学出版社，2019 年，第 243 页。
④ Christian Kerslake, *Immanence and the Vertigo of Philosophy: From Kant to Deleuze*, Edinburgh University Press, 2009, p.2. 斜体字为原文所有。只不过，科斯莱克仍然局限于从康德至黑格尔的德国古典哲学的范围之内来探讨思想与存在之间的内在性关系，这显然有些狭隘了。实际上，理应将其视作贯穿西方哲学史的根本而持久的主题来对待。下文我们将看到，这也是德勒兹自己的立场。
⑤ Eugene B. Young, Gary Genosko and Janell Watson, *The Deleuze and Guattari Dictionary*, Bloomsbury, 2013, p.163.

问题,也即对思想与存在的关系避而不谈。其代表即是罗伯特·萨索(Robert Sasso)主编的《德勒兹语汇》(*Le Vocabulaire de Gilles Deleuze*)中的"内在性"词条。这个做法当然不乏优势,那就是避免做出那些虚无高蹈的本体论界定,进而更切实地关注思想建构的种种开放动态的可能性。但其缺陷似乎更为明显,因为这就将内在性理论仅仅简化为一种方法论[1],进而全然忽视了德勒兹的明确表白:"我自认为是一个纯粹的形而上学家(je me sens pur métaphysicien)。"[2]既然如此,那么思想与存在之关系这个形而上学的恒久主题也理应是德勒兹的核心关注。

另一种进路则相反,它一开始就将内在性视作一种本体论学说,"将一种普遍的自我建构的结构或整体的可塑性赋予形而上学和本体论之间的皱褶(fold),或存在与在者(being and beings)之间的褶皱"[3]。就此而言,内在性从根本上说就是在者内在于存在的关系,或更准确说是存在内在于其自身的本体论关系。但此种立场也包含着明显的困难。首先,我们起初是在思想之中发现内在性之形式的,那么又究竟有何切实的理据能够将此种思想的内在性进一步归属给存在,并由此断言说它亦是"*内在于所有客体之中的形式(la forme est immanente à tout objet)*"[4]? 其次,即便我们将存在内在于自身这个本体论前提置于优先地位,但仍然有待解释的一个关键难题就是,为何思想在存在自身的内在性表现的过程中占据如此重要的地位? 或更准确地说,存在本身有着诸多不同的表现方式,除了哲学的概念之外,还有艺术的形象和科学的规律,那么,哲学作为一种存在的重要表现,它到底触及了思想与存在之间的怎样一种不可还原的独特关系?

所幸,对于形式与存在、方法论与本体论之间的两难,德勒兹及加塔利在《什么是哲学?》中已经给出了第三条解决的道路。在"内在性平面"这个经典篇章之中,他们就从概念的内在性平面入手,逐步深入思想与存在之关系这个根本问题,颇具启示性。由此也就既避免了将内在性仅简化为方法,又避免了一开始就将其视作一种独断的本体论学说。在这一章的开始,内在性确实跟建构哲学的方法密切关联在一起,进而提示我们,真正的思想建构,既不取决于任何外部的条件,也没有超越自身之上、之外的目的和归宿。而这个内在性的建构过程又展现出两个相关的基本维度,一是

---

[1] 更何况德勒兹自己也明确表示,概念的内在性平面"并非一种方法"(Gilles Delezue and Félix Guattari, *Qu'est-ce que la philosophie?* Les Éditions de Minuit, 1991, p. 40)。

[2] Arnaud Villani, *La guêpe et l'orchidée: Essai sur Gilles Deleuze*, Belin, 1999, p. 35. 亦可参见该书第四章中对德勒兹与形上学之关系的深入探讨。

[3] Rocco Gangle, *Diagrammatic Immanence: Category Theory and Philosophy*, Edinburgh University Press, 2016, p. 3.

[4] Stéfan Leclercq, *Gilles Deleuze: Immanence, Univocité et transcendental*, Les Éditions Sils Maria, 2003, p. 12. 斜体字为原文所有。

"创造诸概念"，二是"勾勒一平面（tracer un plan）"①。为何概念的创造一定要依托于一个平面呢？贝斯特吉（Beistegui）指出，"plan"这个法文词本身就兼具两个基本含义，一是相对被动的"背景"（background），二是更为主动的"塑形"（shaping）。②这两个方面运用于哲学概念的创造过程之中，真是颇为恰切。任何概念都并非自足，而是根本上要源自、依托并最终回归于思想的体系和脉络。但正是这些看似潜在的、位居"背景"的错综复杂的力量构成了概念创造的实质性的"塑形"之力。所谓的内在性的平面，其实远不只是形式在其上得以铺陈和转换的平面，而更接近从潜在到实在、从无形到有形不断编织和生成的强度性网络③。正是因此，这个网络既具有水平的延展，但同时又展现出纵深的运动，也即概念之间可以组合成更为复杂的宏观形态，但亦完全有可能向着更为微观的方向不断分解为"要素"④。这也是为何德勒兹和加塔利屡屡谈及分形几何的重要原因。

只不过，即便这个内在性平面在水平和纵深上不断延展、编织、折叠，它仍然还是局限于思想建构的内部，所展现出来的也只是哲学体系的种种形式上的特征。但实际上当然远不止于此，因为两位作者随即指出，任何的内在性平面都同时兼具两面，即"思想和存在的合二为一"⑤。这个从思想向存在的跃变看似颇为突兀，但实则已经蕴含于概念的内在性建构的运动趋势之中。既然思想的建构本质上是一个开放、动态的生成性网络，那就意味着它始终要与"外部"产生密切的关联。只不过，这个外部既非思考的对象，亦非超越的限定，而更是僭越的边界、逃逸的路线、强度迸裂的缺口。⑥思想，正是在它不断趋向于"无限"（infini）和"绝对"（absolu）之际邂逅、遭遇了存在。无限，并不单纯是不断进行的同质性的扩张和延展，而更是思想本身一次次冲击自身的临界点（"critical point"⑦）的冒险和努力。绝对，也远非超越思想的目的和理念，而只是真正创造性的思想所注定都要经历的趋向于强度极限的运动。这里我们清楚看到，德勒兹（和加塔利）并未偏离内在性这个基本立场，而更是从内在性趋于无限和绝对这个本质性的运动之中明确提出了思想与存在的关系这个形上学的基本问题。

---

① Gilles Delezue and Félix Guattari, *Qu'est-ce que la philosophie?* Les Éditions de Minuit, 1991, p.38.

② Miguel de Beistegui, *Immanence: Deleuze and Philosophy*, Edinburgh University Press, 2010, p.11.

③ 这也是为何两位作者要强调内在性平面的复数性："哲学就是生成，而非历史；它是平面之间的并存（coexistence），而非体系之间的序列（succession）。"（Gilles Delezue and Félix Guattari, *Qu'est-ce que la philosophie?* Les Éditions de Minuit, 1991, p.59.）

④ Miguel de Beistegui, *Immanence: Deleuze and Philosophy*, Edinburgh University Press, 2010, p.42.

⑤ Gilles Delezue and Félix Guattari, *Qu'est-ce que la philosophie?* Les Éditions de Minuit, 1991, p.41.

⑥ "它既是思想的最为隐秘之处（intime），又是一种绝对的外部（le dehors absolu）。"（Gilles Delezue and Félix Guattari, *Qu'est-ce que la philosophie?* Les Éditions de Minuit, 1991, p.59.）

⑦ *Deleuze: A Critical Reader*, edited by Paul Patton, Blackwell Publishers, 1996, p.226.

关于这里的存在,有必要进行两个关键的补充性说明。首先,存在不能等同于物质,因此,"思想内在于存在"这个命题完全不能等同于一种唯物论的立场。[①]当然,"内在性平面"这一章中的某些论述也确实容易令人望文生义。比如,两位作者在提出思想和存在这两面性之后,随即就用前苏格拉底哲学中的"Nous"和"Physis"来进行比拟,就好像内在性平面涉及的就是精神的运动,而它的外部就是自然的物质世界。这当然是一种误解。显然,努斯与自然只是西方哲学发端之时用来描摹思想与存在之关系的"一种"方式,而全然无法涵盖此种关系的更为丰富多变的复杂形态。[②]实际上,诚如两位作者随即指出的,"Physis"只是当时的哲学家赋予存在的一种"质料"(matière),正如"Nous"也只是他们赋予思想的一种"形象"(image)。[③]若由此就将物质和自然视作绝对的外部,进而将德勒兹的内在性理论简化为"思想自物质世界中创生"的唯物论立场,这就既违背了内在性的原初立场,也无异于再度落入了德勒兹在《差异与重复》中曾着力批判过的僵化、固化的"思想—形象"之中。存在之所以是绝对的,正在于它绝对不会固守于某一种固定的形象,无论是自然、理念、上帝还是人类。同样,思想之所以是无限的,也正因为它总可以以极端而强力的方式挣脱种种形象的束缚,回归起点,重新激活自身。

由此就涉及思想与存在之关系这第二个要点:思想以何种方式或形态趋向于存在这个作为"绝对外部"的无限呢?《什么是哲学?》的文本中有各种形象的描绘,分形、沙漠、流动等等,不一而足。但有两个形象似乎最切近其雅努斯神的双面形象,那正是"梭子"(navette)或"翻页"(feilleté)[④]。一方面,"梭子"凸显出"内在于自身的思想又内在于存在,进而存在又内在于其自身"的不断向内的自我折叠的运动;另一方面,"翻页"又颇为生动地展现出内在性平面的复数性"并存"。平面不是只有一个,在平面之间亦存在着变幻莫测的更迭、交织、转换的关系。但即便如此,在平面的横向延伸和纵向翻页的复杂运动之中,思想本身即便时而面临着"断裂"(rupture)[⑤]的风险乃至危机,但仍然得以在纷繁的变化之中持守着自身的"容贯性"(consistance)[⑥]。

---

① 虽然德勒兹从未将自己的立场视作唯物主义,但在晚近兴起的所谓"新唯物主义"的潮流之中,他却是最为重要的一个思想来源,尤其可参见戴安娜·库尔(Diana Coole)与萨曼莎·弗罗斯特(Samantha Frost)合编的代表性文集(*New Materialisms:Ontology, Agency, and Politics*, Duke University Press, 2010)。

② "说到底,每一位勾勒出全新的内在性平面的大哲学家都给存在带来了一种新质料,给思想树立起一种新形象,所以,从来没有过两位大哲学家共享同一平面,难道不正是如此?"(Gilles Delezue and Félix Guattari, *Qu'est-ce que la philosophie?* Les Éditions de Minuit, 1991, p.52.)

③ Gilles Delezue and Félix Guattari, *Qu'est-ce que la philosophie?* Les Éditions de Minuit, 1991, p.46.

④ Gilles Delezue and Félix Guattari, *Qu'est-ce que la philosophie?* Les Éditions de Minuit, 1991, p.51.

⑤ Gilles Delezue and Félix Guattari, *Qu'est-ce que la philosophie?* Les Éditions de Minuit, 1991, p.48.

⑥ Gilles Delezue and Félix Guattari, *Qu'est-ce que la philosophie?* Les Éditions de Minuit, 1991, p.45.

在不断趋于无限和绝对的运动之中,思想始终保持着自身的那种"一"的本源①,这亦正呼应着"内在性,一个生命"的标题。在其生成流变的过程之中,会遭遇到各种未知、难测的曲折、挑战乃至挫折和中断,但所有这些都难以最终撼动思想内在于自身的那种"一个"(Une)的本性。一个思想,一以贯之;一个思想,最终形成的是一个生命。这正是思想之内在性的极致体现。

　　也正是在这里,思想与存在之间形成了最为深刻的呼应和共鸣。这也是为何形上学家德勒兹如此钟爱斯宾诺莎的本体论体系的一个重要原因,正是在其中,他鲜明地发现了存在本身所展现出的极为相似的"一个"的内在性和容贯性的本质特征。诚如阿甘本的精准概括:"内在性向前流动;……然而这个向前流动,与离开自身相反,无休止地、令人眩晕地留在其自身之内。"②在流变中保持自身为一,在曲折中维系自身之内在性之强力,思想如是,存在亦如是。由此,确乎可以在德勒兹的意义上将此种"固执地逗留在自身内部……而且还欲望着去这么做"③的思与在的双面之合体唤作"生命"。德勒兹的生命主义(vitalisme),绝非肤浅而过时的生机论的"借尸还魂",亦非后人类主义所津津乐道的对于"非有机生命"(inorganic life)的畅想乃至玄想,而根本上是、从来都是回归于思想与存在这个西方哲学的恒久主题。

二、内在因之谜题

　　思与在之间的此种"生命"的汇流和共鸣,又与德勒兹的另一个"虽短命但却强烈"④的概念"单义性"(univocity)产生了直接的关系。学界一般总是仅将单义性局限于存在这一极⑤,将其视作内在于自身的"一"之存在的多元、差异而平等的表现。但基于上文的阐释,亦完全可以且理应将单义性从根本上视作思想与存在之间的"单义":思想即存在,存在即思想,二者的合体正指向着那"一个生命"。

　　但多少令人困惑的是,阿甘本并没有真正紧扣斯宾诺莎的原始文本来阐释思与

---

① 就此而言,巴迪欧将德勒兹的哲学界定为"一之形上学"(une métaphysique de l'Un)(Alain Badiou, *Deleuze:La clameur de l'Être*, Pluriel, 2010, p. 30),仍然是极为恰切的说法。虽然那断然不是"超越之一"("un Un supérieur à toute chose")(Gilles Delezue and Félix Guattari, *Qu'est-ce que la philosophie?* Les Éditions de Minuit, 1991, p. 48),但仍然是生命之"一","一"之生命。

② 阿甘本:《潜能》,王立秋、严和来等译,漓江出版社,2014 年,第 414—415 页。

③ 阿甘本:《潜能》,王立秋、严和来等译,漓江出版社,2014 年,第 430 页。

④ Daniel W. Smith, *Essays on Deleuze*, Edinburgh University Press, 2012, p. 28.

⑤ 这显然主要是依据《差异与重复》中对单义性的阐释:"存在是单义性的。"(吉尔·德勒兹:《差异与重复》,安靖、张子岳译,华东师范大学出版社,2019 年,第 70 页。)

在之间彼此莫辨、亲密互属的内在性之"眩晕",而反倒是别出心裁地援引了拉迪诺(Ladino)语中的"反身主动动词"这个独特用法来形容"施动者与受动者在其中进行一个绝对不可区分的门槛的行动",由此"内在性的眩晕就在于,它描述的是存在的自一构与自一示的无限运动"[①]。最终的施动者当然是存在,存在既以思想的方式自我展示,又通过思想的运动来进行自我构成。从作为"表现自身者"的存在,到作为"被表现者"的思想,其实每一个环节都清晰体现出施动—被动这个"不可区分的门槛"。这当然是一个重要的洞见,但语言的用法仅仅是表面现象,它背后必然要指向更为深刻的形上学的阐释。这个阐释,在斯宾诺莎的(经由德勒兹阐释的)文本之中早已有着淋漓尽致、入木三分的展示。这尤其涉及"内在因"这个阿甘本理应重点关注但却从未真正深入的要点。

那就让我们再度回顾《斯宾诺莎与表现问题》这个经典文本给出的关键启示。首先,"能够自我保存的力量,并不需要某个其他的原因以便达到可能的存在或是必然的存在"[②]。这就明确将"一个生命"的终极动力归结为"内在因"而非"外在因"或任何别种"原因",这亦正是存在本身的绝对性和无限性的真正本源所在。其次,存在是绝对的,因而它始终内在于其自身,但同时又是无限的,这就意味着它注定、必然要以无限的方式来表现自己,而思想恰好就是这样一种至关重要的表现模式(mode):"能存在的力量被赋予有限的存有,并等同于其本质。"[③]无论将之称作幸运还是不幸,作为人这样一种"有限的存有",我们唯有以思想这样一种表现的方式来思考、切近存在本身。说是不幸,正是因为在必然要无限地表现自身的存在面前,人类只掌握了思想这一种方式,这当然暴露出其难以挣脱和克服的有限性。但这又未必不是一种幸运乃至"至福",因为"我们具有认知、理解、思考的力量,这完全在于我们分有了绝对的思考力量"[④]。思想正是由此天然地、本质地就具有一种趋向于绝对和无限的力量。或者说,此种力量才是其真正的本体论上的意义所在。

但只是给出这个本体论的断言还不够,还必须要相应地给出足够充分的论证。而内在因恰恰堪称这个论证的最为关键的环节。可以说,外在因、流溢因和内在因这三重区分,绝对是贯穿《斯宾诺莎与表现问题》的论证迷宫的一条阿里阿德涅之线(Ariadne's thread)[⑤]。先说外在因。看似这在斯宾诺莎的体系之中是一个无足轻重

---

① 阿甘本:《潜能》,王立秋、严和来等译,漓江出版社,2014年,第427—428页。
② 吉尔·德勒兹:《斯宾诺莎与表现问题》,龚重林译,商务印书馆,2013年,第78页。
③ 吉尔·德勒兹:《斯宾诺莎与表现问题》,龚重林译,商务印书馆,2013年,第79页。
④ 吉尔·德勒兹:《斯宾诺莎与表现问题》,龚重林译,商务印书馆,2013年,第137页。
⑤ 丹尼尔·史密斯当然也极为正确地指出了这一点,见 Daniel W. Smith, *Essays on Deleuze*, Edinburgh University Press, 2012, pp. 32 - 34。

甚至不足挂齿的问题,但实则相反,它绝对是正确深入理解内在因的真正起点。这也是为何斯宾诺莎在《简论上帝、人及其心灵健康》的第三章集中讨论"上帝如何是万物之因"的八种形式之时,将外在因,也即"效能因"(efficient cause)置于第一位。[1]同样,这也是为何德勒兹在《斯宾诺莎与表现问题》的第一章中,就明确以对外在因的批判来引入"真实的区分"这个重要起点。

那么,对外在因的批判为何如此重要呢?最直接的缘由正在于,它是一个连接中世纪神学和近代哲学的关键转折点。就此而言,德勒兹对内在因的阐释虽然重点援用了很多神学的资源(尤其是司各脱),但他的旨趣当然并非在于神学,而在于由此对近代哲学中所主导的效能因的概念进行批判性的反思。看似德勒兹确实在煞有介事地讨论着很经典的神学问题,比如,不能将上帝造物之原因归结为外在因,那当然是因为"实体不能具有外在因"[2]。但此种对于外在因的批判远非斯宾诺莎的原创,早在中世纪的神学中它已是一个众所周知的热议主题。[3]那么,斯宾诺莎重启这个古老的神学问题的真正用意何在呢?道理似乎很明白,不单是给上帝提供一种更强的理性证明,而似乎更是反过来,要通过重新引入上帝这个概念之中的无限性和绝对性这两个基本规定,来为科学革命与笛卡尔理性主义以来的因果性进行纠偏。奥利·科伊斯汀(Olli Koistinen)对此做出了准确的判断,他指出,斯宾诺莎的内在因理论的真正用意正是化解"上帝作为万物之因"这个神学的立场与近代物理学中的那种决定论/机械论的因果观之间的明显冲突。[4]概括说来,物理学的因果观大致有两个主要特征,但皆与上帝作为终极超越的实体相抵牾。首先,诚如笛卡尔的互动主义立场(interactionism)所示,机械论的因果观要求因和果之间有直接的接触("they touch each other"[5]),这显然违背上帝之超越性这个根本界定。上帝作为至上的造物主,必然与被造物之间存在着不可被跨越和弥合的终极鸿沟。其次,机械的立场的一个最为重要的预设,正是在因和果之间真实发生了某种"传递"[6],无论传递的是属性、能量还是运动。诚如笛卡尔所言,"在作为整体的效能因和这个原因所造成的结果之

---

① 斯宾诺莎:《简论上帝、人及其心灵健康》,顾寿观译,商务印书馆,2010 年,第 50 页。
② 吉尔·德勒兹:《斯宾诺莎与表现问题》,龚重林译,商务印书馆,2013 年,第 21 页。
③ 吉尔松:《中世纪哲学精神》,沈清松译,上海人民出版社,2008 年,第 84 页。
④ *Spinoza:Metaphysical Themes*, edited by Olli Koistinen and John Biro, Oxford University Press, 2002, p. 60.
⑤ *Spinoza:Metaphysical Themes*, edited by Olli Koistinen and John Biro, Oxford University Press, 2002, p. 61.
⑥ John W. Carroll and Ned Markosian, *An Introduction to Metaphysics*, Cambridge University Press, 2010, p. 27.

间,至少理应存在着同等程度的现实性(as much reality)"①。这显然是令神学更为难以接受的立场。说上帝作为原因和被造物之间共享"同等程度的现实性",这已经是一个荒诞不经的说法,更棘手的难题还在于,上帝到底向被造物"传递"了什么呢？是精神、灵魂,还是物质、能量？此种传递是否意味着对上帝自身存在的一种削弱乃至否定？

正是因此,外在因(机械因、效能因)根本无从对上帝作为万物之因这个根本原理进行合理而充分的解释。但这所体现出来的并非新旧两种世界图景(信仰与实证)之间势必会发生的冲突,而是外在因所难以克服的一个先天顽疾,即无从真正描述和解释无限性与绝对性。这才是斯宾诺莎和德勒兹所真正关心的形上学问题之关键所在。康德在《纯粹理性批判》中就指出,机械性的因果链条的不断延展无从真正触及无限和绝对,而至多"只能被称之为潜在地(potentialiter)无限"②。但斯宾诺莎不同于康德之处在于,他更关心的并非人类运用其理性能力的合法性边界,而是人类的思考能力的真正创造性根源。人的思想能够不断追求绝对和无限,这并不仅是一种需要加以谨慎与节制的奢求乃至狂妄,而更是有着实实在在的"原因",那正是来自上帝这个本身就具有至上的无限性和绝对性的创造性本源。诚如上文所示,人之思内在于上帝之在,作为后者之"一种"有限的表现,它也注定要分享上帝的无限而绝对之力量。德勒兹由此明确指出:"表现不是证明的对象,其实是表现将证明置于绝对之中,这个表现提供了一个证明,亦即是绝对无限实体的直接具显。"③

正是因此才需要引入内在因来对外在因进行纠偏。二者之间的根本差异首先在于,从外在因的角度看:"上帝必须出离自身,方能创造世界。"④而内在因则正相反:"它在它自身以内,而不是在它自身之外起作用——因为在它之外没有任何东西。"⑤从思想与存在之关系这个基本问题来看,又得以引出两个重要的评述。首先,如阿甘本那般从语法的角度来阐释内在因的做法实属画蛇添足,因为斯宾诺莎本已经给出了一个更为完整而充分的形上学的证明。更致命的是,阿甘本由此也就错失了斯宾诺莎(及德勒兹)的内在因和内在性理论的真正用意,那并非(只)要回归"无可归属的生命"这个"无限的去主体化的基体的东西"⑥,而是要回归思想与存在之关系这个形

① *Spinoza:Metaphysical Themes*, edited by Olli Koistinen and John Biro, Oxford University Press, 2002, p.61.
② 康德:《纯粹理性批判》,邓晓芒译,人民出版社,2004年,第356页。
③ 吉尔·德勒兹:《斯宾诺莎与表现问题》,龚重林译,商务印书馆,2013年,第12页。
④ Daniel W. Smith, *Essays on Deleuze*, Edinburgh University Press, 2012, p.32.
⑤ 斯宾诺莎:《简论上帝、人及其心灵健康》,顾寿观译,商务印书馆,2010年,第50页。
⑥ 阿甘本:《潜能》,王立秋、严和来等译,漓江出版社,2014年,第423—424页。

上学的原点,进而为思想本身的无限性和绝对性给出一个前所未有的有力证明。

其次,在斯宾诺莎看来,内在因到底应该被如何恰切解释呢? 更为透彻清晰的解释仍然在《简论》而非《伦理学》之中。《简论》中的解释可概括为两个要点。一方面,内在因实际上是更高的条件,因而有别于总是与结果紧密连接在一起,甚至彼此传输运动的外在因。这在第二章第十二节中分辨得很清楚。比如,"点火"是照亮房子的直接的外在因,而"开窗"虽然"本身并不产生光,但却准备了条件"。①那么这又是怎样的一种"条件"呢? 显然不止于产生"照亮"这个结果的切近直接的原因,而更是指向着各种各样的原因所构成的最大的总和与整体。实际上,宇宙中的万物皆是如此,它们的产生需要预设前因后果式的线性次序,但同样亦需要将整个宇宙的时空网络作为终极的界域和总体性的"条件"。显然,作为总体性条件的内在因正是斯宾诺莎所谓的"全体":"全体则是由结合在一起的不同的个体形成的;……既包含同类的,也包含不同类的部分。"而这样一个全体,确乎只能是"一个理性的东西"。②借用沃尔夫森(Wolfson)的概括,内在因之所以内在于万物之中,跟它所创造出来的万事万物密不可分,并非只在机械论的意义上,而是根本上体现为整体和部分之间的关系("part is in the whole"③)。但这种关系也不可单纯在空间或实在的角度上来理解,而更应该上升为一种逻辑的关系。简言之,内在因作为全体,并不仅仅是所有万物之总和,而更是万物之所以诞生的理性和观念上的最高前提。恰如沃尔夫森的精妙阐释,在这里,内在和超越其实并不矛盾,而反倒是珠联璧合。上帝确实"内在"于万物之中,与它们密不可分,但它同时又在逻辑上区分于、高于万物的存在。④

但另一方面,将内在因视作最高的总体性的理念,或许并非斯宾诺莎的意愿。这或许更为接近康德的看法⑤,对于斯宾诺莎而言,他之所以坚持要使用"因"这个说法,正是因为他并不想如康德那般仅仅将上帝视作一个范导性的理念,而更是意在突显出上帝的实实在在的创生万物的力量。这也是为何他在《笛卡尔哲学原理》中明确强调,上帝作为万物之终极原因,"比结果本身更圆满地包含着结果的全部实在性"⑥。那么又怎样理解此种圆满的实在性呢? 丹尼尔·史密斯给出了一个颇为符

① 斯宾诺莎:《简论上帝、人及其心灵健康》,顾寿观译,商务印书馆,2010年,第47页。
② 斯宾诺莎:《简论上帝、人及其心灵健康》,顾寿观译,商务印书馆,2010年,第46页。
③ Harry Austryn Wolfson, *The Philosophy of Spinoza*, Harvard University Press, 1934, p. 324.
④ Harry Austryn Wolfson, *The Philosophy of Spinoza*, Harvard University Press, 1934, p. 325.
⑤ 伊尔米亚胡·约韦尔(Yirmiyahu Yovel)正是在内在性的脉络上比较了康德和斯宾诺莎之间的相近性,他尤其指出,康德正是将超越性从一个"空洞的界域"(empty horizon)带回到人类的思想之中,并切实地作为一种"内在"的基础性的功能。(*Spinoza and Other Heretics*, Princeton University Press, 1989, p. 175、177.)
⑥ 斯宾诺莎:《笛卡尔哲学原理》,王荫庭、洪汉鼎译,商务印书馆,1980年,第61页。着重号为原文所有。

合德勒兹之本意的解释：上帝作为内在因，既不是万物的总和，也不是范导性的最高理念，而是最为广大而原初的力量场域。"一个存在者(being)的力量或强度就是它与存在(Being)的关系。"①思想之所以能够内在地趋向于无限和绝对，不是因为作为圆满实在的上帝物理地或逻辑地内在于万物之中，而更是因为它自身的生成流变的本性就推动它甚至(借用《差异与重复》中的说法)"迫使"它一次次地回归那个差异性的强度之源，由此一次次地突破边界，增强力量，焕然新生。

三、流溢因之暗示

我们看似已经完美地阐释了(德勒兹意义上的)斯宾诺莎的内在因理论，但这还不是问题的全部，因为还留有流溢因这个重要的环节尚未处理。不过，流溢因真的那么重要吗？它难道不是德勒兹为了更充分地说明内在因而设置的一个过渡性的、辅助性的环节？仅从《斯宾诺莎与表现问题》的文本来看或许确乎如此。但丹尼尔·史密斯在"单义性"这一章的一个注解中却似乎打开了一个迥异的思考方向。他指出，巴迪欧在阐释德勒兹的内在性理论的时候至少犯了两个错误，一是将三种因未加清晰区分地混同在一起，二是令人费解地将德勒兹(和斯宾诺莎)的内在因等同于流溢因。②

但在我们看来，他这一番"纠偏"本身就存在着两个显见的"偏见"。一是背景上的欠缺，也即全然忽视了巴迪欧自己在各个重要文本中对斯宾诺莎的深刻阐释。他的阐释虽然并未如德勒兹那般以三种因之辨析为主线，但"无限与有限"之辨这个核心主题的引入仍然足以为我们反思内在因和内在性提供一个有别于德勒兹的全新视角。二是显然误解了巴迪欧对德勒兹之"一"的解释。正如上文所释，巴迪欧从未将德勒兹之"一"理解为超越性之"一"，而反倒是相当忠于德勒兹之本意地将其理解为生命之"一"。但即便如此，史密斯的这个"误释"或许还可以引出一个具有启示性的解读。我们或许可以"将错就错"地将巴迪欧自己的斯宾诺萨诠释归于流溢因这条路线，这就切实地提供了一个在巴迪欧和德勒兹之间进行比较的有效入口。

---

① Daniel W. Smith, *Essays on Deleuze*, Edinburgh University Press, 2012, p. 40. 这亦是德勒兹的原意："它【部分】是指一个力量的组成部分，换言之，这个所谓的部分是指内在的部分，是指真正的等级部分、力量或是强力的等级。"(吉尔·德勒兹：《斯宾诺莎与表现问题》，龚重林译，商务印书馆，2013年，第187页。)巴迪欧也有同样的解释："对于德勒兹，存在者就是强度的局部层级(les étants sont des degrés locaux d'intensité)。"(Alain Badiou, *Deleuze: La clameur de l'Être*, Pluriel, 2010, p. 40.)

② Daniel W. Smith, *Essays on Deleuze*, Edinburgh University Press, 2012, p. 369, note 369.

那么,到底何为流溢因,它与内在因的根本差异又何在呢?还是先看德勒兹自己的阐释。他首先指出,从界定上看,流溢因与内在因的最根本差别在于,它"虽然维持在自身之中,但是其所生产的结果不在自身之内,亦即结果并不留在流溢因之中"①。正因此,如果说内在因包含着内在性、肯定性、平等性等等规定,那么流溢因则正相反,它还是深陷于"歧义性"(equivocité)、"超越性"和"类比"(analogie)这三重牢笼之中。②如果单从新柏拉图主义的角度来看,德勒兹的这个批判显然是有理有据的。但若暂时搁置这个哲学史的背景,回归于思想与存在这个根本问题,我们就会发现,流溢因似乎无异于为理解无限和有限之间的关系提供了一个全新的视角,那正是从连续到断裂,从肯定到否定。基于德勒兹的斯宾诺莎阐释,作为绝对者和无限者的存在,它从根本上以"一个生命"的形态单义地内在于万事万物之中,又进而"表现"为千差万别的"平等"而"真实的区分"。但我们当然可以进一步提出两个根本性的追问乃至质问。首先,存在为何总要在多样而差异的表现之中持守自身之"一"? 它为何不能散而为"多",但从未真正聚而为"一"? 概言之,存在为何一定要在"conatus"或"化育之自然"(la Nature naturante)③的意义上作为一个无限充盈而蕴生万物的生命之源,而不能作为一个终极的"空"(Void)? 其次,存在为何一定要在万物之中表现自己、肯定自己,而就不能在表现的同时抽离、悬置自身,甚至否定自身? 或者说,即便我们承认存在和在者之间确实根本上是内在性的关系,但这个关系为何一定是容贯的而不能是断裂的,为何一定是在存在和在者之间建立起亲密的互相归属的关系,而不能是在彼此之间敞开一个不能最终跨越的鸿沟? 所有这些追问,正是流溢因所带来的深刻的哲学上的启示。而对于这些追问所给出的肯定回答,也恰是巴迪欧与德勒兹的关键差异所在。本文无暇亦无意全面比较两位哲学家之间的异同,故仅给出巴迪欧的本体论的大致要点,并最终聚焦于他对于斯宾诺莎的不同阐释进路。

首先,从本体论的基本立场来看,巴迪欧与德勒兹之间的根本差异正在于"多"与"一","空"对"有"。当然,在德勒兹那里,多与一也并非对立的关系,但多之表现仍然、始终要回归"一"之生命这个创造性的本源。但对于巴迪欧则正相反:"非一致性(inconsistency)作为纯粹之多只是这样一个预设,即'一'并不先于计数(count)而存在。"④显然,在这句概述之中,多与一的关系发生了鲜明的逆转。多呈现出双重面向,它一方面仍然朝向"一",但另一方面这里的一远非本源,而只是一种对于"多"所

---

① 吉尔·德勒兹:《斯宾诺莎与表现问题》,龚重林译,商务印书馆,2013年,第169页。
② 吉尔·德勒兹:《斯宾诺莎与表现问题》,龚重林译,商务印书馆,2013年,第160页。
③ Alain Badiou, *Deleuze : La clameur de l'Être*, Pluriel, 2010, p.45.
④ Alain Badiou, *L'être et événement*, Seuil, 1988, p.65.

进行的同质化、统一化的计数之操作。多是先在的,而一仅仅是后续的、衍生的效果。这已经跟德勒兹的立场有天壤之别。借用巴迪欧自己的名句:"'一'本不存在(*L'un n'est pas*)。"①那正是说,一根本无力指向、回归存在之源,正相反,它只能是一种对于存在之多所进行的退化而衰变的"化一"(One-ing)之操作。

在各种化而为一的操作之下,不断被计数的多始终面临着一个严重的危险,那正是由此会失去多之为多之本性(multiplicity)。由此就涉及多之另外一面,不是朝向"一",而恰恰是返归"无"(nothing):"由此,被呈现之多正是源自无之多(the presented multiples are multiples of nothing)。"②为何一定是无而非有呢? 那正是因为有经由了计数的统一化操作之后已经越来越失去了"多"之表现力,因此只有回归到多之中的那些无法被整合为一的"无"之"空隙"(void),方能真正保住多之"多性"。多之背后空无一物,但正是这种根本上的"空性"才最终让多作为真正的多来进行无穷无尽但又不可最终统一化的表现。或者用一个看似悖论实则深刻的说法来概括:唯有无才能真正敞开、回归乃至维系之本源。不妨再度借用巴迪欧自己的生动说法,"多之空性"(multiple of nothing),才是"存在之名"(the proper name of being)。③这又是一个与德勒兹之间的根本差异,这尤其体现于二者在用语上的鲜明差别。德勒兹用来形容"一"生"多"的生命创造的著名概念正是"表现"(expression),而巴迪欧用来界定"化一"之操作的概念则是"呈现"(presentation)。表现总是指向着一个创生性的本源④,但呈现根本没有这种预设,正相反,它真正指向的恰恰是在呈现之中以事件的方式撕裂而出的那一个个"不可呈现"(unpresentable)的空隙。诚如巴迪欧自己所概括的:"我的本体论的核心理念正是……状态(state)试图以其计数来驱逐(foreclose)的,正是情境之空性(the void of the situation),以及在每个场合之中揭示此种空性的事件。"⑤

也正是上述的意义上,巴迪欧对于一和多、无限和有限之关系的理解,确实体现出尤为鲜明的新柏拉图主义的特征。⑥但这当然不是因为他有意复兴太一这个神秘

---

① 转引自 Peter Hallward, *Badiou:A Subject to Truth*, University of Minnesota Press, 2003, p. 61。

② Sam Gillespie, "Placing the Void: Badiou on Spinoza", in *Angelaki: Journal of the Theoretical Humanities*, 6:3, p. 65.

③ Peter Hallward, *Badiou:A Subject to Truth*, University of Minnesota Press, 2003, pp. 63 - 64.

④ 如果我们放眼更为广阔的哲学史的话,会发现"表现"(及"表现主义")这个重要概念的后续发展(启蒙运动,浪漫主义和德国古典哲学)同样体现出这个"内在地创造的过程"的本质特征(查尔斯·泰勒:《黑格尔》,张国清、朱进东译,译林出版社,2002 年,第 22 页),对这个脉络的梳理尤其见第一章第二节。

⑤ 转引自 Peter Hallward, *Badiou:A Subject to Truth*, University of Minnesota Press, 2003, p. 100。

⑥ Peter Hallward, *Badiou:A Subject to Truth*, University of Minnesota Press, 2003, p. 62.

的本源,而更在于他的本体论阐释确实更倾向于流溢因这个截然有别于德勒兹和斯宾诺莎的面向。在巴迪欧看来,如果"一"真的存在,那它也断然不是将万物化而为一的凝聚性的本源,而更是始终将万物散而为多的那个"无之空性"。这个"无"当然不是"太一"式的超越实体,而同样是"内在于"多之呈现中的裂隙。但一方面,它不是在多之中肯定自己,而恰恰是不断以否定的方式才能返归自身(无正是"不可呈现"之物),另一方面,它又与多之间保持着一个不容被跨越的间距乃至鸿沟,因为它恰恰是维系多之多性的根本的本体论前提。概言之,对于德勒兹,是一之表现不断在多之中肯定自身;对于巴迪欧,则是一之空性("n'est pas")不断以否定多之呈现的方式而回归自身。前者是内在因,因为不断有一个充盈的、不可耗竭的本源以内在的方式推动着万物的生生不息的流变;后者则确乎就是一种(虽然颇为另类的)流溢因,因为在"流溢"的过程之中,那个空性的本源不断抽身而去、遮蔽自身,进而保持着它与万物之间的终极的否定和断裂的关系。

此种差异尤为清晰而戏剧性地体现于二者对斯宾诺莎的阐释之间的明显不同。对于巴迪欧,正如对于德勒兹,斯宾诺莎都是贯穿他们思想发展的一条主线。只不过,在巴迪欧那里,斯宾诺莎更接近于一个不甚成功的尝试,因为后者虽然意识到无限和有限之间的裂痕,但却始终想用尽各种办法对之进行"化一"式的填补和修复。在1984—1985年集中探讨西方哲学史上关于"无限"问题的课程之中,巴迪欧还是将重心置于对斯宾诺莎思想的复述和概括,并未太多展开自己的批判性反思。但其中已然显示出两个值得关注的要点。首先,他极为敏锐地将《伦理学》中的问题概括为:为何斯宾诺莎不直接将"一"作为公理奠定下来? 为何他最终没有将"多"还原为"一"?① 答案其实也很明确,那正是因为在斯宾诺莎那里有一种"多之优先性"(un primat du multiple)。那为何要从多之表现和呈现来入手呢? 首先,当然是因为如果一开始就肯定一之本源地位,那就无异于一种独断的形上学的立场。这也是为何内在因这个问题在斯宾诺莎的伦理学体系之中会位于关键的地位(至少在德勒兹看来),那正是因为它就是连通一与多、无限与有限的最为重要的中间环节。简单断言存在之一是远远不够的,这只是前提,而不是基础。斯宾诺莎的体系的真正基础是一之表现为多,无限之具显为有限,而内在因就是一个恰切而充分的说明。

其次,多之优先性还尤其体现于主体性这个为德勒兹所忽视的要点。确实,从某

———————

① 尤其参见第九章,即 1985 年 1 月 29 日的授课。

种角度来看,至少就《伦理学》而言,"主体根本不存在",因为即便真的存在着主体的话,那也一定是、只能是作为无限实体的上帝。人也只不过是上帝以无限的属性及其样态来表现自身的一个中间环节而已,并不具有根本性和优先性。甚至说得极端一点,这个宇宙之中是否有人存在都是无关紧要的,因为根本不会改变"上帝作为万物之因"这个根本的表现性原理。但反过来说,人作为主体又不可谓不重要,因为他确实在斯宾诺莎的体系之中占据了一个颇为关键的趋于"消没"(évanouissant)的"非—位置"(non-place)。这就再度涉及思想与存在这个问题。确实,上帝在表现,但却是人在思考。表现自身的存在是无限的,但进行思考的人却是有限的。存在可以表现为无穷无尽的属性,但人却只能思考其中的两个。但这所体现的并非思考之无力,而是强力,因为正是通过思考,人得以实现从有限向无限的提升。

但正是在人这个关键的中间环节之处,体现出巴迪欧与德勒兹在主体性这个问题上的最根本差异。对于德勒兹和(经由德勒兹阐释的)斯宾诺莎来说,在人的有限理智(l'entendement)和上帝的无限属性之间,或许确实存在着明显的对比,但却并不存在任何的断裂和空隙(void)。①既然"按照绝对者力量的不同程度,每个有限存有都**表现了绝对的存有**"②,那么,从有限理智到无限属性,从有限的被表现者到无限的表现自身者,就是一个强度不断增长的上升的过程,其中的一个个关键环节彼此之间皆容贯连续,乃至圆融无碍,毫无滞涩。但对于巴迪欧来说就并非如此了,正是在这里,他已经不想再亦步亦趋地"忠实于"斯宾诺莎自己的看似容贯(consistance)和融贯(consistency)的体系,而更是想基于自己的本体论立场来试图在其中撕裂出无限和有限之间的裂痕。而假若这个"裂痕"(décalage)真的存在,那肯定、注定是在作为有限理智的人身上。一方面,即便单就《伦理学》的体系而言,无限样式(infinite mode)向来已经是最令研究者殚精竭虑的难题。③另一方面,更为重要的是,在巴迪欧这里,思考并不单纯是被动地领受存在之表现,而更是具有一种不可还原的主动性的力量。"思考存在,思考存在自身,就要求对思想之一般公理(the axioms of thought in general)进行规定。"④简言之,在德勒兹那里,人在存在之表现运动之中所起到的确

---

① "理智必须凭借神的一种属性,而这种属性能表示思想的永恒无限的本质,才能得到理解。"(斯宾诺莎:《伦理学》(第2版),贺麟译,商务印书馆,1983年,第30页。)

② 吉尔·德勒兹:《斯宾诺莎与表现问题》,龚重林译,商务印书馆,2013年,第195页。黑体字为原文所有。

③ 比如,可参见 *Spinoza: Basic Concepts*, edited by Andre Santos Campos, Imprint Academic, 2015,该书中的"Infinite Mode"这一章。巴迪欧表述得更为准确凝练:"有限理智(l'intellect fini)可以被构想为无限理智的一种'样式化'(modification)或'情状'(affection)吗?"(Alain Badiou, *Court traité d'ontologie transitoire*, Éditions du Seuil, 1998, p. 84.)

④ 转引自 Peter Hallward, *Badiou: A Subject to Truth*, University of Minnesota Press, 2003, p. 51.

实只是一种"同一化的操作"(les operations d'identification),即不断地将有限的存有"内化于"无限的实体,进而令一切"空隙"都"丧失权利"(forclore),甚而将它们"驱逐"(forclore)①出《伦理学》的容贯体系。与此针锋相对,巴迪欧旗帜鲜明地发出挑战:那么,为何就不能"冒险"在无限和有限、表现之因和内在之果之间撕开一个"不可共度"(l'incommensurabilité)和"非—关系"(non-rapport)的空隙呢?②在《临时性本体论导论》(Court traité d'ontologie transitoire)之中,巴迪欧更是明确将这个得以撕裂"斯宾诺莎本体论的封闭循环"(cette fermeture circulaire)的"不可确定"(indécidable)的缺口就定位于有限的人类理智之中。③毕竟,真正能够在无限和有限之间制造断裂性差异的,唯有主体,或更准确说,那"一个主体"(un sujet)④。

四、结语:没有主体,谁来捍卫真理?

"对于巴迪欧,正如对于德勒兹,人都应当追寻他力所能及之无限。"⑤但虽然如此,二者之间却仍然存在着极为明显的差异。首先,二者对于无限之绝对者的理解截然相反,在德勒兹那里是一之生命,在巴迪欧那里却是无之空性。其次,二者对于无限和有限之关系的阐释也形成反差,德勒兹偏好肯定性、容贯性的表现,而巴迪欧则更倾向于呈现之中的否定性、断裂性的"不可呈现"之裂隙。最后,尤为关键的是,他们对于人之追求无限之能力的理解,乃至对于主体和真理之关系的把握也都体现出鲜明的分歧。

在《论主体性的生产》一书中,西蒙·奥沙利文(Simon O'Sullivan)曾对比了德勒兹与巴迪欧的主体性理论的三点根本差异。⑥第一点在于主体与真理的关系。在《存在的喧嚣》一书的"时间与真理"一章中,巴迪欧就明确指出,真理在德勒兹的哲学体系之中并不占有关键的地位,甚至不妨极端地追问一句:"对于德勒兹来说,真的有真理存在吗?"⑦但这个质疑远非看起来那么偏激,因为作为一个纯正的尼采主义者,德

① "对空的驱逐"(forclôt le vide),亦可以作为巴迪欧对于斯宾诺莎《伦理学》的结论性的批判要点。(Alain Badiou, L'être et l'événement, Éditions du Seuil, 1988, p.130.)
② Alain Badiou, L'être et l'événement, Éditions du Seuil, 1988, p.133.
③ Alain Badiou, Court traité d'ontologie transitoire, Éditions du Seuil, 1998, p.90.
④ Alain Badiou, Court traité d'ontologie transitoire, Éditions du Seuil, 1998, p.91.
⑤ Fabien Tarby, Materialismes d'aujourd'hui:de Deleuze à Badiou, Editions L'Harmattan, 2005, p.15.
⑥ Simon O'Sullivan, On the Production of Subjectivity:Five Diagrams of the Finite-Infinite Relation, Palgrave MacMillan, 2012, pp.166-167.
⑦ Alain Badiou, Deleuze:La clameur de l'Être, Pluriel, 2010, p.83.

勒兹确实在很大程度也分享了尼采对于"虚假的强力"(la puissance du faux)的偏好。①再退一步说,哪怕真的存在真理,主体或作为主体的人也绝非真理之表现过程中的至关重要的环节。这当然与巴迪欧截然相反,因为在他看来,主体及其对真理程序之重启,是打开无限和有限之间的间隙与道路的最本质途径。在《真理的内在性》的开篇,巴迪欧就明确总结道:"真理是由人类主体创造的(les vérités sont créées par un sujet humain),无论是个人主体还是非个人主体,无论是个体主体还是集体主体,在既定的世界中,用既定材料进行创造。"②

由此就引出了巴迪欧和德勒兹的主体性理论的第二个重要分歧,那正是主体和身体。对于德勒兹看来,身体在"生成—主体"的过程之中占据着核心和基础的地位。事实上,谈起德勒兹的斯宾诺莎阐释对于后来欧洲思想界的深刻影响,除了"表现主义"这个日益走红的哲学思考之范式之外,大概就当属"情动"(affect)这个概念了。情动,说到底无非正是以身之动来激活心之动、思想之创造,将肉身之中的"conatus"之生命力平行地传递给思想,进而激发思想不断地突破束缚,重启新生。但对于巴迪欧来说或许正相反。主体所创造的真理事件,固然也必然要跟肉身、欲望、生命等等维度关联在一起,但其实更为重要的恰恰不是身体之力,而更是思考之力、思辨之力。对于德勒兹,有限的思考之所以能够不断提升至无限和绝对的强度,其背后的动力最终源自身体之情动。但这样一种提升显然存在着两个明显缺陷。一方面,情动本身往往是盲目的、短暂的,且极容易耗散和耗竭,它真的能够为思想趋向于绝对存在的运动提供切实且持久的动力吗?相当有理由怀疑这一点。另一方面,今天的肉身的一个重要的趋势正是技术化、智能化乃至数据化。或者用一个时髦的术语来说,那正是"离身化"(dis-embodiment)。既然如此,又怎能在其中找到一个抵抗媒介化平台和数字化网络的真正支点呢?身体自身都日渐表层化(借用德勒兹《意义的逻辑》中的术语),那又何以能够提供一种趋向于无限的深层动力?

但肯定有人会反唇相讥:既然身体之情动不再能提供有效的抵抗之力,那么有限之人类思考似乎就更不能。是的,身体确实在不断地数据化,但思考又何尝不是?甚至不妨说,人类思考的智能化、数据化乃至功能化甚至开始得更早,且进行得更彻底。这个质疑当然是有道理的,然而,即便思考注定是有限的,但有限的思考也注定存在

---

① 德勒兹对虚假强力的论述,见《电影 2》第六章。尼采对于真理的批判,集中于他的名文《在非道德意义上的真理与谎言》(*On Truth and Lie in a Nonmoral Sense*),收于文集:Friedrich Nietzsche, *On Truth and Untruth: Selected Writings*, Translated and Edited by Taylor Carman, Harper Collins Publishers, 2010。

② Alain Badiou, *L'Immanece des vérités*, Fayard, 2018, p. 21. 这里采用了蓝江教授尚未发表的译文,谨此致谢。

着不同的形态和道路。或许德勒兹意义上的彻底内在于一个生命之中的思考确实无从提供切实的抵抗可能,但是,在巴迪欧意义上的作为无限和有限之断裂的思考是否还能留给未来的人类与哲学一线希望呢? 我们尽管大可不必如巴迪欧那般将数学视作追寻绝对真理的唯一道路,但仍然足以跟随他的启示去"英勇地"(heroism)①探寻重建主体性的希望。毕竟,真正的"主体化"也必须是实实在在地"无中生有"(ex nihilo)②;毕竟,唯有主体,那一个主体,才能带给我们重启真理、重建世界的希望和勇气。

Rethinking the Concept of Immanence in Deleuze's Vitalism: On Deleuze and Badiou's Interpretation of Spinoza

Jiang Yuhui

Abstract: Immanence is a central concept in Deleuze's philosophy, but its complexity and ambiguity have always been controversial. In a nutshell, the debate is broadly embodied in two diametrically opposed positions, either seeing immanence as merely an original method of constructing and creating concepts, or treating it as an ontological foundational category that reduces it to the fundamental order of existence "immanent" in all things. Since the flaws of these two tendencies are obvious, it is advisable to try to propose a third way to define immanence as a trinity movement, that is, thought is immanent in itself, thought is immanent in being, and being is immanent in itself. For Deleuze, the basic thread that runs through these three aspects is expression, and in the classic text of *Spinoza and the Problem of Expression*, expression is particularly concerned with the distinction between external causes, emanant causes and internal causes. This requires first of all to distinguish the difference between the external cause (efficient cause) and the internal cause, and then to clarify the purpose of expressing this concept, that is, the intensity movement of finite thought towards infinite existence. Next, we further open up the possibility of emanant cause, which is different from Deleuze's vitalism, by introducing Badiou's

---

① Simon O'Sullivan, *On the Production of Subjectivity: Five Diagrams of the Finite-Infinite Relation*, Palgrave MacMillan, 2012, p. 167.

② Peter Hallward, *Badiou: A Subject to Truth*, University of Minnesota Press, 2003, p. 11.

interpretation of Spinoza. Finally, we will further analyze the fundamental differences between Deleuze and Badiou's theory of subjectivity around the three core themes of one and many, infinite and finite, and subject and truth.

Key words: immanence expression internal cause Spinoza presentation void truth subjectivity

道家、道教生命哲学

庄子人生哲学"自然之性"研究

曹佳丽　黎千驹*

摘　要:庄子人生哲学的核心思想就是保全或恢复人类的自然之性。然而种种人为的因素,诸如人们所追求的名利富贵等各种欲望、圣人的学说、古代圣王的治天下之道等,皆使得人们丧失了自然之性。人只有摆脱了各种限制和束缚,才能保持或恢复人类的自然之性,真正达到无拘无束、自由自在、优游自得的绝对自由的精神境界,使生命清新和谐,"无所待"地逍遥游,而"逍遥游"是庄子人生哲学中最理想的境界。庄子人生哲学"自然之性"在当今仍具有一定的意义。

关键词:庄子　人生哲学　自然之性

庄子人生哲学的主旨是要"保身""全性""养身""尽年",即保护生命,保全天性,养护身体,终其天年。庄子的人生哲学包含众多方面的内容,我们曾探讨了庄子人生哲学中的"无用之用"[①],本文则从"自然之性"这个方面来探讨庄子的人生哲学。

---

* 曹佳丽,成都文理学院文法学院教授,主要从事中国古代文论、文艺美学研究。黎千驹,湖北师范大学国学研究中心二级教授,主要从事训诂学与中国古代哲学研究。
① 黎千驹、冯辉梅:《庄子人生哲学"无用之用"研究》,《长治学院学报》2020 年第 4 期,第 8—13 页。

一、庄子自然之性的内涵

庄子人生哲学的核心思想就是"全性"，即保全或恢复人类的自然之性。什么是人类的自然之性呢？让我们来看《庄子》中的两段文字：

> 河伯曰："何谓天？何谓人？"北海若曰："牛马四足，是谓天；落马首，穿牛鼻，是谓人。故曰：'无以人灭天，无以故灭命，无以得殉名。谨守而勿失，是谓反其真。'"[1]

庄子认为"天"就是自然之性。以马为例：

> 马，蹄可以践霜雪，毛可以御风寒。齕草饮水，翘足而陆，此马之真性也。[2]
> 夫马，陆居则食草饮水，喜则交颈相靡，怒则分背相踶。马知已此矣！[3]

所谓"此马之真性也"，所谓"马知已此矣"，所谓"牛马四足"，乃马自然之性。由此类推，亦可知人类的自然之性：

> 夫至德之世，同与禽兽居，族与万物并。恶乎知君子小人哉！同乎无知，其德不离；同乎无欲，是谓素朴。素朴而民性得矣。[4]
> 夫赫胥氏之时，民居不知所为，行不知所之，含哺而熙，鼓腹而游，民能已此矣！[5]

所谓"无欲""素朴"，所谓"民能已此矣"，乃人类的自然之性。马与人之自然之性，皆是"无为为之之谓天"[6]。如果人能顺其自然之性，则可享受到充分的幸福与快乐而无须外求。

---

[1] 陈鼓应注译：《庄子今注今译》，中华书局，1983 年，第 428—429 页。
[2] 陈鼓应注译：《庄子今注今译》，中华书局，1983 年，第 244 页。
[3] 陈鼓应注译：《庄子今注今译》，中华书局，1983 年，第 249 页。
[4] 陈鼓应注译：《庄子今注今译》，中华书局，1983 年，第 246 页。
[5] 陈鼓应注译：《庄子今注今译》，中华书局，1983 年，第 249 页。
[6] 陈鼓应注译：《庄子今注今译》，中华书局，1983 年，第 297 页。

二、人们丧失自然之性的根源

然而,由于种种人为的因素,诸如人们所追求的名利富贵等各种欲望、圣人的学说、古代圣王的治天下之道等,皆与"落马首,穿牛鼻"类似,导致人们都因"人为"而丧失了自然之性,于是不再有幸福感与快乐感。

(一) 人们所追求的名利富贵等各种欲望,使得人们丧失了自然之性

庄子认为,人应当去除一切欲望,消除意志的错乱,解开心灵的束缚,抛弃德性的牵累,疏通大道的堵塞。其曰:

> 彻志之勃,解心之谬,去德之累,达道之塞。贵富显严名利六者,勃志也;容动色理气意六者,谬心也;恶欲喜怒哀乐六者,累德也;去就取与知能六者,塞道也。此四六者不荡胸中则正,正则静,静则明,明则虚,虚则无为而无不为也。①

庄子认为,荣贵、富有、显位、威势、美名、厚利六项,是错乱意志的;仪态、举动、脸色、辞理、神采、气息、情义六项,是束缚心灵的;憎恨、爱恋、欢喜、愤怒、悲哀、快乐六项,是牵累德行的;离开、走近、获取、给予、用智、逞能六项,是阻塞大道的。这二十四害,若能使它们不在胸中激荡,那么内心就正了;内心正了就清静了;清静了就明澈了;明澈了就虚空了;虚空了就能无为而不制造事端,万事就好办了。如此则可达到人与"道"的合一。以其中的"贵富显严名利"来说:

> 世之所谓贤士:伯夷、叔齐。伯夷、叔齐辞孤竹之君而饿死于首阳之山,骨肉不葬。鲍焦饰行非世,抱木而死。申徒狄谏而不听,负石自投于河,为鱼鳖所食。介子推至忠也,自割其股以食文公。文公后背之,子推怒而去,抱木而燔死。尾生与女子期于梁下,女子不来,水至不去,抱梁柱而死。此六子者,无异于磔犬流豕、操瓢而乞者,皆离名轻死,不念本养寿命者也。②

世人所称道的贤士,如伯夷、叔齐、鲍焦、申徒狄、介子推、尾生六人,皆是为了顾

---

① 陈鼓应注译:《庄子今注今译》,中华书局,1983年,第618页。
② 陈鼓应注译:《庄子今注今译》,中华书局,1983年,第779页。

惜所谓的名声而轻易抛弃自己生命的人,故而伤害了自己的自然之性。

> 知和曰:"平为福,有余为害者,物莫不然,而财其甚者也。今富人,耳营于钟鼓管籥之声,口嗛于刍豢醪醴之味,以感其意,遗忘其业,可谓乱矣;侅溺于冯气,若负重行而上坂,可谓苦矣;贪财而取慰,贪权而取竭,静居则溺,体泽则冯,可谓疾矣;为欲富就利,故满若堵耳而不知避,且冯而不舍,可谓辱矣;财积而无用,服膺而不舍,满心戚醮,求益而不止,可谓忧矣;内则疑劫请之贼,外则畏寇盗之害,内周楼疏,外不敢独行,可谓畏矣。此六者,天下之至害也,皆遗忘而不知察。及其患至,求尽性竭财,单以反一日之无故而不可得也。故观之名则不见,求之利则不得,缭意绝体而争此,不亦惑乎!"①

平均是福,多余是害,任何事情都是这样,而财货尤其如此。如今富人,耳要听钟鼓管籥之声,口要尝牛羊美酒之味,以激发其情意,却遗忘了其事业。这可以说是迷乱。沉溺满腔愤懑之气,就像负重爬坡一样。这可以说是劳苦。贪财以慰其心,贪权而殚精竭虑,平时就沉溺于享受,身强体壮就骄横。这可以说是疾病。为了追求财富,财富堆积得高于墙却不知足,并且贪得无厌。这可以说是自取其辱。积累了财富却没有什么用,孜孜以求而不舍,满心烦恼,仍想着增加更多财富而不知停止。这可以说是忧愁。在家就担心小偷来盗窃,出门就害怕遭受寇盗伤害,居家就四周戒备,出门就不敢单独行走。这可以说是畏惧。乱、苦、疾、辱、忧、畏,这些都是天下的大害,大家都遗忘了而不知明察。等到这些大害来临时,他们想要倾家荡产保全性命,只求返归贫穷,求得一日之安宁,却也不可能。所以从名声的角度来观察却不见其名声,从利益的角度来探求却得不到财富。这些人皆是为了所谓的财富而使得身心遭受困扰,并且最终"竹篮打水一场空",同时也伤害了自己的自然之性。而这种状况在庄子看来由来已久:

> 自三代以下者,天下莫不以物易其性矣。小人则以身殉利,士则以身殉名,大夫则以身殉家,圣人则以身殉天下。故此数子者,事业不同,名声异号,其于伤性以身为殉,一也。②

---

① 陈鼓应注译:《庄子今注今译》,中华书局,1983年,第798页。
② 陈鼓应注译:《庄子今注今译》,中华书局,1983年,第239页。

此正所谓:

> "小人殉财,君子殉名。其所以变其情,易其性,则异矣;乃至于弃其所为而
> 殉其所不为,则一也。"故曰:无为小人,反殉而天;无为君子,从天之理。①

因此庄子认为,人们对名利、富贵等各种欲望的追求,必将导致:

> 以富为是者,不能让禄;以显为是者,不能让名。亲权者,不能与人柄,操之
> 则栗,舍之则悲,而一无所鉴,以窥其所不休者,是天之戮民也。②

认为追求财富是正确的,就不可能把利禄让给别人;认为追求荣显是正确的,就
不可能把名誉让给别人;认为追求权势是正确的,就不可能把权位让给别人。掌握权
势则感到恐惧,失去权势则感到悲伤。这种人心中毫无明见,来反省自己无休止追求
的财富、名利和权势。从自然的道理来看,这种人就像是遭受着刑戮的人。由此可
见,庄子所倡导的"自然之性",继承并发展了老子"见素抱朴,少私寡欲"③而"复归于
婴儿"④的思想,因此庄子亦曰:

> 藏金于山,沉珠于渊;不利货财,不近贵富;不乐寿,不哀夭;不荣通,不丑穷。
> 不拘一世之利以为己私分,不以王天下为己处显。显则明,万物一府,死生
> 同状。⑤

(二) 圣人的学说,使得人们丧失了自然之性

庄子认为,世俗所谓"圣人",并不值得效法。以其"仁义"学说为例:

> 及至圣人,蹩躠为仁,踶跂为义,而天下始疑矣;澶漫为乐,摘僻为礼,而天下
> 始分矣。故纯朴不残,孰为牺樽!白玉不毁,孰为珪璋!道德不废,安取仁义!
> 性情不离,安用礼乐!五色不乱,孰为文采!五声不乱,孰应六律!夫残朴以为

---

① 陈鼓应注译:《庄子今注今译》,中华书局,1983 年,第 791 页。
② 陈鼓应注译:《庄子今注今译》,中华书局,1983 年,第 378 页。
③ 王弼注:《老子道德经注校释》,楼宇烈校释,中华书局,2016 年,第 45 页。
④ 王弼注:《老子道德经注校释》,楼宇烈校释,中华书局,2016 年,第 73 页。
⑤ 陈鼓应注译:《庄子今注今译》,中华书局,1983 年,第 298 页。

器,工匠之罪也;毁道德以为仁义,圣人之过也。①

　　庄子认为,等到圣人出现,汲汲于追求仁义,天下之人才开始产生疑惑;纵情追求音乐,烦琐地讲究礼仪,天下之人才开始产生尊卑的分别——正如完整的木材不被雕刻,哪会有酒器? 白玉不被雕琢,哪会有珪璋? 道德不被废弃,哪会有仁义? 自然之性不被废弃,哪会需要礼乐? 自然的五色不被间杂错乱,哪会有花纹? 自然的五声不被错乱为高低清浊,哪会需要适应六律? 因此可以说,残破整木来做成器皿,这是工匠的罪过;毁坏道德来追求仁义,这是圣人的罪过。故庄子曰:

　　吾未知圣知之不为桁杨椄槢也,仁义之不为桎梏凿枘也,焉知曾、史之不为桀、跖嚆矢也!②

　　庄子认为,圣智其实就是镣铐的楔子,仁义则是枷锁的孔枘,曾参、史鱼就是夏桀、盗跖的向导! 庄子借许由之口说:

　　夫尧既已黥汝以仁义,而劓汝以是非矣。汝将何以游夫遥荡恣睢转徙之涂乎?③

　　尧的所谓"躬服仁义"就像是黥刑,而"明言是非"就像是劓刑。遭受了尧的"黥刑"和"劓刑",还怎么能游于逍遥自在、无拘无束而变化无穷的境界呢? 庄子还多次借老子与孔子关于仁义的对话来阐述这种观点:

　　老聃曰:"请问:仁义,人之性邪?"孔子曰:"然。君子不仁则不成,不义则不生。仁义,真人之性也,又将奚为矣?"老聃曰:"请问:何谓仁义?"孔子曰:"中心物恺,兼爱无私,此仁义之情也。"老聃曰:"意,几乎后言! 夫兼爱,不亦迂乎! 无私焉,乃私也。夫子若欲使天下无失其牧乎? 则天地固有常矣,日月固有明矣,星辰固有列矣,禽兽固有群矣,树木固有立矣。夫子亦放德而行,循道而趋,已至矣;又何偈偈乎揭仁义,若击鼓而求亡子焉! 意,夫子乱人之性也。"④

---

① 陈鼓应注译:《庄子今注今译》,中华书局,1983 年,第 246—247 页。
② 陈鼓应注译:《庄子今注今译》,中华书局,1983 年,第 274 页。
③ 陈鼓应注译:《庄子今注今译》,中华书局,1983 年,第 202 页。
④ 陈鼓应注译:《庄子今注今译》,中华书局,1983 年,第 347 页。

孔子见老聃而语仁义。老聃曰:"……夫仁义憯然乃愤吾心,乱莫大焉。吾子使天下无失其朴,吾子亦放风而动,总德而立矣,又奚杰杰然揭仁义,若负建鼓而求亡子者邪?"①

由此可见,圣人所倡导的"仁义",其实质是钳制人心的规范,它只能扭曲人心而使天下失其朴,从而"乱人之性也"。庄子还借南荣趎之口曰:

不知乎? 人谓我朱愚。知乎? 反愁我躯。不仁则害人,仁则反愁我身;不义则伤彼,义则反愁我己。我安逃此而可? 此三言者,趎之所患也。②

由此可见,仁义还会使人不知所措。况且一旦圣人被不善之人所利用,则必将成为不善之人的一件"合法外衣"。庄子曰:

世俗之所谓知者,有不为大盗积者乎? 所谓圣者,有不为大盗守者乎? 何以知其然邪? 昔者齐国邻邑相望,鸡狗之音相闻,罔罟之所布,耒耨之所刺,方二千余里。阖四竟之内,所以立宗庙、社稷,治邑屋州闾乡曲者,曷尝不法圣人哉? 然而田成子一旦杀齐君而盗其国。所盗者岂独其国邪? 并与其圣知之法而盗之,故田成子有乎盗贼之名,而身处尧舜之安。小国不敢非,大国不敢诛,专有齐国,则是不乃窃齐国,并与其圣知之法以守其盗贼之身乎?③

善人不得圣人之道不立,跖不得圣人之道不行;天下之善人少而不善人多,则圣人之利天下也少而害天下也多。④

圣人不死,大盗不止。虽重圣人而治天下,则是重利盗跖也。为之斗斛以量之,则并与斗斛而窃之;为之权衡以称之,则并与权衡而窃之;为之符玺以信之,则并与符玺而窃之;为之仁义以矫之,则并与仁义而窃之。何以知其然邪? 彼窃钩者诛,窃国者为诸侯,诸侯之门而仁义存焉,则是非窃仁义圣知邪?⑤

从这个意义上来看,庄子所倡导的"自然之性",是继承并发展了老子"弃圣绝智,

① 陈鼓应注译:《庄子今注今译》,中华书局,1983年,第381—382页。
② 陈鼓应注译:《庄子今注今译》,中华书局,1983年,第598页。
③ 陈鼓应注译:《庄子今注今译》,中华书局,1983年,第253页。
④ 陈鼓应注译:《庄子今注今译》,中华书局,1983年,第256页。
⑤ 陈鼓应注译:《庄子今注今译》,中华书局,1983年,第256页。

民利百倍"①的思想，因此庄子亦曰：

　　故绝圣弃知，大盗乃止；掷玉毁珠，小盗不起；焚符破玺，而民朴鄙；掊斗折衡，而民不争；殚残天下之圣法，而民始可与论议。②
　　绝圣弃知而天下大治。③

故庄子认为，最理想的做法是"放德而行，循道而趋"④。

（三）古代圣王的治天下之道，使得人类丧失了自然之性

庄子认为，即使是人们心目中的古代圣王，诸如尧、舜、禹等，他们的治天下之道，诸如仁义、举贤授能、礼仪法度等，亦皆使得人类丧失了自然之性。例如：

　　啮缺遇许由，曰："子将奚之？"曰："将逃尧。"曰："奚谓邪？"曰："夫尧畜畜然仁，吾恐其为天下笑。后世其人与人相食与！夫民，不难聚也；爱之则亲，利之则至，誉之则劝，致其所恶则散。爱利出乎仁义，捐仁义者寡，利仁义者众。夫仁义之行，唯且无诚，且假乎禽贪者器。"⑤

此谓尧舜实施的"仁义"，实非治天下之道。所谓仁义的行为，只会带来虚伪，并且必将成为贪婪之人所利用的工具。因此它只能导致人类丧失自然之性。

　　弟子曰："……且夫尊贤授能，先善与利，自古尧舜以然，……"
　　庚桑子曰："……且夫二子者，又何足以称扬哉！……举贤则民相轧，任知则民相盗。之数物者，不足以厚民。民之于利甚勤，子有杀父，臣有杀君，正昼为盗，日中穴阫。吾语女：大乱之本，必生于尧、舜之间，其末存乎千世之后。千世之后，其必有人与人相食者也。"⑥
　　（许由）曰："……夫尧知贤人之利天下也，而不知其贼天下也，夫唯外乎贤者

---

① 王弼注：《老子道德经注校释》，楼宇烈校释，中华书局，2016年，第45页。
② 陈鼓应注译：《庄子今注今译》，中华书局，1983年，第259页。
③ 陈鼓应注译：《庄子今注今译》，中华书局，1983年，第274页。
④ 陈鼓应注译：《庄子今注今译》，中华书局，1983年，第347页。
⑤ 陈鼓应注译：《庄子今注今译》，中华书局，1983年，第654页。
⑥ 陈鼓应注译：《庄子今注今译》，中华书局，1983年，第592—593页。

知之矣!"①

此谓尧舜实施的"举贤授能",实非治天下之道。举荐贤人,则必将使得人们相互倾轧;任用智士,则必将使得人们相互欺诈。贤人不仅对天下有利,并且也有害。而"至德之世,不尚贤,不使能;上如标枝,民如野鹿"②。因此尧舜实施的"举贤授能",只能使得人类丧失自然之性。

> 尧治天下,伯成子高立为诸侯。尧授舜,舜授禹,伯成子高辞为诸侯而耕。禹往见之,则耕在野。禹趋就下风,立而问焉,曰:"昔尧治天下,吾子立为诸侯。尧授舜,舜授予,而吾子辞为诸侯而耕。敢问,其故何也?"子高曰:"昔者尧治天下,不赏而民劝,不罚而民畏。今子赏罚而民且不仁,德自此衰,刑自此立,后世之乱自此始矣。夫子阖行邪?无落吾事!"俋俋乎耕而不顾。③
>
> 故举天下以赏其善者不足,举天下以罚其恶者不给,故天下之大,不足以赏罚。自三代以下者,匈匈焉终以赏罚为事,彼何暇安其性命之情哉!④

此谓夏商周运用赏罚来治理天下,实非治天下之道。实施赏罚制度而使得人民不仁,道德衰败;而"礼相伪也……礼者,道之华而乱之首也"⑤。庄子认为,圣王所建立的礼仪法度,就是后世之乱的根源,并且使得人们没有空闲来安定其性命之情。

三、自然之性与"逍遥游"的人生境界

庄子认为,所谓仁义、举贤授能、礼仪法度等,皆非治天下之道,它们只能使得人类丧失自然之性;而天之道才是根本。从这个意义上来看,庄子所倡导的"自然之性",是继承并发展了老子"是以圣人处无为之事,行不言之教"⑥的思想,因此庄子亦曰:

---

① 陈鼓应注译:《庄子今注今译》,中华书局,1983年,第654页。
② 陈鼓应注译:《庄子今注今译》,中华书局,1983年,第327页。
③ 陈鼓应注译:《庄子今注今译》,中华书局1983年,第308页。
④ 陈鼓应注译:《庄子今注今译》,中华书局1983年,第268页。
⑤ 陈鼓应注译:《庄子今注今译》,中华书局1983年,第558页。
⑥ 王弼注:《老子道德经注校释》,楼宇烈校释,中华书局,2016年,第6页。

故君子不得已而临莅天下，莫若无为。无为也而后安其性命之情。①

玄古之君天下，无为也，天德而已矣。②

天地有大美而不言，四时有明法而不议，万物有成理而不说。圣人者，原天地之美而达万物之理，是故至人无为，大圣不作，观于天地之谓也。③

那么，人类该如何保持自然之性呢？

就统治者而言，庄子希望其"在宥天下"。庄子曰：

闻在宥天下，不闻治天下也。在之也者，恐天下之淫其性也；宥之也者，恐天下之迁其德也。天下不淫其性，不迁其德，有治天下者哉！④

所谓在宥天下，就是无为，就是使天下之人自由自在，任其自然、任其自为，而不去扰乱人心，不去改变其自然之德和自然之性。庄子还借小童之口说："夫为天下者，亦奚以异乎牧马者哉！亦去其害马者而已矣！"⑤所谓"牧马"，即顺其自然而放养，这样就可使人们"安其性命之情"。

就人们自身而言，庄子认为人性的本质是无欲，是朴素，即处于纯自然状态。只有处于纯自然状态中的生活才是最为理想的生活，正所谓："夫恬淡寂漠虚无无为，此天地之平而道德之质也。……虚无恬淡，乃合天德。"⑥亦即不要相信圣人所谓用仁义礼制等修身的学说，它只能扭曲人心而使天下失其朴，从而乱人之性。庄子借老子之口说："夫水之于汋也，无为而才自然矣；至人之于德也，不修而物不能离焉。若天之自高，地之自厚，日月之自明，夫何修焉！"⑦人只有摆脱了各种限制和束缚，才能保持或恢复人类的自然之性，即"万物云云，各复其根，各复其根而不知。浑浑沌沌，终身不离"⑧。只有在保持或恢复人类的自然之性的前提下，人才能真正达到无拘无束、自由自在、优游自得的绝对自由的精神境界，才能使生命清新和谐，才能"无所待"地逍遥游，而"逍遥游"正是庄子人生哲学中最理想的境界。

---

① 陈鼓应注译：《庄子今注今译》，中华书局1983年，第271页。
② 陈鼓应注译：《庄子今注今译》，中华书局1983年，第295页。
③ 陈鼓应注译：《庄子今注今译》，中华书局1983年，第563页。
④ 陈鼓应注译：《庄子今注今译》，中华书局1983年，第268页。
⑤ 陈鼓应注译：《庄子今注今译》，中华书局，1983年，第634页。
⑥ 陈鼓应注译：《庄子今注今译》，中华书局，1983年，第396页。
⑦ 陈鼓应注译：《庄子今注今译》，中华书局，1983年，第540页。
⑧ 陈鼓应注译：《庄子今注今译》，中华书局，1983年，第284页。

（一）什么是"逍遥游"？

让我们来看看《庄子·逍遥游》中所说的一则寓言：

> 北冥有鱼，其名为鲲。鲲之大，不知其几千里也。化而为鸟，其名为鹏。鹏之背，不知其几千里也；怒而飞，其翼若垂天之云。是鸟也，海运则将徙于南冥。南冥者，天池也。
>
> 《齐谐》者，志怪者也。《谐》之言曰："鹏之徙于南冥也，水击三千里，抟扶摇而上者九万里。去以六月息者也。"[1]
>
> 蜩与学鸠笑之曰："我决起而飞，抢榆枋而止，时则不至而控于地而已矣，奚以之九万里而南为？"[2]
>
> 斥鴳笑之曰："彼且奚适也？我腾跃而上，不过数仞而下，翱翔蓬蒿之间，此亦飞之至也。而彼且奚适也？"此小大之辩也。[3]

庄子借这则寓言主要想表达两个方面的意思：一是说明"此小大之辩也"，即小与大的分别。"小大之辩"的特征是："小知不及大知，小年不及大年。"[4]只有小智慧者不能了解具有大智慧者，短寿者不能了解长寿者，如果以小智慧为大智慧，以短寿为长寿，一言以蔽之是"以小为大"，则是可悲的。二是说明尽管鲲鹏能够"水击三千里，抟扶摇而上者九万里"，尽管蜩与学鸠只能"决起而飞，抢榆枋而止，时则不至而控于地而已矣"，但是它们之间仍存在着相同之处，即其行为皆要受到一定的限制。鲲鹏必须凭借海啸时所产生出的巨大风暴才能"水击三千里，抟扶摇而上者九万里"，否则"风之积也不厚，则其负大翼也无力"，这是受外界飓风的限制而有所待。蜩与学鸠、斥鴳既受到外界活动范围的限制，即局促于榆树、枋树或蓬蒿丛中这样的狭小天地，也受到自身见识短浅的限制，即蜩与学鸠以触碰到榆树、枋树而止为其飞行的高度，斥鴳以翱翔蓬蒿之间为"飞之至"，并且充满着成就感与自豪感，这是受外界和自身的限制而有所待。因此无论是巨大的鲲鹏还是小鸟，它们皆有所待。

由此类推，人类的行为亦受到种种限制而有所待，例如：

---

[1] 陈鼓应注译：《庄子今注今译》，中华书局，1983年，第1、3页。
[2] 陈鼓应注译：《庄子今注今译》，中华书局，1983年，第7页。
[3] 陈鼓应注译：《庄子今注今译》，中华书局，1983年，第11—12页。
[4] 陈鼓应注译：《庄子今注今译》，中华书局，1983年，第10页。

故夫知效一官，行比一乡，德合一君而征一国者，其自视也亦若此矣。而宋荣子犹然笑之。且举世而誉之而不加劝，举世而非之而不加沮，定乎内外之分，辩乎荣辱之境，斯已矣。彼其于世未数数然也。虽然，犹有未树也。夫列子御风而行，泠然善也，旬有五日而后反。彼于致福者，未数数然也。此虽免乎行，犹有所待者也。①

在庄子看来，这些人皆"有所待"：才智能胜任一官之职的人，必须有一个能够让其施展才智的舞台；品行能适合一乡人之心的人，必须符合该乡人的伦理准则才能享誉乡里；德性投合一国之君的心意而获得一国之人信任的人，必须得到国君的赏识；并且他们同时又受到自身见识短浅的限制：这些人看自己，就像蜩、学鸠、斥鴳一样，见识短浅并且以"知效一官"，或"行比一乡"，或"德合一君而征一国"而沾沾自喜，充满着成就感与自豪感。

宋荣子不禁讥笑他们。因为宋荣子能够做到举世都称赞他，他也不会因此而更加勉励自己；举世都责难他，他也不会因此而更加沮丧。他对于世俗的声誉并没有努力去追求。相对于"知效一官，行比一乡，德合一君而征一国者"而言，宋荣子是比较逍遥的了——外界对他已不构成限制，即他不会被外界的赞誉和责难所左右。尽管如此，他仍然有未树立的境界。这是因为宋荣子仍然有所待：他依然存在"内我"与"外物"的分别，具有荣辱的界限。只不过他所遵循的是"内我"的意愿，而不在乎"外物"的评判而已。这种"内我"与"外物"的分别、荣辱的界限等，说明宋荣子未能达到真正逍遥游的状态。

列子比宋荣子更进一层，他已没有"内我"与"外物"的分别和荣辱的界限，因而更逍遥了。他能够乘风而行，轻巧极了，飞行一次要十五天以后才能回来。他对于求福的事，并无心去追求。虽然可以免于步行，但列子毕竟还是有所依靠和凭借的：他只有凭借风，才能"御风而行"。这与鲲鹏"抟扶摇而上者九万里"类似，皆有所待。

"逍遥游"则与上述人、物的"有所待"皆不同，它是"无所待"。庄子曰：

　　若夫乘天地之正，而御六气之辩，以游于无穷者，彼且恶乎待哉！②

---

① 陈鼓应注译：《庄子今注今译》，中华书局，1983 年，第 14 页。
② 陈鼓应注译：《庄子今注今译》，中华书局，1983 年，第 14 页。

能够顺应大自然的规律,把握好阴阳风雨晦明这“六气”的变化,而遨游在无边无际的空间。这样他还要依靠和凭借什么呢? 所以庄子的结论是:“至人无己,神人无功,圣人无名。”①

(二) 怎样才能达到“逍遥游”之境界?

庄子认为,达到逍遥游之境界的基本途径是将自己修养到“无己”“无功”“无名”的境界。

1. 无己。无己具有三种境界。

无己的第一种境界是“丧我”或“坐忘”。

> 南郭子綦隐机而坐,仰天而嘘,荅焉似丧其耦。颜成子游立侍乎前,曰:“何居乎? 形固可使如槁木,而心固可使如死灰乎? 今之隐机者,非昔之隐机者也。”
>
> 子綦曰:“偃,不亦善乎,而问之也! 今者吾丧我,汝知之乎? 汝闻人籁而未闻地籁,汝闻地籁而不闻天籁夫!”②

所谓无己,就是庄子借南郭子綦之口所说“今者吾丧我”,意思是忘掉自己,使自己处于形如槁木、心如死灰这样一种无思无虑的“丧我”境界。此时此刻,“察乎盈虚,故得而不喜,失而不忧,知分之无常也;明乎坦涂,故生而不说,死而不祸:知终始之不可故也”③。人世间的一切功名利禄、生死哀乐等,皆不再萦绕于心。

> 颜回曰:“回益矣。”仲尼曰:“何谓也?”曰:“回忘礼乐矣!”曰:“可矣,犹未也。”
>
> 他日,复见,曰:“回益矣。”曰:“何谓也?”曰:“回忘仁义矣。”曰:“可矣,犹未也。”
>
> 他日,复见,曰:“回益矣!”曰:“何谓也?”曰:“回坐忘矣。”仲尼蹴然曰:“何谓坐忘?”颜回曰:“堕肢体,黜聪明,离形去知,同于大通,此谓坐忘。”④
>
> 鸿蒙曰:“噫! 心养。汝徒处无为,而物自化。堕尔形体,黜尔聪明,伦与物忘;大同乎涬溟,解心释神,莫然无魂。万物云云,各复其根,各复其根而不

---

① 陈鼓应注译:《庄子今注今译》,中华书局,1983年,第14页。
② 陈鼓应注译:《庄子今注今译》,中华书局,1983年,第33页。
③ 陈鼓应注译:《庄子今注今译》,中华书局,1983年,第416页。
④ 陈鼓应注译:《庄子今注今译》,中华书局,1983年,第205页。

知;浑浑沌沌,终身不离;若彼知之,乃是离之。无问其名,无窥其情,物固自生。"①

这里所谓的无己,就是庄子借颜回之口所说,圣人的所谓仁义、礼乐等学说,皆不再对"我"有任何约束,忘记了自己的形体,抛弃了智慧。鸿蒙所言与颜回所言大致相同,此时的"我"已达到与大道相通为一的"坐忘"境界。

无己的第二种境界是"相忘"。

泉涸,鱼相与处于陆,相呴以湿,相濡以沫,不如相忘于江湖。与其誉尧而非桀也,不如两忘而化其道。②

子贡曰:"然则夫子何方之依?"孔子曰:"丘,天之戮民也。虽然,吾与汝共之。"子贡曰:"敢问其方?"孔子曰:"鱼相造乎水,人相造乎道。相造乎水者,穿池而养给;相造乎道者,无事而生定。故曰:鱼相忘乎江湖,人相忘乎道术。"子贡曰:"敢问畸人?"曰:"畸人者,畸于人而侔于天。故曰:天之小人,人之君子;天之君子,人之小人也。"③

故曰,悲乐者,德之邪;喜怒者,道之过;好恶者,心之失。故心不忧乐,德之至也;一而不变,静之至也;无所于忤,虚之至也;不与物交,惔之至也;无所于逆,粹之至也。④

泉水干涸,水里的鱼就都处在陆地上了,它们相互用湿气来使对方呼吸,相互用口水来使对方湿润。庄子认为,鱼儿与其在陆地上相濡以沫,不如相忘于江湖。此谓物与物之间"相忘"。以此类推,人与人之间亦应"相忘":"鱼相忘乎江湖,人相忘乎道术。"⑤既不赞誉尧,也不抨击桀,"独与天地精神往来,而不敖倪于万物。不谴是非,以与世俗处"⑥。人世间的是是非非、恩恩怨怨、圣王暴君等,皆与自己无关,"我"已无所抵触,不与人交往,无所违逆,此可谓"两忘而化其道"。此时"我"已达到人与人之间"相忘"的境界。

无己的第三种境界是"物我两忘"。

---

① 陈鼓应注译:《庄子今注今译》,中华书局,1983 年,第 284 页。
② 陈鼓应注译:《庄子今注今译》,中华书局,1983 年,第 178 页。
③ 陈鼓应注译:《庄子今注今译》,中华书局,1983 年,第 194 页。
④ 陈鼓应注译:《庄子今注今译》,中华书局,1983 年,第 396 页。
⑤ 陈鼓应注译:《庄子今注今译》,中华书局,1983 年,第 194 页。
⑥ 陈鼓应注译:《庄子今注今译》,中华书局,1983 年,第 884 页。

昔者庄周梦为胡蝶，栩栩然胡蝶也，自喻适志与！不知周也。俄然觉，则蘧蘧然周也。不知周之梦为胡蝶与，胡蝶之梦为周与？周与胡蝶，则必有分矣。此之谓物化。①

庄子梦为蝴蝶，又仿佛是蝴蝶梦为庄子。究竟是庄子梦为蝴蝶，还是蝴蝶梦为庄子呢？这已经不重要了，因为此时的庄子与蝴蝶已"道通为一"②，此乃"天地与我并生，而万物与我为一"③。此时"我"已达到"物我两忘"的境界，物我之间已不再存在界限。

简言之，无己，就是忘掉自己，忘掉人与人之间的交往，消除物我界限，与道融而为一。此乃庄子所谓："忘己之人，是之谓入于天。"④"无己"除了要做到"丧我"或"坐忘"的境界之外，再进一层是"相忘"的境界，更进一层则是"物我两忘"的境界。这就构成了"无己"的三种境界。

2.无功。所谓无功，就是不去建功立业，不求功用。

老子倡导"功成而弗居"⑤"功遂身退，天之道"⑥"功成不名有"⑦，所谓"不居""身退""不名有"等，其前提皆是"功成"，而"功成"的前提是"立功"。由此可见，老子并不反对立功。而庄子倡导"无功"，即不要去建功立业，不要去成为所谓的有用之人，放弃一切责任和追求，认为"无用之用"才是大用。

3.无名。所谓无名，就是不求名位和名声，忘却荣辱得失，褒贬由人。例如：

尧让天下于许由，曰："日月出矣，而爝火不息，其于光也，不亦难乎？时雨降矣，而犹浸灌，其于泽也，不亦劳乎！夫子立，而天下治，而我犹尸之，吾自视缺然。请致天下。"

许由曰："子治天下，天下既已治也。而我犹代子，吾将为名乎？名者实之宾也。吾将为宾乎？鹪鹩巢于深林，不过一枝；偃鼠饮河，不过满腹。归休乎君，予无所用天下为！庖人虽不治庖，尸祝不越樽俎而代之矣。"⑧

① 陈鼓应注译：《庄子今注今译》，中华书局，1983年，第92页。
② 陈鼓应注译：《庄子今注今译》，中华书局，1983年，第62页。
③ 陈鼓应注译：《庄子今注今译》，中华书局，1983年，第71页。
④ 陈鼓应注译：《庄子今注今译》，中华书局，1983年，第312页。
⑤ 王弼注：《老子道德经注校释》，楼宇烈校释，中华书局，2016年，第6页。
⑥ 王弼注：《老子道德经注校释》，楼宇烈校释，中华书局，2016年，第21页。
⑦ 王弼注：《老子道德经注校释》，楼宇烈校释，中华书局，2016年，第85页。
⑧ 陈鼓应注译：《庄子今注今译》，中华书局，1983年，第18页。

且举世而誉之而不加劝,举世而非之而不加沮。①

世之爵禄不足以为劝,戮耻不足以为辱。②

司马迁曰:"老子修道德,其学以自隐无名为务。"③由此可见,庄子倡导"无名",盖源于老子,并深得老子之精髓。

四、"自然之性"思想的价值

庄子人生哲学之"自然之性"在历史上曾产生过深远的影响,在当今仍具有一定的意义。

第一,对于批判社会的虚伪及圣王与诸侯对人类自然之性的伤害等,具有一定的意义。庄子倡导"无以人灭天,无以故灭命,无以得殉名。谨守而勿失,是谓反其真"④,因此,庄子由无为与心养而否定人世间的一切功名利禄、圣人的学说、古代圣王的治天下之道,诸如仁义、举贤授能、礼仪法度等,是因为它们皆使得人类丧失了自然之性,这是"以人灭天""以故灭命""以得殉名"。

第二,对于人们修身养性具有一定的借鉴意义。它告诫人们不要去追求名利、富贵等各种欲望,不要被外在的各种物欲所累、所束缚,从而保持无欲、朴素、虚无恬淡的自然之性和健全的人格,享受自由自在、无拘无束的幸福人生。

第三,对于获得精神自由具有一定的借鉴意义。逍遥游之"游",并不只是指形体之游,更重要的是指精神之游,用《庄子》中的话来说,是"心养,汝徒处无为,而物自化"⑤,是"游心于无穷"⑥,是"独与天地精神往来"⑦。形体上的种种限制和束缚被解除之后,就可以使得心灵虚静并获得精神自由,自然就可以在世上作逍遥游了。

第四,对于感悟人生的真谛具有一定的借鉴意义。司马迁在《史记·老子韩非列传》中说庄子"其言洸洋自恣以适己,故自王公大人不能器之"⑧。可以说,"适己"是

---

① 陈鼓应注译:《庄子今注今译》,中华书局,1983 年,第 14 页。
② 陈鼓应注译:《庄子今注今译》,中华书局,1983 年,第 418—419 页。
③ 司马迁:《史记》,岳麓书社,1997 年,第 494 页。
④ 陈鼓应注译:《庄子今注今译》,中华书局,1983 年,第 428—429 页。
⑤ 陈鼓应注译:《庄子今注今译》,中华书局,1983 年,第 284 页。
⑥ 陈鼓应注译:《庄子今注今译》,中华书局,1983 年,第 678 页。
⑦ 陈鼓应注译:《庄子今注今译》,中华书局,1983 年,第 884 页。
⑧ 司马迁:《史记》,岳麓书社,1997 年,第 496 页。

庄子对人生真谛的独特感悟,是其为人处世的基本准则。请看庄子是如何"适己"的。

庄子家境贫寒,贫寒到怎样的境地?宋国人曹商曾经这样讽刺庄子:"夫处穷闾厄巷,困窘织屦,槁项黄馘者,商之所短也。"①曹商讥讽庄子住在贫民窟的狭窄巷子里,贫困得以编草鞋谋生,饿得脖子枯干、面黄肌瘦。又据《庄子·外物》载:"庄周家贫,故往贷粟于监河侯。"②这表明庄子有时穷到了无米为炊的境地,而不得不向人家借粮以救急。以庄子的渊博学识和社会声望,完全可以游说诸侯获得一官半职,从而摆脱贫贱,然而他秉性高洁,鄙视功名利禄,而宁愿居于贫贱。这是为何?唯"适己"而已。

庄子始终拒绝与统治者合作:"天子不得臣,诸侯不得友。"③其实他是有机会跻身卿大夫之列而摆脱贫贱的。例如:

> 庄子钓于濮水,楚王使大夫二人往先焉,曰:"愿以境内累矣!"庄子持竿不顾,曰:"吾闻楚有神龟,死已三千岁矣,王巾笥而藏之庙堂之上。此龟者,宁其死为留骨而贵乎?宁其生而曳尾于涂中乎?"二大夫曰:"宁生而曳尾涂中。"庄子曰:"往矣!吾将曳尾于涂中。"④

> 楚威王闻庄周贤,使使厚币迎之,许以为相。庄周笑谓楚使者曰:"千金,重利;卿相,尊位也。子独不见郊祭之牺牛乎?养食之数岁,衣以文绣,以入大庙。当是之时,虽欲为孤豚,岂可得乎?子亟去,无污我。我宁游戏污渎之中自快,无为有国者所羁,终身不仕,以快吾志焉。"⑤

好一个"子亟去,无污我"!统治者是如此昏乱,社会是如此黑暗,却征召我去做官,这简直是欲陷我于污秽的官场之中!好一个"我宁游戏污渎之中自快,无为有国者所羁,终身不仕,以快吾志焉"!虽然我过着贫贱的生活,就像乌龟那样"曳尾于涂中""游戏污渎之中",但是我快乐。这也只是为了"适己"而已。

庄子的著述,是在偏僻无人之处而自言自语,欲独与天地精神相往来,谈的是人生哲学。这仍然是为了"适己"而已。

反观当今世人,几乎皆在苦苦地追求名利和地位,努力地获得上司的好感和同事的认同,适应社会的一切条条框框,在这种种"适他"的追求之中,人类逐渐被异化,

---

① 陈鼓应注译:《庄子今注今译》,中华书局,1983年,第839页。
② 陈鼓应注译:《庄子今注今译》,中华书局,1983年,第705页。
③ 陈鼓应注译:《庄子今注今译》,中华书局,1983年,第760页。
④ 陈鼓应注译:《庄子今注今译》,中华书局,1983年,第441页。
⑤ 司马迁:《史记》,岳麓书社,1997年,第495页。

"适己"几乎成为一种奢望。

第五,对于治国理政和处理人际关系也具有一定的借鉴意义。它告诫人们不要把自己的思想强加于他人,并以此去钳制他人的思想与言行,应尊重他人思想与言行的自由,以及个性的发展。

需要指出的是,庄子把对这种自然之性的追求绝对化:他倡导"无己",即忘记自己的形体,抛弃自己的聪明,抛弃智慧而无思无虑、无忧无乐,忘记人世间的是是非非、恩恩怨怨、圣王暴君等,而不与人交往;倡导"无功",即不要去建功立业,不要去成为所谓的有用之人,放弃一切责任和追求;倡导"无名",即忘却荣辱得失,褒贬由人,一切皆无所谓。这也会导致一种消极空幻而游戏人生的思想,需要格外注意。

On the "Naturalness" of Life Philosophy of Zhuangzi

Cao Jiali;Li Qianju

Abstract: The central meanings of Zhunagzi's life philosophy are "self-preserving", "wholeness", "self-nourishing" and "term-of-years-completing". The core idea of his philosophy of life is wholeness, that is, to preserve or restore human nature. If people can obey nature when it comes, one can enjoy the happiness without asking for it. The innovation of this paper mainly lies in the systematic explanation of Zhuangzi's various human factors concerning people's loss of nature, and the significance of Zhuangzi's thought on preserving or restoring human nature.

Key words: Zhuangzi life philosophy nature

王道渊内丹易学略说

张韶宇*

摘　要:王道渊是元末明初道教界影响甚巨的一代全真内丹大师,在继承前人学说的基础上对内丹修炼之鼎器、药物、火候等做出了新释,融合重铸南北丹道诸论,强调儒释道三教合流;又于道教内丹学与易学之融会贯通颇有建树,形成个性鲜明的内丹易学,提揭"大道心易说""朝屯暮蒙说""抽坎填离说""性命混融说""惩忿窒欲说"等,不仅丰富了道教丹道理论,而且也是对易学境域的一种拓展。

关键词:内丹　易学　心易　性命

　　王道渊,名玠,号混然子,元末明初全真南宗道士,南昌修江(今江西修水)人,生平及师承不详,但在当时的道教界颇具影响。明初著名道教理论学家、正一道第四十三代天师张宇初即对其大加称誉:"虽上溯紫阳、清庵,亦未知孰后先也。"[①]于易学,王道渊不仅继承了道教易学发展的传统,且以易学融入道教诸说,使道教内丹易学获得进一步扩展,他强调:"大易玄玄不离身,机关动静合朝昏。三更阳动先抽坎,五月阴回此止坤。火炼宝珠光夺月,丹凝金鼎气生云。""月窟天根在一躯,无中生有有生无。坎离既济悬胎鼎,天地浑藏黍米珠。……学人要识中间意,尽在濂溪太极图。"[②]认为道教性命修炼离不开《周易》之学,而易之乾坤坎离实则丹道修炼要枢。如是既

---

　*　张韶宇,哲学博士,曲阜师范大学孔子文化研究院副研究员,主要从事易学、道教等传统文化研究。
①《还真集序》,《道藏》第 24 册,文物出版社、上海书店出版社、天津古籍出版社,1988 年,第 97 页。
②《还真集》,《道藏》第 24 册,文物出版社、上海书店出版社、天津古籍出版社,1988 年,第 111 页。

以《周易》内蕴造化之机，易之太极即混沌剖开，其动为阳，静为阴；又以易之乾坤坎离等诸卦晓喻内丹修炼之鼎器、药物等，故示以"学人要识中间意，尽在濂溪太极图"而融易学与内丹学于一体。由是，王道渊提揭"大道心易说""朝屯暮蒙说""抽坎填离说""性命混融说""惩忿窒欲说"等独特的道教内丹易学诠释范式，借此形成以道教思想为主导、融儒释诸说为一体而具有三教合流特色的道教内丹易学理论。

一、大道心易说

"道"是先秦道家和肇始于东汉之际的道教用以解读宇宙人生真谛的根本范畴，也是其立教理论基石和思想基础有别于他者的重要标志。在道家看来，道常无名，先天地生，既恍兮惚兮，无形无相，又其大无内，其小无外，而为万物之母；虽无为无不为，而成就天地万物之根本。对传统道家有关"道"之旨，王道渊加以继承和发挥，指出："道大冲漠，运乎橐籥。道之为物，溟溟焉，滓滓焉。视之不见其边，钻之不见其穿。大则包地包天，小则无物不然。吾亦即非有我，无名之先。"①以"道"冲漠无朕，广大无边，浩渺无际而又包罗天地万物，至微无内而无物非"道"所藏。然在"道"自身却"溟溟焉，滓滓焉"，虽视之然却不得见其边际，虽钻之然却不见其洞穿。作为"道"之自身却又非有自我之体，故得为"无名之先"。显然这是对《道德经》等道家之宗义的一种缵承。同时，王道渊又对"道"之境域进行开拓，认为"道"不仅无形无相，而且非空非有，若执着于相或空也就无法了知"道"之根本宗趣。因而，"道"既为"无相之相"，亦为"不空之空"，不仅能够与万物而混同，且"其应化也无穷"，是谓"真相真空"。他说："道本非相，执之者著相；道本非空，执之者著空。著相著空不知道之宗，是故无相之相，即是真相；不空之空，即是真空。真相真空，万物混同。即此用而离此用，其应化也无穷。"②如是不仅以道论道，且以佛家学理融于道说之中，合佛道而为一体了。

道家本有道生成天地化育万物之意蕴，对此旨王道渊也展开阐释且以易之太极诠道。在王道渊看来，由于道广大无外，包裹天地，故而能够生就天地。同样的，天地包裹万物，故而能够生成化育万物。尽管万物纷纷芸芸，然莫不有道。物之形者则为道之室，其所显为神者则为道之机，而万物各有一太极，动静与道而不离。③不仅以道

---

① 《还真集》，《道藏》第 24 册，文物出版社、上海书店出版社、天津古籍出版社，1988 年，第 125 页。
② 《还真集》，《道藏》第 24 册，文物出版社、上海书店出版社、天津古籍出版社，1988 年，第 125 页。
③ 参见《还真集》，《道藏》第 24 册，文物出版社、上海书店出版社、天津古籍出版社，1988 年，第 123 页。

体为至虚而涵盖天地生育万物,且以道与太极相比拟,强调万物各有太极,太极之动静与道相即不离,这就又以儒家学理与道教宗旨相宜,实则以太极与道为一。乃至于以"理""性""情"等绎"道",在王道渊就显得自然入理而顺情了。他说:"天下未有无理之物,天下未有无道之乡。有物之形即有物之性,有物之性即有物之情,有物之情即有物之道。道之寓物,假形游世以张化也。"①强调以理与道不二,以道作为一普遍存在,无物不有;道之寓于物,实为"假形游世以张化",乃至物之理、形、性、情等诸说异辞,究实言之与道并无差等。不过,"道"虽因生物而得彰显,更因生人而得化行,圣人由此得以洞明天地之常态,通晓阴阳造化之神机,执掌万事万物之要枢,其关键则在于"天心位安,以中正神机主宰而虚灵"。是以其谓:"无极曰道,太极曰身。身中有身,故曰天心。天心位安,以中正神机主宰而虚灵。灵应常清,万化归真。灵随物昧,万物自背。"②不仅明言"无极曰道"而以无极即道,视二者等同;而且以太极为身,以身中又有身而谓之曰"天心",更以此"心"为中正神机主宰万物而虚无至灵,由是灵之常清而使得万化归真复道。相反,此"心"之灵若随物而暗昧,则万物就会背离道体。人作为万物之灵,若其"天心"沉陷沦溺晦昧不明,也就终致自远于道而陷入迷途,不仅不知觉悟修行办道,更遑论修道悟道得道达道诸等。至于办道事业及达道之方,王氏开示:"体道以诚,道自安之;用道以时,道自利之。故安于内者神无不和,利于外者神无不化。以静观道,道未尝静也;以动观道,道未尝动也。动静合道,唯诚而已矣。"③以儒家学庸和宋学诸子所重点提揭的范畴"诚"为体悟大道之方法和路径,强调道非动静,以静或动观道则非,然而唯需依凭心之"诚",动静方得以合道,即以心之"诚"而体悟大道,则道自然获得安泰通达。这就又融儒道二家之学为一体。

尤其是,在王道渊看来,大道生化无出于河图五十五之数,老子所谓"无名之始"即三五合真,"有名之母"即三五分真,天即形而上者,地即形而下者,人则为配两形而生中者,与天地相配为三才。然唯有人得天地之全秀而生,不仅拥有天付之神、地付之精,而且内聚中和所付之气,因是精气神三者完全备体于人之一身,此即"浑沦太极"。且由太极之阳动极而复静,是为"阴抱阳";太极之阴静极而复动,是为"阳摄阴"。如是阴与阳相互求索而生成五行之气,五行之气分化而生成八卦,八卦循环不断而成春夏秋冬四时,四时运化不已而生万物,万物芸芸,各归其根,"此大道之常易也"。但若以丹道言之,此实不过是"运乎心易,颠倒阴阳,返还神气而已矣"④。这就

①《还真集》,《道藏》第24册,文物出版社、上海书店出版社、天津古籍出版社,1988年,第123页。
②《还真集》,《道藏》第24册,文物出版社、上海书店出版社、天津古籍出版社,1988年,第123页。
③《还真集》,《道藏》第24册,文物出版社、上海书店出版社、天津古籍出版社,1988年,第126页。
④《还真集》,《道藏》第24册,文物出版社、上海书店出版社、天津古籍出版社,1988年,第100页。

又以道生成运化万事万物及万物复归于道诸等皆一归于"心易"了。此即王氏大道心易说根本旨趣。关于"心易"之说，王道渊还说："夫子文章独焕然，《中庸》《大学》漏微玄。经纶总出河图里，心易常居卦象前。忧道每思身后事，存仁不离性中天。老聃见后如龙叹，问礼犹参向上缘。"[1]以儒家自孔子所述道德文章至后之《中庸》《大学》等，无非提揭了"微玄"妙旨，诸多经纶也总不外"河图"之"心"，然而"心易"却常常居于卦象之前。由此，王道渊作《大道心易图》，以"心易"即"大道之源"。而其"心易"一方面指人心对于天地造化根本原理的证悟，另一方面指造化无穷的天地之心即天心。故而，其言曰："夫心易者，大道之源也。"[2]

二、朝屯暮蒙说

《周易参同契》有言："朔旦屯直事，至暮蒙当受。"[3]即以易之屯、蒙二卦为例表征道教炼丹家进阳火、退阴符的丹道火候卦象，亦即昼以屯卦用事，表示进阳火；夜以蒙卦用事，表示退阴符。如此循序渐进，至三十日终于既济、未济二卦，卦终复始，由未济再回归到屯、蒙二卦。这样，昼夜各一卦，一日二卦，如此循环往复，一月正好六十卦（除却乾、坤、坎、离四卦）。若以此六十卦为序排在一环形圆图上，则屯、蒙与既济、未济等就构成首尾衔接二端的闭环，由首至尾，由尾至首，循环无尽，周而复始。

对于《周易参同契》朝屯暮蒙之说，王道渊也作出了自己的解读，认为圣人假借屯、蒙二卦之象以阐明进阳火、退阴符之金丹修炼火候路径，屯卦表征阳从下升，蒙卦则表征阴从上退。屯卦震下而坎上，依据纳甲法，震之初九用庚子爻，坎之六四用戊申爻；蒙卦坎下而艮上，依据纳甲法，坎之初六用戊寅爻，艮之六四用丙戌爻。其他诸卦可类推。王道渊说：

　　夫屯、蒙二卦者，圣人假象以明进火退符之谓也。阳从下升，乃曰屯；阴从上退，乃曰蒙。是屯下震而上坎。震之初九用庚子爻，坎之六四用戊申爻也。蒙下坎而上艮，坎之初六用戊寅爻，艮之六四用丙戌爻也。其子、申、寅、戌，即元、亨、

①《还真集》，《道藏》第 24 册，文物出版社、上海书店出版社、天津古籍出版社，1988 年，第 114 页。
②《还真集》，《道藏》第 24 册，文物出版社、上海书店出版社、天津古籍出版社，1988 年，第 100 页。
③ 乌恩溥注译：《气功经典译注》，吉林文史出版社，1993 年，第 169 页。

利、贞也。一卦颠倒，即成两卦，互体互用，动静相因。六十卦中，卦卦一般。一卦有六爻，两卦计十二爻。以一年言之，而有十二月；以一日言之，而有十二时之数。阳进为六，阴退为六。丹家寓言朝屯暮蒙之说，本意不过指此。以论吾身火候之分明，启闭呼吸消息之妙。魏伯阳作《参同契》，所谓："屯以子申，蒙用寅戌。六十卦用，各自有日。聊陈两象，未能究悉。"《悟真篇》亦曰："南北宗源翻卦象，晨昏火候合天枢。"斯言明矣。学者不可以纸上之言，便为了达。须求明师指点，然后知吾身中之卦象也。卦象之说，亦是比喻。是以圣人不得已假象以诱后之学者尔。一言诀破，则天地之道与我无不神符哉！[①]

王道渊以屯、蒙二卦为例，晓喻道教丹道修炼路径，认为屯、蒙二卦所纳甲之子、申、寅、戌即乾卦之元、亨、利、贞四德。而一卦颠倒，即成两卦，互体互用，动静相因。且六十卦之中，阳进阴退，每卦寓意作用都无差异。也就是说，六十卦（即除却乾坤坎离四卦）之每一卦共有六爻，相互颠倒之两卦合计十二爻。以此十二爻附以年月、日时，则以一年言之而有十二月，以一日言之而有十二时之数，于是一爻可当一月或一时之数。由此，二卦之十二爻均分上下，各记六爻，其中阳进为六爻，阴退为六爻。而"朝屯暮蒙之说"即知雄守雌，天然火炼，其意在于用先天真火自然熏炼，避免用后天武火强炼强作，实为金丹修炼之火候功夫。故而，丹家寓言朝屯暮蒙之说，假以易象晓喻炼丹修行路径，究其实则指论身心意等人身火候之分明，以及启闭呼吸消息之丹诀要妙。

正是基于此，王道渊又谓："行住坐卧不离中，时至神知意便通。一气周流生复姤，五行攒簇在屯蒙。青龙倒跨回玄谷，白虎牵来入绛宫。顷刻乾坤交媾罢，还丹炼出满炉红。"[②]强调修炼金丹之道关键在于行住坐卧之时不离中间真意之土功，药物至时元神自然觉照灵知，此时真意之土发用而周天获得通泰，真一之气自然周流不息，从子时阳起复卦至午时姤卦阴生循环往复，依据朝屯暮蒙之火候法则，周而复始，抽坎填离，于有意无意勿忘勿助中，实现五行攒簇阴阳交媾而结就金丹之果。如是则全以易理理解说炼丹之方，且由朝屯暮蒙之火候说引申发展至抽坎填离之周天说，也表征易道与丹道所论之事虽有异，然于理则并无二致。

① 《还真集》，《道藏》第 24 册，文物出版社、上海书店出版社、天津古籍出版社，1988 年，第 100 页。
② 《还真集》，《道藏》第 24 册，文物出版社、上海书店出版社、天津古籍出版社，1988 年，第 109 页。

三、抽坎补离说

在内丹修炼中尤其重要的是"炉鼎""药物"和"火候"三要，其中"炉鼎"是炼丹之处所，"药物"是成丹之要具，"火候"则是结丹之功夫。而作为成丹之要具的"药物"又常以易之"坎离"二卦喻之。且在道教内丹学以坎、离二卦既代表心、肾，又表示男、女，还喻以神、气。在内丹家看来，婴儿在母胎中，阴阳之气全，属于先天八卦，乾南坤北；即生之后长大至成人，阳阴消长乃至阳尽而为纯阴，则属离南坎北的后天八卦。而内丹学小周天功法即强调取坎填离的功夫，也就是将坎卦中间的阳爻取出填补至离卦中间的阴爻位置上，以恢复先天八卦的图式，即炼尽阴质而返还回胎儿状态的先天纯阳之体，此即《周易参同契》"坎离匡廓，运毂正轴。牝牡四卦，以为橐籥"[①]所喻之义。若以卦象视之，离卦外阳内阴，一阴在二阳之间；坎卦外阴内阳，一阳处二阴之内，是以于坎、离二卦中，阴阳反复颠倒，变化无穷，从此颠倒中复原本初，抽取坎中之阳填补离中之阴，还原乾元本体，变成纯乾健体，达到返老还童长生不化的境地。

关于"抽坎补离"之说以及借由坎、离二卦之象以明内丹周天筑基功法，王道渊言：

> 捉将坎位中心实，点化离宫腹里阴。
>
> 夫人身三关者，乃精、气、神也。精居坎，气居离，神居心。初关炼精化气，抽坎中之阳也；中关炼气化神，补离中之阴而成乾也；上关炼神还虚，乾元运化，复归坤位而结丹也。丹结之后，神气朗清，与太虚同体，内外贞白，自然与道合真矣。是以静则以养其性，动则以养其命。性命双修，形神俱妙。此符火还丹之妙诀也。故述颂以证诸：身中若遇癸生时，取坎中阳去补离。北斗南辰颠倒转，一时一刻立丹基。[②]

在王道渊看来，人身三关包括元精、元气、元神，属于先天。其中，元精居于坎位即下丹田，元气居于离位即中丹田，元神居于心位即上丹田。在内丹修炼三关之中，初关之炼精化气，抽取坎中之阳补足离中之阴；中关之炼气化神，以所抽取坎中之阳

---

① 乌恩溥注译：《气功经典译注》，吉林文史出版社，1993年，第169页。
② 《还真集》，《道藏》第24册，文物出版社、上海书店出版社、天津古籍出版社，1988年，第99页。

补足离中之阴所成就之乾体移处上丹田,尽除阴质余滓而炼就纯阳元神;上关之炼神还虚,乾元运化,复归于坤位而结就金丹。由此则与太虚同体,内外贞白,自然与道合真。此即"符火还丹之妙诀",又谓"抽坎补离",也即王氏所谓"提出坎中之阳,上补离中之阴"①。

更进一步,王道渊还对"抽坎填离说"展开详解,认为坎中一阳爻为真铅,离中一阴爻为真汞,金丹修炼之要即在于抽取此阳爻真铅去补添离宫之阴爻真汞以复其乾体,借此完成内丹小周天功法。王道渊说:"坎中一画是真铅,抽去离宫补作乾。符火复回坤冶炼,灵文莹发赤芒鲜。""斡运天罡斗柄移,坎阳抽去补南离。乾家采药归来后,只见天光浸碧池。"②且在"抽坎填离"这一过程中,还需以阳火阴符为规制引导大药回归坤腹之炉进一步冶炼温养,以炼尽阴质而完全恢复纯阳之体。王道渊又反复开示:

> 学道不难知,都在人为,须凭玄牝立根基。取坎填离无间断,得造希夷。神气静相依,龙虎皈随。无中养就个婴儿,逆破顶门神出现,灿灿光辉。学佛玩真空,要识玄中,虚灵不昧是根宗。无色声香味触法,赤骨身穷。应变利机锋,三界圆通,木人石女笑春风。大地山河归一粟,广纳包容。③

> 离位番为姹女,坎宫却是婴儿。自因两个隔东西,始用黄婆通意。每遇阳生冬至,方能夫唱妻随。一时齐会赴瑶池,共饮刀圭欢戏。④

强调修学金丹之道关键在于"人为",修行人若识得阴阳玄牝之要妙,也就为学道奠定和打下了根基。而阴阳玄牝即指"坎离"之"真铅""真汞"。修行人通过无间断的取坎填离,使神气相依,龙虎皈随,最终就会得造希夷之境而元神出现。同时,王道渊以离位喻为姹女,以坎宫喻为婴儿,然坎、离两个相隔如东西而不通音讯,故而在开始修炼时必须用中央黄婆真意导引以通离宫姹女与坎宫婴儿之消息。由此冬至一阳生时,着意引导升乾顶;夏至一阴萌时,以意相牵降入黄房。这样,夫唱妇随,阴阳凝结和合,齐赴瑶池,共饮刀圭,达成"抽坎填离"之功,并获得无限欢娱而成就极乐之境。

---

①《还真集》,《道藏》第 24 册,文物出版社、上海书店出版社、天津古籍出版社,1988 年,第 102 页。
②《还真集》,《道藏》第 24 册,文物出版社、上海书店出版社、天津古籍出版社,1988 年,第 115 页。
③《还真集》,《道藏》第 24 册,文物出版社、上海书店出版社、天津古籍出版社,1988 年,第 122 页。
④《还真集》,《道藏》第 24 册,文物出版社、上海书店出版社、天津古籍出版社,1988 年,第 123 页。

四、性命混融说

在道教修持方面,古代有如修道、修真、养生、长生术等诸多称谓,其基本义就是修性炼命,简言之,"命"即指精气或肉体,"性"则指心神或精神。修炼就是以一定的方式和方法对精神与肉体进行自我控制,达到"我命由我不由天"的崇高目的。因道教内丹学对人之性命探究极其深刻,并以性命双修为基本功夫,故内丹学又名"性命之学""内丹仙学"等。在内丹学看来,人和自然的演化关系是神或道生气、气生精、精生形,此为"顺生";而人的性命双修则以逆向而行,即炼精化气、炼气化神、炼神还虚乃至炼虚合道,此为"逆修"。是以性命双修的过程始终贯彻着"顺则生人,逆则成仙"的基本原理,无论是清净孤修派还是阴阳双修派丹法,都主张从逆的方向返本还原,将性命还归虚无,致力于超越生命有限性的宗旨。不过,这种逆修过程还需要丹家贯注高度的主体能动性,才能实现"盗天地,夺造化"以复本初之态。而成熟形态的道教内丹学各门派皆主性命双修,强调既修性又修命。但在修性修命的先后、次第及下手处等方面则往往各持己见,其中北宗、文始派、青城派等讲求修性,主张"先性后命",即在性命双修原则下,更加倚重于性(心、神)的修炼方式;道教南宗则讲求先修命体,后修性神,主张"先命后性",即在双修性命原则下,更倚重于命(身、炁)的修炼方式。然而,不管北宗、南宗,抑或东派、西派乃至中派等,其修丹的终极处都要落实在炼神还虚合道上,都以"尽性了命"即炼阴成阳,最终变为纯阳之体为修炼的终极目标。而在《周易》则有"穷理尽性以至于命""顺性命之理"等说,这就自然地使易学与丹道性命说互诠互显。

作为道教南宗内丹学传人的王道渊在立足本宗学理的基础上,不仅融摄北宗之学,同时还汲汲于《周易》性命之说,对道教内丹理论的核心——性命问题发挥了独到见解,提出别具一格的"性命混融论"。他强调:"修真之要在乎穷理尽性,格物致知而后归根复命,方可以证其大道也。"[1]即以易之性命说、《大学》之格致说与丹道性命双修无异。在王道渊看来,人之生既有命,又有性,且以性即是神,命即是气。而作为性之神则主宰人之一身,作为命之气则荣卫人之一身。又兼神气混一,道冲而不调,神则不失于其守,气则不失于调合,由此则可以长生久视,超出于尘嚣俗世杂染。[2]其中,关于"性",王道渊解释说:

①《还真集》,《道藏》第24册,文物出版社、上海书店出版社、天津古籍出版社,1988年,第103页。
② 参见《还真集》,《道藏》第24册,文物出版社、上海书店出版社、天津古籍出版社,1988年,第123页。

性也者,先天一点至灵,人身中元神是也。此灵在父母未生以前,不曾添些;居父母已生之后,亦不曾减些,本自圆成,亦无余欠。是故人之生也,性无不善。而于气质不同,禀受自异。故有本然之性,有气质之性。本然之性者,知觉运动是也;气质之性者,贪嗔痴爱是也。①

以性即先天一点至灵,也就是人身中之元神。且以此灵本自圆满具足,自然天成,既无赘余又无欠缺;既于父母未生以前也不曾多些,又于父母已生之后亦不曾少些。因此,就人之本性而言,则性无不善。然而众生即生之后因受后天气质禀赋不同而禀受参差迥异,于是就有本然之性与气质之性的区别。这里,"本然之性"即知觉运动,属先天;"气质之性"即贪嗔痴爱,属后天。此实质就是以宋明理学之"天命之性"与"气质之性"的心性说加以说事了。

关于性命之旨,王道渊还强调:"性者,人身一点元灵之神也。命者,人身一点元阳真气也。命非性不生,性非命不立。"②以性为人身一点元灵之神,以命为人身一点元阳真气,而性命又相互依存,命非性不生,性非命不立,性为人一身之主宰,命为人一身之根本。命于此而立,性也于此寄体,由此立性立命。而且,性命在寻常日用之间不仅能够应乎万事,而且还要亲自力为百事。但"性"只是能发机变之本因,"命"才是能化阴阳之所具。因之,当"性应物时,命乃为体,性乃为用";当"命运化时,性乃为体,命乃为用"。③如是性与命则互为体用,相互混融。然而"当性命混融之时,心空朗澈,无形无名,无体无用"④。换言之,性命混融结就金丹之时,心地空明,朗朗澈澈,无一物相覆;洁洁净净,无一尘相染,既无形无象,又无名无实,且体用俱泯。对此义,王道渊又详细解说:"乾坤为易之门户,实为性命体用之根宗也。性命即神气也。神气即铅汞也。铅汞即坎离也。坎离即日月也。日月即水火也。水火既济,妙合而凝。此乃性命混融之道也。"⑤强调乾坤作为易之门户,实为性命体用之根本宗趣;且以"性命"即神气,即铅汞,即坎离,即日月,即水火。水火既济,妙合而凝,"此乃性命混融之道也",亦即王氏之"性命混融说",究实不过以神气即性命混融而复本来性命之全体。

---

① 《还真集》,《道藏》第 24 册,文物出版社、上海书店出版社、天津古籍出版社,1988 年,第 105 页。
② 《还真集》,《道藏》第 24 册,文物出版社、上海书店出版社、天津古籍出版社,1988 年,第 103 页。
③ 《还真集》,《道藏》第 24 册,文物出版社、上海书店出版社、天津古籍出版社,1988 年,第 103 页。
④ 《还真集》,《道藏》第 24 册,文物出版社、上海书店出版社、天津古籍出版社,1988 年,第 104 页。
⑤ 《还真集》,《道藏》第 24 册,文物出版社、上海书店出版社、天津古籍出版社,1988 年,第 103—104 页。

五、惩忿窒欲说

《周易·损卦·象传》曰:"山下有泽,损。君子以惩忿窒欲。"对《周易》此说,王道渊也加以发挥,且融贯《周易》《道德经》和佛教思想,和合道教南、北二宗之传,以持戒收心、惩忿窒欲为修学入门要径。他说:"夫惩忿窒欲者,圣贤修身慎行之要也。"①以"惩忿窒欲"为圣贤修身慎行之关键和枢要,强调"惩忿者,戒心也;窒欲者,止念也"②。如是,戒其心则忿恨不生而心自然清静,止其念则欲望不起而情自然安止,由此心清性静则丹道自然而凝。相反,若不惩忿则心火上炎,就会使得性天被云遮蔽;若不窒欲就会使得阳精下奔,犹如海波翻腾,最终就会使得向来所禀天地真一之气潜奔浪逃而寄寓坤地。特别是,忿气起就会生贪嗔,欲精动则贪着痴爱。这样一来,外则与物相刃相靡,内则自身精神耗散。继此以往,坤乘乾之一阳而为坎,乾因坤破亏一阳而为离,离积阴而生忿,坎积阳而生欲,由是就致使自己流浪于生死之场,沉沦或热衷于爱欲之地,终致堕于冥途而永失归真之道。不过,修道者若仔细审查则了知此忿从气而起,欲则从精而生,痛下"惩忿窒欲"之功,则自然清静无虞而了道。正是由此,始有周子"君子修之吉,小人悖之凶"③之论,而王道渊亦叹曰:"余于是述先圣之言,以为后来学人之证鉴。"④

关于"惩忿窒欲"之论,王道渊还援引儒释道三教之说详加克证,认为老子所谓"致虚极,守静笃,万物并作,吾以观其复",《周易》所谓"复,其见天地之心乎",佛家所谓"不应住色生心,不应住声香味触法生心,应无所住而生其心""凡所有相皆是虚妄。若见诸相非相,即见如来",以及儒家所谓"道也者,不可须臾离也。可离非道也""正其心,诚其意,无终食之间违仁。颜子不迁怒,不贰过,克己复礼,三月不违仁""十目所视,十手所指,其严乎? 故君子必慎乎其独""苟不至德至道,不凝焉""吾善养吾浩然之气。塞乎天地之间,至大至刚。以直养而无害"诸等,"此皆以惩忿窒欲保合太和之道也"⑤。由是,王道渊以三教合一之学为归结,强调"三教道同而名异,其实不离乎一心之妙也",从而着重强调"惩忿窒欲"心性修炼功夫。他说:

> 在丹家则为取坎填离、水火既济之理;在禅家则为回光返照、转物情空之理;

---

① 《还真集》,《道藏》第24册,文物出版社、上海书店出版社、天津古籍出版社,1988年,第104页。
② 《还真集》,《道藏》第24册,文物出版社、上海书店出版社、天津古籍出版社,1988年,第104页。
③ 周敦颐:《周敦颐集》,陈克明点校,中华书局,2009年,第7页。
④ 《还真集》,《道藏》第24册,文物出版社、上海书店出版社、天津古籍出版社,1988年,第104页。
⑤ 《还真集》,《道藏》第24册,文物出版社、上海书店出版社、天津古籍出版社,1988年,第104页。

在儒家则谓克己复礼、正心诚意之理。以此论之,三教道同而名异,其实不离乎一心之妙也。是以天地无二道,圣人无两心。学人莫以惩忿窒欲四字容易看过,此乃修真一个枢纽。其要宜乎损者也。损于外而益于内,内安而气和,气和而神和,神和而道冲矣。至此超阴阳,出生死,脱脱洒洒,了无挂碍,登蓬岛,游洞天,变化自在。岂不玄哉?[1]

在王道渊看来,儒释道三教虽有"克己复礼、正心诚意""回光返照、转物情空"和"取坎填离、水火既济"等异说之辞,然而三教所修之道却无差池,究其实则在于"一心之妙"。这"一心之妙"也就是"惩忿窒欲","此乃修真一个枢纽"。如是不仅三教合一,且易学之"惩忿窒欲"与内丹之道亦不二了。

尽管王道渊没有易学专著留世,但在其诸多著述中处处彰显着有关内丹易学的精辟论述。他以道教之"道"与易学之"心"相参,以"大道"为"心易",既是对以往道教思想的继承,也是对道教形上哲学境界的一种开拓;既是对以往易学哲学的传续,又是对道教内丹易学在学理上的一种提升。而其在对"大道心易说"阐释时所具的开阔视野,不仅促使道教内丹学与易学圆融无碍,更使得儒释道三教在根源处和终极意义上达到一致。显然,若没有对三教哲学精深的理解和把握,是断难达到这一认知的。至于其他如"朝屯暮蒙说""抽坎填离说""性命混融说"以及"惩忿窒欲说"等,也都援易学之说以阐明内丹修炼之理,不仅不使人觉得牵强和隔膜,反而使人感觉耳目一新。特别是对易之"惩忿窒欲"一说的解读和发挥,并以之为儒释道三教修行之共法,更是特色独显,展示了其极富有个性特质的内丹易学思想。

Concise Introduction to Wang Daoyuan's Internal Alchemy and the Study of *Yi Jing*

Zhang Shaoyu

Abstract: Wang Daoyuan, who lived in the period between the late Yuan dynasty and early Ming dynasty, is a very influential Taoist for his research on internal alchemy in the Quanzhen School. Based on the previous researchers' studies, he offers novel explanations for the containers, the substances and the heating processes in internal alchemy, unifies the northern/southern theories, and advocates eclecticism between Confucianism, Daoism and Buddhism. Wang also makes great contributions

[1]《还真集》,《道藏》第24册,文物出版社、上海书店出版社、天津古籍出版社,1988年,第104页。

to the unification between internal alchemy and the study of *Yi Jing* (*Book of Changes*), provides doctrines with his distinctive characters, thereby enriching the study of internal alchemy within the Daoist tradition, and enlarging the study field of *Yi Jing*.

Key words: internal alchemy　the study of *Yi Jing*　Xin Yi　Xing Ming

虚己而"通"

——从感通思维看庄、惠"鱼乐之辩"的认知分野与气化主体的工夫修养

常丽娜[**]

常丽娜[**]

摘　要: 庄、惠在"鱼乐之辩"上的根本分歧在于两人的认知差异和人生境界的不同。从物的层次来看,惠子执着于物我、是非对立的分别之知,而庄子则主张物我玄同的"大通"之知,即以道为依归的"真知"境界;从心的层次来看,惠子具汲汲于功名和物的实用功能的"蓬心",而庄子则体现为以"无用之用"来会通万物、逍遥天地的"虚心"。庄子所追求的真知境界,需要两个条件:首先,"游乎天地之一气"的气化宇宙论和气化身体观为物我感通提供了前提;其次,庄子认为,只有通过"心斋""坐忘"等减损自我的心灵涵养工夫,生成气化主体,才能虚己而"通","用心若镜",以复归道体的虚明灵觉,洞彻万物之本然。

关键词: 鱼乐之辩　认知差异　感通　气化主体　虚己

---

* 本文系国家社科基金重大项目"明清朱子学通史"(项目编号:21&ZD051)研究成果。

** 常丽娜,厦门大学中国哲学博士,主要从事庄子哲学与中国传统文化研究。

一、引言

庄惠之交历来都为人们所关注，庄子哲学的形成很大程度上得益于庄、惠的论辩往来，而其中最为人们所称道的则是濠梁"鱼乐之辩"，该故事出自《庄子·秋水》：

> 庄子与惠子游于濠梁之上。庄子曰："鲦鱼出游从容，是鱼之乐也。"惠子曰："子非鱼，安知鱼之乐？"庄子曰："子非我，安知我不知鱼之乐？"惠子曰："我非子，固不知子矣；子固非鱼也，子之不知鱼之乐全矣！"庄子曰："请循其本。子曰'汝安知鱼乐'云者，既已知吾知之而问我，我知之濠上也。"①

关于"鱼乐之辩"，历来学者聚讼纷纭，未有定论。本文尝试从感通思维的角度来考察庄、惠"鱼乐之辩"，揭示庄子以气化宇宙论和气化主体为基础而形成的与惠子的认知分野——物我对立的分别之知与物我玄同的大通之知，论证庄子所追求的"真知"境界是由"虚己"的心灵修养工夫生成气化主体，达到"用心若镜"的明通境界。

二、庄子与惠子的根本分歧

儒家强调格物致知，博学慎思；道家则主张损知去欲。如老子说："为学日益，为道日损。"②庄子认为："吾生也有涯，而知也无涯，以有涯随无涯，殆矣！"③如果说儒家对于"知"是作加法，那么，道家对于"知"则持怀疑和批判的态度，是作减法。老、庄都认为，道体无穷，而人的生命、认知和语言具有局限性，有限个体并不能穷尽无限实在，只有通过"减损自我"的心灵修养工夫，才可能体道、入道和悟道。实际上，庄子并非一味反知，只是他所谓的"知"的形态和境界与一般的知识型认知有所不同。《庄子》中的"知"有三种形态：一为感官之知；二为是非对立的分别之知；三为真知，即庄子所追求的以体道为依归的理想之境。④"有真人然后有真知"，所谓真人，是明于天人，懂得"知止"，"以所知养其所不知"的人。道体虚无，故真人首先须体"无"——以

---

① 郭庆藩：《庄子集释》，王孝鱼点校，中华书局，2006 年，第 539 页。
② 饶尚宽译注：《老子》，中华书局，2006 年，第 117 页。
③ 郭庆藩：《庄子集释》，王孝鱼点校，中华书局，2006 年，第 108 页。
④ 杨锋刚：《论庄子哲学中的"知"》，《中国哲学史》2013 年第 3 期，第 44 页。

"心斋""无我"的方式,超越"形躯我"和"认知我"的局限而通达大道本原,审美地观照世界。正如劳思光所说,与佛家对世界取"舍离"的态度、儒家对世界取"人文化成"的态度不同,《庄子》中的主体对世界为一"静观"态度。①庄周濠上观鱼而生"鱼乐"之叹,这与其说是一种理性认知的态度,不如说是情意观赏性的审美体验。庄、惠"鱼乐之辩"所彰显的正是两人对于"知"的理解以及理想人生境界的不同,具体表现为以下两个方面:

(一) 分别之知与玄同(通)之知

惠子是战国时期著名的名辩家,《德充符》篇庄子批评惠子:"今子外乎子之神,劳乎子之精,倚树而吟,据槁梧而瞑。天选子之形,子以坚白鸣。"②惠子好辩,"以反人为实,而欲以胜人为名",《齐物论》批评其:"昭文之鼓琴也,师旷之枝策也,惠子之据梧也,三子之知几乎皆其盛者也,故载之末年。……彼非所明而明之,故以坚白之昧终。"③《天下》评价他:"惠施多方,其书五车,其道舛驳,其言也不中","弱于德,强于物","不辞而应,不虑而对,遍为万物说;说而不休……惠施不能以此自宁,散于万物而不厌,卒以善辩为名,惜乎!惠施之才,骀荡而不得,逐万物而不反,是穷响以声,形与影竞走。悲夫!"④可见,惠子的名辩始终不离有形之物,《天下》篇记载惠子名学有"历物十事"。惠子穷究于物的大小、同异之分别,严格细分事物,从其"至大无外,此之谓大一;至小无内,此之谓小一""大同与小同异,此之谓小同异;万物毕同毕异,此之谓大同异"的论题即可看出,惠子仍拘泥于物之不齐、物之有形的特质。既不齐,则不能无是非之辩,由此惠子整日与人争辩不休,与南方倚人黄缭论天地不坠陷、风雨雷霆之故。对此,荀子曾激烈抨击其"好治怪说,玩琦辞,甚察而不急,辩而无用,多事而寡功","蔽于辞而不知实"。所谓"实"是指君道和人道而言,惠子"辩物"不休在荀子看来就是无用之辩、不急之察,应该弃之不治。⑤在庄子看来,惠子沉迷于对万物的剖判,"外神劳精","由天地之道,观惠施之能,其犹一蚊一虻之劳者也"。惠子沉溺于对物的是非彼此之名辩之中,背离了生命的本真,是本末倒置的悖谬之事。惠子对物的分析性认知,使得他将物与我、物与物分离割裂开来,而难有会通,故庄子"朝三暮四"的故事可视为对惠子着意于名物形式分辩的讽刺和批评:

---

① 劳思光:《新编中国哲学史》(第一册),广西师范大学出版社,2005年,第225页。
② 郭庆藩:《庄子集释》,王孝鱼点校,中华书局,2006年,第203页。
③ 郭庆藩:《庄子集释》,王孝鱼点校,中华书局,2006年,第73页。
④ 郭庆藩:《庄子集释》,王孝鱼点校,中华书局,2006年,第975页。
⑤ 李存山:《气论与仁学》,中州古籍出版社,2009年,第81页。

劳神明为一而不知其同也，谓之"朝三"。何谓"朝三"？狙公赋芧，曰："朝三而暮四。"众狙皆怒。曰："然则朝四而暮三。"众狙皆悦。名实未亏而喜怒为用，亦因是也。是以圣人和之以是非而休乎天钧，是之谓两行。①

从庄、惠"鱼乐之辩"也可看出，惠子强调物我有别、主客对立的对象化、分析性认知，如此执着于"分"的惠子难免拘泥于成心之见，而难以将物我的生命体验会通起来，实现生命的共情和共生。

与惠子着意于对物的形式区分不同，庄子以逍遥游为人生理想归趋，以"齐同万物"为认识论前提，认为"唯达者知通而为一"，"物固有所然，物固有所可。无物不然，无物不可。故为是举莛与楹，厉与西施，恢恑憰怪，道通为一。其分也，成也；其成也，毁也。凡物无成与毁，复通为一。唯达者知通为一，为是不用而寓诸庸"。②从道通为一到物通为一再到知通为一，庄子始终强调一个"通"字。庄子认为，如果人们仅从自我立场出发，认知受限于一曲之见，必然自是而相非，是非争竞无定，如儒墨之是非，"以是其所非，而非其所是"，"是非之彰也，道之所以亏，道之所以亏，爱之所以成"；但是如果以道观之，则万物齐同为一，物与物之间无须分辩，"天地一指也，万物一马也"，彼此对立而产生的是非成见得以泯除。故庄子主张"莫若以明""照之以天""两行"的认知方式，超越是非对立的成见，而以自然大道的立场平等对待万物，万物之间相尊相蕴，道通为一。

总之，庄、惠在"鱼乐之辩"上的认知差异本质上是分与通的区别，故钱穆先生曾说："惠别物以辨异，庄即心以会通。"③惠子言辩不离"物"，而"物"在庄子这里则通过"齐物"之境的认知提升而将其消解，故能"游心于万物之上"，独与天地精神相往来。

（二）有蓬之心与虚通之心

惠子坚执分别心，故是非争竞不定，究其根本在于执着于一己成心，即"有我"之见，故物我、主客截然对立，而不能相通相融；而庄子在认知上则持"虚己—无我"的态度，齐同万物，进而齐物我、齐是非，我执去除，则遮蔽道体大全的成见也被消除，从而超越是非之争。在关于小大之辩、有用与无用的辩论中，惠子从实用、功利的角度来看待事物，庄子则表现出超越大小、同异之分，以无用为大用的"通"的思维品质，摆脱

---

① 郭庆藩：《庄子集释》，王孝鱼点校，中华书局，2006 年，第 69 页。
② 郭庆藩：《庄子集释》，王孝鱼点校，中华书局，2006 年，第 69 页。
③ 钱穆：《惠施公孙龙》，商务印书馆，1934 年，第 26 页。

物与名对心灵的框囿,从而展现出一种逍遥天地的自由精神气质。惠子执着于物之"实用",与庄子以无用为大用的会通思维形成鲜明对比,庄子批评惠子"夫子固拙于用大""夫子犹有蓬之心也哉"①,可见惠子被彼此、是非、同异的名辩之心所限制,心灵被所谓的名言形式和概念逻辑所拘束,内心犹如长满了杂草,不能虚通万物。故《逍遥游》在"列子御风""尧让天下于许由""肩吾问于连叔"三则寓言之后,以两段庄、惠对话来结束:惠施以大瓠、大樗讥讽庄子之言"大而无用",庄子则对以"逍遥"之义:"今子有五石之瓠,何不虑以为大樽而浮乎江湖,而忧其瓠落无所容?""今子有大树,而患其无用,何不树之于无何有之乡,广漠之野,彷徨乎无为其侧,逍遥乎寝卧其下。不夭斤斧,物无害者,无所可用,安所困苦哉。"②庄子的这两段"无用"论,与前三则寓言所揭示的圣人无名、神人无功、至人无己——无待而逍遥的人生旨趣形成呼应,是"虚通之心"的彰显,唯心灵虚通才能从世俗世界的是非纷争和功名荣利等"外物"的诱惑中超脱出来,不为物役,"审乎无假,不与物迁,命物之化而守其宗也"③,心灵才能应物而不藏,逍遥天地之间,实现主体的精神独立和自由。而相魏数十年的惠子,作为纵横周旋于齐、魏、宋、楚之间的策士、政治家,处"昏君乱上"之世,"务在强兵并敌,谋诈用而从横短长之说起"④。惠子持"用世"之志而汲汲于功名权位,又岂能以"虚静之心"会通万物? 反观无心政治的庄子,不但却聘楚威王,宁愿"曳尾于涂",更视富贵名利如粪土,以鹓雏自比而斥责"搜于国中三日三夜"的惠子的相位如腐鼠:"今子欲以子之梁国而吓我邪?"⑤

由此观之,庄子以"虚通之心"而发"无用不材"之论,立意逍遥人生,超脱于万物之上;而惠子矜心着意于功名政治和名辩之场,与人争辩不休,如有蓬心,难以超脱物外。庄、惠"鱼乐之辩"开显出两人心境和人生理想的根本不同:一虚心,一蓬心;一虚静、玄同物我之心,一躁动、物我有分之心。

(三) 庄、惠"鱼乐之辩"的认知分野

由以上可知,庄、惠"鱼乐之辩"的根本分歧在于两人对"知"的理解和人生境界的不同。惠子的"知"是分析之知,着眼于事物之间的分别和区分;庄子则主张物我玄同(通)之知,他反对附带机巧之知和是非对立之知。

---

① 郭庆藩:《庄子集释》,王孝鱼点校,中华书局,2006年,第39页。
② 郭庆藩:《庄子集释》,王孝鱼点校,中华书局,2006年,第42页。
③ 郭庆藩:《庄子集释》,王孝鱼点校,中华书局,2006年,第175页。
④ 司马迁:《史记》,韩兆琦译注,岳麓书社,2012年,第398页。
⑤ 郭庆藩:《庄子集释》,王孝鱼点校,中华书局,2006年,第537页。

　　惠子认为"我非子""子固非鱼",人与我,我与物,是截然不同的个体,他坚持异体不能相知,快乐这种情绪只是庄周个人一时一地之感,而绝不能以此代入鱼的世界,任何外在于鱼的主体都是无法获得对鱼的相关认知的。庄子的"鱼乐"之知首先是基于与鱼的共在境域——濠水,当两人一同进入此间时,此时此地构成鱼与人共同生存的全息境域①,鱼"出游从容"的情态与庄、惠两人悠游的闲适是同构的,"游"构成了两者的存在本真,"鱼相忘于江湖,人相忘于道术"。从气化宇宙论来看,物我是同一的,因此,心外无物,鱼的生存情态并不在主体的心灵之外,而是出游于涵容万有、囊括宇宙的主体的虚静心灵之中,鱼的情态与庄周自己感到天地大美的快乐取得了同一,物我冥然与道同体。因此鱼的情景很自然地被庄周的宇宙心灵所含摄,心物冥合。此时的鱼绝不仅仅是游动于濠梁之下实在世界中的鱼,更是与审美心灵共构的鱼,成为道的象征。道的境界即大全之境,天地之美、人鱼之乐融为一体,真与美与乐交相辉映,成为一种永恒的艺术精神的象征。因此,庄子的"知鱼乐"并非逻辑分析意义上的知,非知识形态的知,而是"虚己"的气化主体对物的整体直观把握,是心物感通之知,物我两忘而化其道,唯一流通于其间的是天地大美大乐。作为感通主体的庄周由于出游而自由自在,不带有任何是非利害之成见,当下心情是放松的,心灵呈现为虚灵明觉的状态,如明镜一般,"水静犹明,而况精神? 圣人之心静乎,天地之镜也,万物之鉴也"②,故能"用心若镜",瞬间照彻万物的本来面目。

　　此时进入心物交融、物我合一的"忘我之境",精神因摆脱名缰利锁、世俗纷争的束缚,而自由地"游"乎万物之中,"上与造物者游","下与外死生无终始者为友",游即通。心灵的解放使主体能够自发地感应天地万物,以开放的心灵囊括宇宙万物的生命,主体从一己小我,进入与宇宙生命交互往来的自由之境,个体生命因此而获得扩充和丰富。故庄子认知的最高境界不是停留在一般的耳目感官之知,也非逻辑分辨之知,而是要超脱出来,由虚己的心性之德发出智慧之光,由"灵台""灵府",去观照宇宙万物。③《逍遥游》篇所阐发的"大知"和"小知",绝非单纯知识多少的比较,而更多关涉生命的精神境界,人的心灵应如鲲鹏转化一样,不断突破自我,以至于"无功、无名、无己"的"无待"境界,才能乘物以游心,逐渐臻至与天地精神相往来的"大通"之境。

---

① 安乐哲:《庄子之"知":"知—乐"于濠上》,《杭州师范大学学报》2015 年第 6 期。
② 郭庆藩:《庄子集释》,王孝鱼点校,中华书局,2006 年,第 411 页。
③ 徐复观:《中国人性论史》,九州出版社,2014 年,第 314 页。

三、虚己而"通":气化主体与心斋—无我的心灵修养工夫

(一) 感通之前提:气化宇宙论与气化身体观

闻一多曾指出,哲学的道家是古道教即原始巫术分泌出的质素[①],而物我感通的思维方式即源自原始巫术仪式。天人交感为原始巫术的一大功能,《国语》记载颛顼氏"绝地天通",《周易·系辞下》记载伏羲氏仰观天文、俯察地理而创制八卦的过程,都是巫师感通天人的原始巫术的例证。从原始巫教蜕化而来的庄子哲学也广泛渗透着感通思维方式,"鱼乐之辩"即为一例,而气化宇宙论为物我感通提供了前提和可能。

陈鼓应认为:"在宇宙生成论上,庄子首创气化论,认为人类万物同根同源于'一气''通天下一气耳''游乎天地之一气'。"[②]"道"通过"气"而展现其客观创生力量:"道对于万物的创生、推动、畜养等,已内化为气自身聚散、运动的力量,尤其是阴阳二气的性能。而气的活动便影响及构成了万物的生命样态及存亡历程。"[③]从宇宙下贯至人生,庄子持一种"气化"身体观,即人的生死形躯不过为一气之所化:

> 察其始而本无生,非徒无生也而本无形,非徒无形也而本无气。杂乎芒芴之间,变而有气,气变而有形,形变而有生,今又变而之死,是相与为春秋冬夏四时行也。[④]

首先,气化身体观解除了人的生死焦虑,使人不必执着于"形躯我",从物欲和情执中超脱出来,"外化而内不化",应物而不随物迁。其次,气化身体解除了人与外部世界的紧张关系,主体成为一个"明白入素,无为素朴,体性抱神"的气化主体,从而赋予了心灵感通万物的灵明知觉,正如《易·系辞上》所说:"易无思也,无为也,寂然不动,感而遂通天下之故。"[⑤]在气的作用下,人心一点虚灵明觉,如易本体一样虚静无为,感而遂通。

---

① 闻一多:《回望故园》,方建勋编,北京大学出版社,2010年,第13页。
② 陈鼓应:《〈庄子〉内篇的心学:开放的心灵与审美的心境》,《哲学研究》2009年第2期,第30页。
③ 陈鼓应:《论道与物的关系》,《哲学动态》2005年第8期,第34页。
④ 郭庆藩:《庄子集释》,王孝鱼点校,中华书局,2006年,第546页。
⑤ 周振甫译注:《周易译注》,中华书局,2012年,第321页。

(二) 感通的气化主体之生成:"心斋""坐忘""丧我"等减损自我的方式

庄子所主张的物我玄同之知,需要通过"心斋""坐忘""丧我"等心灵涵养工夫而达到"用心若镜"的境界,由虚静灵明之心("灵府""灵台")发出智慧之光("以明""葆光")①,自然地感应外物,洞照万物之本然。"斋""忘""丧"都是行"减损之道",具有澄汰身心、净化心灵的作用,心灵因超越了物役和知欲而解脱出来,复返于道,呈现为"虚""一""静""明"的状态,由此而生成一虚柔任物的气化主体。心灵因复归道体而涵容万有,"注焉而不满,酌焉而不竭",此时的心即一宇宙心,即"一",即"独",故能"独与天地精神相往来",对万物作平等的静观虚照,如明镜一样照彻万物。此境界正如苏轼《送参寥师》所言:"静故了群动,空故纳万境。"庄子之所以能感知鱼乐,正是源自气化主体的虚明之心所发显的感通能力,以一"情意我"来审美地观照世界。

庄子的心灵涵养工夫主要是通过"虚""丧""堕""黜""忘"等"减损自我"的方式而达到的:

> 堕肢体,黜聪明,离形去知,同于大通。②

> 回曰:"敢问心斋?"仲尼曰:"若一志,无听之以耳,而听之以心,无听之心,而听之以气,听止于耳,心止于符。气者,虚而待物者也。唯道集虚。虚者,心斋也。"③

> 南郭子綦隐机而坐,仰天而嘘,荅焉似丧其耦。颜成子游立侍乎前,曰:"何居乎? 形固可使如槁木,而心固可使如死灰乎? 今之隐机者,非昔之隐机者也。"

> 子綦曰:"偃,不亦善乎,而问之也! 今者吾丧我,汝知之乎? 汝闻人籁而未闻地籁,汝闻地籁而不闻天籁夫!"④

"心斋"与"坐忘"都是减损自我意志、澄汰心境的修养方式,前者是由外而内,后者则是由内而外。"心斋"着重心境向内收——由耳而心,由心而气,层层内敛。所谓"徇耳目内通",即使耳目作用向"内通",达到收视返听于内的效果。"坐忘"的修养工夫则使心境向外放——由忘仁义、忘礼乐而超越形体的拘限、智巧的束缚,层层外放,通向大道的境界。这种减损自我的修养工夫,通过损知去欲,净化自我,使我成为一

---

① 徐复观:《中国人性论史》,九州出版社,2014年,第361页。
② 郭庆藩:《庄子集释》,王孝鱼点校,中华书局,2006年,第259页。
③ 郭庆藩:《庄子集释》,王孝鱼点校,中华书局,2006年,第46页。
④ 郭庆藩:《庄子集释》,王孝鱼点校,中华书局,2006年,第46页。

个虚柔任物的气化主体,心如止水,用心若镜,自发地去观照万物,洞明万物之本真。

(三) 感官"内通",同于大通

源自原始巫教的"心斋""坐忘""丧我"等心灵涵养工夫是对心灵的清洁工作,耳目感官从对外部事物的关注中转移向内部,心灵收敛意欲,有"内视"和"内通"的效果,如此以至于专精致一、用志不分,逐渐形神合一,心通于道,如下:

> 瞻彼阕者,虚室生白,吉祥止止。夫且不止,是之谓坐驰,夫徇耳目内通,而外于心知,鬼神将来舍,而况人乎![①]

钱钟书《管锥编》通过节引《列子》的两段话并张湛相关注释来展示庄子"内通"的含义:

> "而后眼如耳,耳如鼻,鼻如口,无不同也。心凝形释,骨肉都融";《注》:"夫眼耳鼻口,各有攸司。今神凝形废,无待于外,则视听不资眼耳,臭味不赖鼻口。"
>
> 按《仲尼》:"老聃之弟子有亢仓子者,得聃之道,能以耳视而目听。鲁候闻之大惊,……亢仓子曰:'传之者妄!我能视听不用耳目,不能易耳目之用。……我体合于心,心合于气,气合于神,神合于无。……乃不知是我七孔四支之所觉、心腹六藏之所知,其自知而已矣'";《注》:"耳目者,视听户牖;神苟彻焉,则视听不因户牖,照察不阂墙壁耳。"[②]

钱钟书认为,《列子》两节实发挥《庄子·人间世》"夫徇耳目内通,而外于心知";"徇"通"洵","内通"即"无不同""内彻""不阂墙壁"。有学者指出,庄子"内通"的本质在于对感官知觉的不"用",超越感官之知。[③]耳目互通、互用只是迈向"内通"的第一步,其终点、最高境界是将诸感官之"用"取消,感官通用、互通的结果则是不用。这也是庄子所谓"同于大通"的境界。只有当减损自我以至于虚通任气成为一气化主体时,作为客体对象的外物对精神所产生的阻力才能随之消失,精神从而实现自由,以"神"遇而不以目视,心神贯通内外,驰骋于万物之上而不陷溺于物,以整体直觉去把

---

① 郭庆藩:《庄子集释》,王孝鱼点校,中华书局,2006年,第139页。
② 钱钟书:《管锥编》(第二册),中华书局,1979年,第478页。
③ 金惠敏:《论"内通"非"通感"——钱钟书道家通感论接读》,《首都师范大学学报》2014年第6期,第43页。

握天地之动。

《庄子》所谓知的最高境界即"通"的境界,所谓"齐物""独与天地精神相往来""内通"都是经由"减损自我"的心灵虚静之道,而凝神为一,所达到的"与天地并生,与万物为一""道通为一"的明通境界。在庄子看来,心为外物所囿,心有所执,会形成认知上对事物的区分和对立,乃至成心成见,阻碍主体对事物完整的把握;只有经过心斋的修养工夫达到通万物、通物我的境地,才是知的"明""通""彻"的贯通境界。

(四) 复归于自然、虚通之道

之所以要采取"减损之道"和"内通"的涵养工夫,是由"道"的特点所决定的。庄子认知哲学的鹄的是要复归于道,而道体精微,超越耳目视听等感官知觉,外于心知,因此,要复归道,就要"无视无听,抱神以静","目无所见,耳无所闻,心无所知"[①]。"至道之精,窈窈冥冥,至道之极,昏昏默默",至道玄远,非耳目所能及,也非名言所能描述:"道不可闻,闻而非也;道不可见,见而非也;道不可言,言而非也。知形形之不形乎!道不当名。"[②]由此来看,南郭子綦所谓的天籁即道的境界,完全超越了耳闻的具体知觉领域,"吾丧我"正是摆脱对感官和对象化认知的依赖而入道的工夫路径。

庄子继承老子"圣人在天下,歙歙焉,为天下浑其心"[③]的观点,主张复归于"朴""婴儿",即大道浑一、无知无欲的状态。庄子反对割裂事物完整性的分别之知,认为知应有所止,有所不"知"才是"知道":"不知深矣,知之浅矣;弗知内矣,知之外矣。""孰知不知之知?"道超乎具体形象、言表之上,故"道无问,问无应"。"吾安得夫忘言之人而与之言哉!"庄子认为,人心带有逐物的意向性结构,会带来纷扰的物欲和是非好恶之情,从而丧性失真,背离大道,故体道就应该收视返听,行减损的工夫,以心灵默会玄冥之道,这要求心灵必然处于"寂寞恬淡、虚静无为"的状态,以恬养知,"知与恬交相养"。与通常意义上的理性思辨之知不同,庄子所要通达的并非通过不断学习而跃升的博学多识的知识之境,过度的知识在道家看来与体道相悖,是非、美丑、好恶的价值判断会撕裂整一的道体,正如倏忽为浑沌凿窍一样,残朴以为器,故老子曰:"不出户,知天下;不窥牖,见天道。其出弥远,其知弥少。"[④]老庄提倡一种心灵默会

---

① 郭庆藩:《庄子集释》,王孝鱼点校,中华书局,2006 年,第 347 页。
② 郭庆藩:《庄子集释》,王孝鱼点校,中华书局,2006 年,第 667 页。
③ 饶尚宽译注:《老子》,中华书局,2006 年,第 119 页。
④ 饶尚宽译注:《老子》,中华书局,2006 年,第 115 页。

之知,以此体道、入道。这种静观默察的体道方式,类似于现象学悬搁判断的"本质直观",是对事物整体性的、直觉性的、审美性的把握和认识。

四、"通"的境界:"天地与我并生,万物与我为一"

庄子玄同物我的认知归宿是要人摒弃"成心",复归大道,打破自我的主观成见所建立的物我区隔,在天人相际、物我交互中与天地融为一体,从世俗的生死疲劳、是非之争、好恶情执中挣脱出来,恢复生命的元气,找回本我,弃绝私心私欲,进而扩充成为一个"独与天地精神相往来"的大我,与宇宙生命共荣共生,这对于我们当今世界构建宇宙生命共同体有着重要的借鉴意义。

道与化可谓一体两面。庄子"化"的观念在物我之间建立起一种关联与感通,从基础上确立起人与世界的统一性,在物我互为主体的过程里形成一种独特的审美意识,为中国式的"移情"提供了理论基础。[1]从"化"的立场来看,西方认识论视野中的主体"我"与客体对象"物"仅仅是大化流行中的一种生命形态或一个阶段,并不具有实存性,只是属于变化不已的现象界,可视为"假",而真正实存的只是一化——道体的根本力量的展现,此为"真"。因此执着于物、我区分,执着于"形躯我"和"认知我",都是执而不化的表现。由"化"的哲学出发,则庄周与蝴蝶、与鱼之间并无间隔和不可跨越的障碍,按照"道通为一"的原则,"物我界限消解,万物融化为一",庄周与虫、鱼、草木的生命是相通相融的,故庄子可以直观地感知鱼的生命情态,得出"鱼乐"的结论。濠梁之辩中,庄子打破自我成见,突破智识的局限,获得了与鱼共乐的生命体验和通感,成为一种"忘我物化的艺术精神"[2]。

庄子同老子一样是强调"大"境界的哲人,他强调人的精神超越性,主张"大而化之",达到"天地与我并生,万物与我为一"的生命境界,与道同体。《逍遥游》开篇鲲鹏转化的寓言即喻示着一个因认知转化而宏大开阔的生命视野。生命之间相互转化,消除了被主观放大的自我,破除主观"成心",实现由小我向大我的生命跃升。所谓"成心"就是"域情滞着,执一家之偏"[3],主观的是非争执都源自与物有对的两分所产生的偏见,由此可见,惠子坚持物我有别,不能相通相知,未尝不是囿于习心和定见,故庄子批评其心灵郁闭不通:"夫子犹有蓬之心也夫!"释德清曾说:"世人不得如此逍

---

① 蒋丽梅:《物我感通,无为任化——庄子"物化"思想研究》,《中国哲学史》2015 年第 3 期,第 65 页。
② 徐复观:《中国艺术精神》,华东师范大学出版社,2001 年,第 59 页。
③ 郭庆藩:《庄子集释》,王孝鱼点校,中华书局,2006 年,第 61 页。

遥者,只被一个'我'字拘碍。"①坚持人不能知鱼的惠子,也许从知识的判断形式上是没有错的,但是却被知识形态下如此割裂物我的成心所拘束,惠子又岂能随时体验到天地之大美、大乐呢? 只有与物无对,用心若镜,才能如实地反映并体验到万物当下的真实情态。正如史华慈所说,庄子试图努力颠覆人们常识意义上的世界概念,但就他的努力而言,绝不意味着对于我们感知到的自然世界持有否定的态度,这些只与我们日常感知的世界相关。可以说,这里潜含的态度,是以"审美"的心态,尽情接受我们直接感知到的视野宏阔的整幅世界画面。②

Being not Self-Opinionated and Leading to Everything：
on Qihua Subject and Cognitive Distinction in the Debate over Fish's Happiness between Master Zhuangzi and Huizi by the Empathy Thinking
Chang Li'na

Abstract： The basic distinction between Zhuangzi and Huizi lied in the differences of "knowing" and their life state. From the aspect of "things", Huizi insisted the difference knowledge between things and me, while Zhuangzi suggested the metaphysical cognition, which was the genuine knowledge. From the aspect of "mind", Huizi was busy with pursuing the official position and the fame, he had one mind which was full of grass, while Zhuangzi had one open mind which could connect everything by the way of using the useless, and he pursued wandering between the sky and the earh. In order to get the genuine knowledge, it needs two conditons. First, "one of the Qi that travels between heaven and earth", the theory of Qihua cosmos and body provide the premise for the metaphysical cognition Second, by the way of reducing myself such as "Xin Zhai", "Zuo Wang", we can cultivate the mind, so we can become the subject of Qihua, who can not be self-opinionated and lead to everything. "Using the mind like a mirror", and it means that our mind go back to the Tao, so they can give off the light of wisdom, and we can see everything clearly.

Key words: debate over fish's happiness　cognitive differences　empathy thinking　the subject of Qihua　being not self-opinionated

---

① 释德清：《庄子内篇注》,华东师范大学出版社,2009年,第2页。
② 史华慈：《古代中国的思想世界》,程钢译,江苏人民出版社,2004年,第227页。

巴蜀地区的尚五传统
对道教禹步的影响
——以道教符号学作为理论视域

宋峰*

摘　要:所谓"尚五传统",指的是人们赋予数字"五"各种神圣意义,以及与之相关的各种崇拜表现。巴蜀地区自古以来便有尚五传统,该传统对于巴蜀地区的神仙方术系统产生了重要影响。巴蜀神仙方术系统有着众多产物,其中之一便是禹步。本文通过对禹步进行道教符号学解读,梳理出巴蜀尚五传统对禹步产生的影响。

关键词:尚五传统　巴蜀地区　巴蜀神仙方术系统　禹步　道教符号学

在人们的日常生活中,对于数字"五"的崇拜比比皆是,例如五行、五方、五脏、五色、五音、五味等等。数字"五"深刻影响着中国的文化进程,对道教而言亦不例外。巴蜀地区自古以来便有着崇拜数字"五"的尚五传统,加之这里是道教的发源地,尚五传统势必会对道教的形成与发展产生影响。禹步作为巴蜀神仙方术系统的一种产物,应当也与尚五传统有所关联。本文将借助道教符号学理论,通过对巴蜀地区尚五传统的回顾,梳理它对道教禹步所产生的各种影响。

＊ 宋峰,四川大学道教与宗教文化研究所博士研究生。

一、巴蜀地区的尚五传统

所谓"尚五传统",指的是人们赋予数字"五"的各种神圣意义,以及与之相关的各种崇拜表现。那么,为什么数字"五"能够具有神圣意义呢? 这要从"五"的本义说起。在《说文解字》中,许慎指出:"五,五行也。从二,阴阳在天地间交午也。凡五之属皆从五。"①从字形分析可知,"五"乃会意字,从二、从义。"二"代表天地,"义"表示互相交错。也就是说,"五"字最初是纵横交错之意。早在《易·系辞》中就有"天数五,地数五"的说法,"五"不仅是天地共有之数,同时也是天地运行中共同遵守的数字秩序。段玉裁认为,"五"象征着天地间普遍存在的水、火、木、金、土五种属性之间的生克变化。②"五"既意味着相克相生,又代表了阴阳交午,因此"五"象征着一种具有神圣性的规则。由于数字"五"进一步与时间和空间相结合,因而与之相关的各种崇拜也都体现在对时间"五"和方位"五"的崇拜上。中国人对于数字"五"的崇拜,形成了延续至今的尚五传统。

在巴蜀地区的文化中,尚五传统同样有着颇为久远的流传。如《华阳国志》中提到,开明宗庙里供奉着五色帝;蜀王有"五丁力士",并且派遣他们迎娶秦国来的"五妇";等等。"神话极其严肃地讲述了某些最为重要的事情。此外,它还是这个世界的一种生活方式,一种摆正自己与外物的关系,是在寻求自我的过程中探索答案的方式。"③古蜀人以自己对上下四方的理解,通过与五相关的众多神话,表达出自己的生活方式和与外界的关系,形成了具有巴蜀特色的尚五传统。

除此之外,巴蜀地区发掘的一系列遗址也从实物角度证明了尚五传统的存在。如郫县三道堰遗址中有五座鹅卵石垒筑的台基;成都市新都区战国蜀王墓的腰坑陪葬青铜器大多是五件一套;彭州市竹瓦街发掘的青铜罍也以"五"进行组合;广汉市三星堆遗址中发现的祭祀人物形象都戴有五齿高冠,青铜太阳轮上刻画着五条射线;等等。④特别是三星堆祭祀坑编号 K2③:103-27 的"人身形铜牌饰",牌面刻有五鸟图案,鸟的顶部有五支冠羽,凹槽中刻有五条凹纹;一号坑出土的金杖上的人头图案,帽子上有五片花瓣;二号坑出土的大铜立人帽子上也有五片花瓣;出土的车轮形器有五根轮毂;玉璋根部所刻两组人像是三个和两个的组合,与铜牌上面鸟型图案的布置基

---

① 许慎:《说文解字注》,段玉裁注,上海古籍出版社,1981 年,第 738 页。
② 许慎:《说文解字注》,段玉裁注,上海古籍出版社,1981 年,第 738 页。
③ 阿兰·邓迪斯编:《西方神话学读本》,朝戈金等译,广西师范大学出版社,2006 年,第 275 页。
④ 段渝:《先秦巴蜀的尚五观念》,《四川文物》1999 年第 5 期。

本一样。①以上出土实物无一例外地都采用了包含"五"的艺术表达形式，可以从实物的角度对蜀人的尚五传统进行论证。

同时，《华阳国志》中李冰"以五石牛以压水精"的行为也迎合了古蜀人的尚五传统，而《史记·西南夷列传》中"秦开五尺道"同样合乎古蜀人的尚五传统②。这些证据充分证明了古蜀文明中的尚五传统一直延续至战国时期。

古人存在着一种对神圣范式真诚模仿的心理，这种心理能够凸显两种效应：第一，人们通过模仿诸神来保持自身处于神圣中；第二，世界通过范式性的不断地再现而被神圣化。宗教行为帮助维系了世界的神圣性。③大量的传世文献与考古发现表明，古蜀文化中广泛存在着的尚五传统就是这样一种宗教神圣范式。由此可见，崇拜具有神圣性的数字"五"是中原文化及古蜀文化所共有的文化现象。"神话故事是构成文化整体的必要组成部分，它的存在和影响不仅超出了故事讲述活动本身，不仅是从生活中汲取营养，还制约着文化的许多方面，它是原始文明的信条支柱。"④

尚五传统不仅是华夏地区"五行"思想的主要源头之一，同时也极大地推动了巴蜀文化的形成与发展。古蜀文明中的这种"尚五崇拜"，与殷商的五方思想一同被道教所吸收，并且衍生出五帝、五老、五方、五通、五雷等以"五"为基数的神仙群体和修炼方法。詹石窗教授曾经提出道教符号学理论，他认为对于道教文化的认识和把握离不开符号⑤，并进而从"艺能"的角度出发，将道教符号划分为自然符号和人工符号两大类，指出："自然符号就是赋予自然物象以特定意义的符号。这种情形在中国远古时期便已发生，其后，此等观念逐步发展起来，形成了比较自觉的自然符号理念，并且对道教产生重要影响。"⑥借助道教符号学理论重新进行审视，我们可以将被道教吸收之后的巴蜀尚五传统归为道教自然符号的体现。它们赋予自然物象以特定意义，并且形成了自觉的自然符号理念，进而对道教产生了重要的影响。

---

① 冯广宏：《三星堆五鸟铜牌考》，《文史杂志》2005年第6期。
② 段渝：《五尺道开通时代考》，载《巴蜀文化研究集刊7：南方丝绸之路研究论集2》，巴蜀书社，2012年，第43—44页。
③ 米尔恰·伊利亚德：《神圣与世俗》，王建光译，华夏出版社，2002年，第52页。
④ 阿兰·邓迪斯编：《西方神话学读本》，朝戈金等译，广西师范大学出版社，2006年，第249—250页。
⑤ "不过，尽管符号与内容意义之间的距离给人类的思想交流带来了困难，但我们却无法越过符号对思想观念进行直接的把握。因为迄今为止，任何一个思想体系或理论体系都是通过符号的组合系统来运载和传递的。对于思想交流和知识积累来说，离开了符号，我们便像搁浅的船无法'航行'。对于道教文化的认识与把握自然不能例外。"（詹石窗：《玄通之妙：易学与道教符号揭秘》，中国书店，2001年，第5页。）
⑥ 詹石窗：《玄通之妙：易学与道教符号揭秘》，中国书店，2001年，第5页。

二、禹步与巴蜀神仙方术系统

蒙文通曾撰文指出,巴蜀地区的黄老思想有着自身绵延不绝的发展脉络:"自西汉末年直到晋代,师承不绝,都是以黄老灾异见长,共有三十余人,这在两汉最为突出。"①黄老思想与蜀地的神仙方术逐步融合,形成了具有浓郁巴蜀地域文化色彩的道教氛围。巴蜀地区的神仙方术系统吸收了大量的古蜀祭祀仪式,使得巴蜀神仙方术系统呈现出了独特的风貌。《后汉书·方伎传》所收方术家共三十四人,出于巴蜀地区者多达八人。②由此可见,两汉时期的巴蜀地区为神仙方术的重镇。

在巴蜀神仙方术系统对巴蜀道教的影响中,禹步是颇为典型的一个例子。禹步又名步罡、步纲蹑纪等,是道教重要的法术之一。《尸子》云:"古时龙门未辟,吕梁未凿,……禹于是疏河决江,十年不窥其家。手不爪,胫不生毛,生偏枯之病,步不相过,人曰禹步。"③由此可见,禹步乃是先秦巫觋模拟大禹偏枯的步法而创,以大禹铸鼎象物的神圣性来禁御百物。汉代扬雄在《法言·重黎》中说:"昔者姒氏治水土,而巫步多禹。"李轨对此解释为:"姒氏,禹也。治水土,涉山川,病足,故行跛也。禹自圣人,是以鬼神猛兽、蜂虿蛇虺莫之螫耳,而俗巫多效禹步。"④可见禹步自创立伊始,便被巫觋大量运用于巫术仪式当中。道教创立之后,将这种古老的巫术全面纳入其法术体系之中,作为驱魔降妖的重要手段而加以广泛运用。

禹步作为使用频率最高的道教法术之一,被历代道教徒推崇备至。"然而称禹步者,云大禹治水以成,厥功盖天。真授此步诀,以制神召灵,遂因名为禹步耳。"⑤后来,为了进一步提升禹步的神圣性,道教徒又为其编造出更加具体的来历:"禹届南海之滨,见鸟禁咒,能令大石翻动,此鸟禁时常作是步。禹遂摸写其行,令之入术,自兹以还,术无不验。因禹制作,故曰禹步。末世以来,好道者众,求者蜂起,推演百端。汉淮南王刘安已降,乃有王子年撰集之文,沙门惠宗修纂之句,触类长之,便成九十余条种,举足不同,咒颂亦异。"⑥大禹从自然界中模仿习得禁术,因而此术被命名为禹步。后人将其运用于生活和战争当中,并推衍成九十余种。这些不同种类的禹步不

---

① 蒙文通:《巴蜀古史论述》,四川人民出版社,1981 年,第 98 页。
② 范晔:《后汉书》,李贤注,中华书局,1982 年,第 2703—2754 页。
③《二十二子》,上海古籍出版社,1986 年,第 375 页。
④《二十二子》,上海古籍出版社,1986 年,第 820 页。
⑤《太上助国救民总真秘要》,《道藏》第 32 册,文物出版社、上海书店出版社、天津古籍出版社,1988 年,第 103 页。
⑥《洞神八帝元变经》,《道藏》第 28 册,文物出版社、上海书店出版社、天津古籍出版社,1988 年,第 398 页。

仅行步方法不同,对应的咒语亦不相同,这应当是不同的功能需求所导致的结果。

根据以上说法,我们可以发现:禹步应当是先民通过对大自然中物象的模仿创造出来的,可以被视为道教的具象符号。"具象符号就是一种具体的形象符号。就其产生而言,具象符号的创造虽然有具体事物作范本或原型,但它并非简单地照搬原物。创制者为了突出具象符号的某一性质特征,往往对事物之范本或原型物作一定的变化处理。"①作为一种具体的形象符号,禹步对大自然中的物象原型进行了变化处理。因此,禹步是一种能够传达道体信息的艺能载体,而且还蕴含着积极象征的美学功能。②

那么,禹步的具体步骤是什么呢?《抱朴子内篇》曰:"禹步法:正立,右足在前,左足在后,次复前右足,以左足从右足并,是一步也。次复前右足,次前左足,以右足从左足,是二步也。次复前右足,以左足从右足并,是三步也。如此,禹步之道毕矣。"③随着时间的流逝,道教赋予了禹步更多的象征意涵,并且从更多角度来对其进行阐释。"夫禹步者,法乎造化之象,日月运度之行也。一月三交,一交三旬,三旬者,三盈数也。一时三交,三交者,九旬也。是以一步一交,一交三迹,三步九迹,象一时也,并足象天交也。先举左足者,春秋之步也。先举右足者,冬夏之步也。春秋之孟者,阳辰也。冬夏之孟者,阴辰也。故生杀制御用春秋收藏积聚用冬夏也。"④禹步在道教内部不断发生着变化,衍生出三步九迹法、十二迹禹步法、三五迹禹步法等众多不同的禹步法。"三步九迹者,法步三元九炁也。又十二迹者,法于律吕也。又十五迹者,法三五之数也。因用制宜之术,存乎法诀之轻重。"⑤由此可见,不同的步法对应不同的功能,以期满足使用者的不同需求。

禹步可用来驱除鬼魅、禁御毒蛇猛兽,道士经常使用它来行气或聚气,入山林时亦多凭借其来驱邪。如《金锁流珠引》云:"夫步纲者,是强身健神壮魄之法也。先从地纪,坚劳其身,壮健其神,神炁自然镇藏,然后通天地,感使神灵也。"⑥此经认为,步纲之法是太上老君和太虚上灵飞晨中央黄老道君传授于世的。世人若有缘得授此法,日夜勤加修炼,则可产生修真奇效。"一年辟非,二年辟兵,三年辟鬼,四年成地仙。千害万邪,众莫敢干。自此已往,福庆无端。致神使灵,驭驾飞龙。太极赐芝,玉

① 詹石窗:《玄通之妙:易学与道教符号揭秘》,中国书店,2001年,第7页。
② 詹石窗:《玄通之妙:易学与道教符号揭秘》,中国书店,2001年,第7页。
③ 王明:《抱朴子内篇校释》,中华书局,1980年,第276—277页。
④ 《太上助国救民总真秘要》,《道藏》第32册,文物出版社、上海书店出版社、天津古籍出版社,1988年,第103页。
⑤ 《太上助国救民总真秘要》,《道藏》第32册,文物出版社、上海书店出版社、天津古籍出版社,1988年,第103页。
⑥ 《金锁流珠引》,《道藏》第20册,文物出版社、上海书店出版社、天津古籍出版社,1988年,第357页。

帝给童。行之二七年，为上清真人。"①

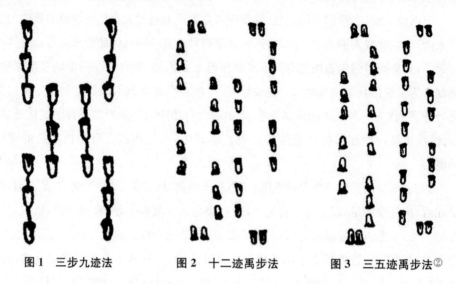

图 1　三步九迹法　　　　图 2　十二迹禹步法　　　　图 3　三五迹禹步法②

　　道教在不断丰富禹步的解读维度的同时，持续强调并发挥了禹步沟通天地的作用。这与羌族宗教中对于禹步的使用与传承不谋而合。羌族释比认为自己的先祖和张天师乃同门师兄弟，因此"禹步"一直为羌族巫师、释比所传承，并在跳神时使用。袁珂认为，假设大禹兴起于西羌的传说有一定的历史依据，那么传说中的大禹便是羌族第一个兼具巫师与酋长双重身份的部落领袖。他还以羌族释比施法时多效仿禹步、使用禁咒为理由，证明大禹是古代羌族的部落酋长兼巫师。③这一观点从民族学的角度，进一步证实了禹步是巴蜀神仙方术系统的产物。

三、禹步的道教符号学解读

　　禹步自创立伊始便被巫觋大量运用于巫术仪式当中。道教成立之后，便将这种古老的巫术全面纳入其法术体系之中，作为驱魔降妖的重要手段而加以广泛运用。詹石窗教授指出："道教人工符号就是由道门中人或奉道人士创造的运载着道教思想情趣的一种符号。"④因此，我们可以将禹步视为一种道教人工符号。

①《金锁流珠引》，《道藏》第 20 册，文物出版社、上海书店出版社、天津古籍出版社，1988 年，第 357 页。
② 图 1、图 2、图 3，见《太上助国救民总真秘要》，《道藏》第 32 册，文物出版社、上海书店出版社、天津古籍出版社，1988 年，第 103 页。
③ 王康、李鉴踪、汪青玉：《神秘的白石崇拜：羌族的信仰和礼俗》，四川民族出版社，1992 年，序言。
④ 詹石窗：《玄通之妙：易学与道教符号揭秘》，中国书店，2001 年，第 6 页。

在发展演变的过程中,禹步又和易学思想相结合,结合卦象衍生出一些新的禹步法。例如天地交泰禹步法、交乾禹步法、既济禹步法、未济禹步法等。这些禹步法按照九宫八卦来记录位置,并且用易学思想对禹步的理论体系进行建构。

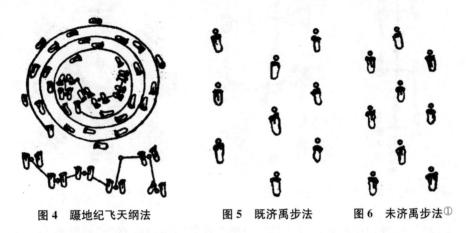

图 4　蹑地纪飞天纲法　　　图 5　既济禹步法　　　图 6　未济禹步法①

施行"天地交泰禹步法",是依据如下流程开展的。施法者首先掐诀念咒,咒文曰:"吾是洞中太一真,头戴七星步四灵。手执金剑巽上立,迤逦巡行直至坤。地户巽宫须结界,直至天门谒帝君。三步九迹登明星,三灾九厄离身形。急急如律令。"念毕,依据"天地交泰禹步法"行禹步(图7)。之后再念咒曰:"乾尊耀灵,坤顺内营。二仪交泰,六合利贞。配天亨地,永宁肃清。应感元黄,上衣下裳。震登艮兴,坎顺离明。巽旺兑生,虎步龙骧。天门地户,人门鬼门。卫我者谁? 昊天旻苍。今日禹步,上应天纲,鬼神宾伏。下辟不祥,所求如愿。应时灵光,急急如律令。"结束后,施法者便可"随心行事"。②分析这一行法过程,我们可以看到其中充斥着八卦卦名、二仪六合等易学符号。此外,经文中还有天门地户、人门鬼门等概念。而这些概念能够与天干地支相互转换,进而能够转换成卦爻。因此说,"道教科仪实施程序也存在着沟通易学象数的符号桥梁"③。用道教符号学理论来审视"天地交泰禹步法",可以把它看作是通过用易学卦爻来表达方位转换,进而表达对应的时间与空间的代码意义的仪式过程。施法者、法器、施法空间、施法时间、施法对象、施法目的等,都可以视为一系列科仪元。"根据对应的原理,诸科仪元由于在科仪实施程序总'链条'中处于不同的空间与时间的关节点上,它们实际上就代表了不同的空间与时间的关节点,是这种时

① 图4、图5、图6,见《太上助国救民总真秘要》,《道藏》第32册,文物出版社、上海书店出版社、天津古籍出版社,1988年,第103—104页。
②《太上助国救民总真秘要》,《道藏》第32册,文物出版社、上海书店出版社、天津古籍出版社,1988年,第104页。
③ 詹石窗:《玄通之妙:易学与道教符号揭秘》,中国书店,2001年,第297页。

空关节点的代码符号。而时空关节点的差异在中国古代往往又具备不同的象征意义，因此，就形成了多重的象征符号代码的连接与符号转换的可能性。"①

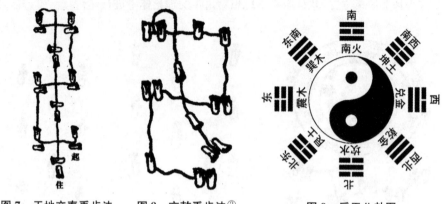

图 7　天地交泰禹步法　　图 8　交乾禹步法②　　图 9　后天八卦图

接下来，我们再来考察《太上助国救民总真秘要》中记载的"交乾禹步法"。若要施行"交乾禹步法"，需遵循如下口诀行禹步："坎双艮只步交乾，震上双行兑亦然。坤只离单双步巽，三台归去便朝天。"③结合后天八卦图（图 9），通过对比我们可以发现："坎双艮只步交乾"，对应于图中从第一步到第二步；"震上双行兑亦然"，对应图中第三步到第四步，"坤只离单双步巽"对应于图中第五步到第七步，"三台归去便朝天"对应于图中第八步到第十步。由此可见，口诀中用八卦方位标注的步法，同图 9 中的图示是完全吻合的。而"交乾禹步法"之名，应当是因步法结束于乾位而得名的。八卦作为《周易》最核心的符号，不仅构成了《周易》的基本框架，而且也是其象征哲学的基础符号。这些符号连同《周易》的象征思维模式被道教所继承，使得道教与《周易》在思想形式上的关系密不可分。④

走完禹步后，施法者手结紫微印，在乾位上冥想自己身骑白鹤，飞至天门朝拜帝君，并向其表明心愿，乞求帝君能够实现自己的心愿。然后再从天门飞回人间，此时返步归于巽位。接下来，"于净室坛上，逐日子午时登坛，禹步亦可，披发仗剑，步向乾上，入坛心正坐"，然后闭目念咒曰："乾元亨利贞，日月蔽吾形。万灾不能干，寿与天同龄。急急如律令。"又咒曰："吾是道门行法之主，水火刀兵不能及吾，疾病盗贼不能

---

① 詹石窗：《玄通之妙：易学与道教符号揭秘》，中国书店，2001 年，第 296 页。
② 图 7、图 8，见《太上助国救民总真秘要》，《道藏》第 32 册，文物出版社、上海书店出版社、天津古籍出版社，1988 年，第 103—104 页。
③《太上助国救民总真秘要》，《道藏》第 32 册，文物出版社、上海书店出版社、天津古籍出版社，1988 年，第 104 页。
④ 詹石窗：《易学与道教思想关系研究》，厦门大学出版社，2001 年，第 278 页。

及吾。吾与日月同光,所行万事吉昌。急急如律令。"一边念咒,一边行禹步。结束之后,施法者便可"如法行事"。①

邓有功在《上清天心正法》卷七中记载的"禹步法",同元妙宗记载的"交乾禹步法"大体相同,但仍有一些出入。相同之处为:"禹步法:坎双艮只步交乾,震上双行兑亦然。坤只离单双步巽,三台归去便朝天。步毕,结紫微印。乾上化身乘白鹤,飘飘直至天门。面朝帝君,心事奏达,乞赐敕命如意。又却从天门返步归巽,于静室粉坛,逐日子午时,先坛前禹步,却披发仗剑,从乾上入坛心,以兀子正坐瞑目。咒曰:'乾元亨利贞,日月蔽吾形。万灾不能干,寿与天同龄。急急如律令。'又咒曰:'吾是道门行法之主,水火刀兵不能及吾,疾病盗贼不能及吾。吾与日月同光,所向所行万事吉昌。急急如律令。'"②我们可以看到,这里的文字同《太上助国救民总真秘要》中的基本一致。不同之处则在于此段文字之后,邓有功继续阐述道:"却望罡星,吞三光符,默云:'所向所从,如符所敕。急急如律令。'却从巽上出,逐日五更朝斗,取三光正气,吞入腹中。搯诀,念咒曰:'上告天罡大圣、日月尊星,愿降正气,灌注弟子某甲五脏六腑之中,八万四千皮毛之内。去除邪气,去除鬼气,去除四百四病。使某甲觑邪邪崩,觑鬼鬼灭,觑病病愈。众邪戢翼,人归依,鬼归伏。急急如律令。'"③可见在静室念咒结束后,还有一系列相应的仪式需要进行。这里能够证明《太上助国救民总真秘要》中收录的"交乾禹步法"并非完整版,而《上清天心正法》中收录的则是该法术的其中一种完整版。

施法者在这里自称"道门行法之主",是因为他与日月同光,故而可以达到"乾元亨利贞,日月蔽吾形"的功效。此处的仪式不再像之前那样依据《周易》理论来开展,而是将《周易》理论作为充实道教自身法术理论体系的素材。"道教在采撷了易学的思想资料和利用易学的形式来为自己的理论建设服务之同时又对易学的发展变化产生了反作用,这是不言而喻的。"④由此我们可以看出,道教禹步理论并非完全以《周易》作为指导思想,而是根据自己的需要进行了调整与改变。

"道门中人创造科仪符号,乃是为了与天地各界所谓'鬼神仙真'交通。"⑤禹步便是这样一种被道教吸纳并改良后创造出的科仪符号。通过以上分析可知,巴蜀地区

---

① 《太上助国救民总真秘要》,《道藏》第 32 册,文物出版社、上海书店出版社、天津古籍出版社,1988 年,第 104—105 页。
② 《上清天心正法》,《道藏》第 10 册,文物出版社、上海书店出版社、天津古籍出版社,1988 年,第 642 页。
③ 《上清天心正法》,《道藏》第 10 册,文物出版社、上海书店出版社、天津古籍出版社,1988 年,第 642—643 页。
④ 詹石窗:《易学与道教思想关系研究》,厦门大学出版社,2001 年,第 282 页。
⑤ 詹石窗:《玄通之妙:易学与道教符号揭秘》,中国书店,2001 年,第 297 页。

的尚五传统对于禹步有着重要影响。其原因有三：首先，尚五传统在巴蜀地区自古蜀文明时期便已存在，它对于巴蜀神仙方术系统的孕育产生了直接影响。其次，道教产生之后，吸纳了巴蜀地区的尚五传统以及禹步等巫术仪式，令两者继续保持着能够相互影响的关联性。最后，在被道教吸纳之后，尚五传统通过易学思想继续对禹步产生着影响。

The Influence of The Worship of Five in Ba-Shu Region on Yu Bu of Taoism: From The Perspective of Taoist Semiotics

Song Feng

Abstract: The worship of Five refers to the various sacred meanings of the number "five" which was endowed by people, as well as the various manifestations of worship relate to it. Since ancient times, there has been a tradition of the worship of Five in Bashu region, which has had an important impact on the immortal methods system of Ba-Shu. There were many products of the immortal methods system of Ba-Shu, one of which was Yu bu. Through the Taoist semiotic interpretation of Yu Bu, we can know what had been influenced by the worship of Five of Ba-Shu.

Key words: the worship of Five　Ba-Shu region　the immortal methods system of Ba-Shu　Yu Bu　Taoist semiotics

宫观诗中的树木形象
及其生命美学意义诠释

——以北宋文人作品为主体的艺术考察

周倩颖*

摘　要：宫观是人间仙境，是人们对想象中仙境的现实构建。树木作为人们想象中仙人居所必备的一部分，因而也成为宫观的重要组成部分之一。道士选取特定的树木种植，使其长久立于宫观之中。宫观诗中的树木多为大树，作为意象常与时间相联系。大树粗犷的躯干、苍翠的色彩和繁茂的枝叶无不表现出旺盛的生命力。道教关注、尊重自然生命体的理念推动北宋诗人"发现"树木之灵。这种发现，在宫观诗中表现为人与树的互动。在苏轼、王禹偁、张继先等人的宫观诗中，大树与道教长生久视的理想相联系，展现出独特的生命之美。

关键词：宫观诗　树木形象　生命美学

"道教建筑渊源于我国古代宗教建筑"①，其以宫观为主要形式。"宫"，与"室"通，秦汉后指帝王所住的宫殿。《周易·系辞下》曰："上古穴居而野处，后世圣人易之以宫室，上栋下宇，以待风雨。"②"观"，徐锴《说文解字系传》谓："盖为二台于门外，人君作楼观于上。上员下方，以其阙然为道，谓之阙，以其上可远观，谓之观。"③"故

---

* 周倩颖，四川大学道教与宗教文化研究所 2020 级硕士研究生，主要从事中国古代美学思想与审美文化研究。导师为詹石窗教授。

① 詹石窗主编：《百年道学精华集成·文艺审美》第 6 册，上海科学技术文献出版社，2018 年，第 318 页。
② 王弼注：《周易注校释》，楼宇烈校释，中华书局，2012 年，第 248 页。
③ 徐锴：《说文系传》卷 23，《景印文渊阁四库全书》第 223 册，台湾商务印书馆，1973 年，第 676 页。

'宫'本为帝王所居,也是祀神之场所;'观'本为瞭望之处,也是迎候天神之处。"①魏晋时期,道教开始修筑宫观并在其中造像以奉祀神仙。唐宋时代,随着道教组织的兴盛,宫观建筑规模逐渐扩大,成为道教进行宗教活动的主要场所。

从艺术的角度看,道教宫观是信仰者将仙境的想象落实到现实生活中的具体体现。对宫观的构想、建造离不开对仙境想象的艺术迁移。树木作为仙境的重要元素挺拔生长于宫观当中,其特定的装点使宫观成为别具一格的艺术实体,这不仅使宫观生机盎然,而且吸引了大量的文人墨客。他们借助艺术摹写宫观情状,抒写自我心性,寄托生命的律动,于是形成了多彩多姿、思想深邃的宫观诗。

北宋的宫观诗多提及宫观树木,诗人将树木"焕活"的表现手法具备独特的生命美学意义。目前学术界虽有一些对北宋宫观诗的研究,但主要集中在道教文化对宋代诗歌的影响等领域,对宫观诗中树木意象的研究还有待深入。因而本文拟从生命美学的角度分析北宋宫观诗中树木意象包含的美学意义,解读其中蕴含的生命意识。

一、充满审美情趣的联结:仙境想象与宫观树木种植

树木与宫观的缘分可追溯至上古时期的神树崇拜。《淮南子·地形训》曰:"建木在都广,众帝所自上下,日中无景,呼而无响,盖天地之中也。"②巨大的树木处在世界中心,帝君通过该树前往天界。这棵树成为君主跨越世俗空间前往神圣空间、摆脱世俗时间进入永恒时间的象征。爬树在这里象征着升天。战国时期庄子在《逍遥游》中提到"以八千岁为春,八千岁为秋"的大椿,以及树于"无何有之乡"的樗,人可以"彷徨乎无为其侧,逍遥乎寝卧其下"③。在这样的叙事下,特定树木的意义不仅是其本身,还象征着漫长的历史、"无用之用"的观念。

《十洲记》大致描述了早期海内仙山仙境,其中多个洲岛可见大树身影:

> 长洲,一名青丘,在南海辰巳之地,地方各五千里,去岸二十五万里。上饶山川,又多大树,树乃有二千围者。一洲之上专是林木,故一名青丘。又有仙草、灵药、甘液、玉英,靡所不有。又有风山,山恒震声。有紫府宫,天真仙女游于此地。
> ⋯⋯⋯⋯⋯

---

① 詹石窗主编:《百年道学精华集成·文艺审美》第 6 册,上海科学技术文献出版社,2018 年,第 318 页。
② 刘安:《淮南子》,高诱注,上海古籍出版社,1989 年,第 41 页。
③ 陈鼓应注译:《庄子今注今译》,商务印书馆,2007 年,第 37 页。

聚窟洲，在西海中申未地，地方三千里，北接昆仑二十六万里，去东岸二十四万里。上多真仙灵官，官第比门不可胜数。……洲上有大山，形似人鸟之象，因名之为人鸟山。山多大树，与枫木相类，而花叶香闻数百里，名为反魂树。

…………

扶桑在碧海之中，地方万里。上有太帝官，太真东王父所治处。地多林木，叶皆如桑。又有椹树，长者数千丈，大二千余围，树两两同根偶生，更相依倚，是以名为扶桑。仙人食其椹而一体皆作金光色，飞翔空玄。其树虽大，其叶、椹故如中夏之桑也。①

海内仙山仙境的传说在秦朝时已经存在，从《十洲记》对它们的具体描述可知，这些仙境以海上山川为载体。山川富饶多大树，宫观建于其间，但该文本较少提及宫观中的树木。不过，我们在《列仙传》中却看到：邗子在来到仙境时入目即是"台殿宫府，青松树森然，仙吏侍卫甚严"②。东晋葛洪所作《神仙传》卷3言沈羲来到仙宫，见"宫殿郁郁，如有云气，五色玄黄，不可名字。侍者数百人，多女子及少男，庭中有珠玉之树，蒙茸丛生，龙虎辟邪，游戏其间"③。其中枝繁叶茂、高大粗壮的树木植于庭院或宫殿附近，成为仙境中宫观的重要组成部分。从仙境传说到洞天福地，唐末高道杜光庭在其《洞天福地岳渎名山记序》中这样概述这些人间仙境："乾坤既辟，清浊肇分，融为江河，结为山岳。或上配辰宿，或下藏洞天，皆大圣上真，主宰其事。则有灵宫阆府，玉宇金台，或结气所成，凝云虚构，或瑶池翠沼，流注于四隅，或珠树琼林，扶疏于其土。神凤飞此之所产，天鳞泽马之所栖。或日驭所经，或星缠所属，含藏风雨，蕴畜云雷，为天地之关枢，为阴阳之机轴。"④华丽的宫殿、池塘以及繁茂的树林，成为洞天福地中宫观的组成元素，它们一道营造了"宫观"的氛围，使进入该地的人们仿佛与俗世相别，从而感受到独属于宫观的神圣与静谧。

对仙境的想象影响了世俗宫观的建造。杜光庭《天坛王屋山圣迹叙》曰："帝欲设食，母止之，谓帝曰：'吾之仙众，不饥不渴，岂欲造人间之馔乎？'王母诫帝曰：'设欲供养神仙、上界星辰、日、月，但择吉日，筑坛场，设净席，布香灯花果而已，如无，用清水

① 东方朔：《十洲记》，上海古籍出版社，1990年，第2—6页。
② 李剑雄译注：《列仙传全译·续仙传全译》，贵州人民出版社，1999年，第122页。
③ 葛洪：《神仙传》，上海古籍出版社，1990年，第14页。
④ 《洞天福地岳渎名山记》，《道藏》第11册，文物出版社、上海书店出版社、天津古籍出版社，1988年，第55页。

药苗代之,余皆不可。'"①这段话显示了世俗人对仙人在凡间宫观的需求的想象。用什么供奉仙人？美食佳肴非"不食五谷,吸风饮露"之仙人所好;坛场、香灯、花果、药苗成为供养神仙的主件。唐代《洞玄灵宝三洞奉道科戒营始》规定"药圃、果园、名木、奇草、清池、芳花种种营葺,用以供养,称为福地,亦曰净居,永劫住持,勿使废替"②。又说:"凡天尊殿堂及诸别院、私房内外,皆种果林华树、绿竹清池、珍草名香,分阶列砌,映带殿堂,蒙笼房宇。使香起灵风,华明慧日,时歌好鸟,乍引高真,上拟瑶台,下图金关,契心之所,是焉栖记。"③宋代宫观营造基本依照该科戒陈述的法度实施,名木、果树的种植不仅方便宫观供养品的自给自足,更参与营造出宫观的神圣氛围,不但使它与仙境相似,也为宫观日后发展打下基础。

　　一座宫观的魅力,不仅在它具有的神仙传说,也在它自身的底蕴当中,尤其是那些可以彰显壮美的大树往往给人留下深刻的印象。众所周知,"大"是中国传统美学的重要概念。段玉裁《说文解字注》曰:"天大,地大,人亦大焉。依韵会订,象人形。老子曰:道大,天大,地大,人亦大。人法地,地法天,天法道。按天之文从一大,则先造大字也。"④庄子曰:"天地有大美而不言。"⑤孟子曰:"充实之谓美,充实而有光辉之谓大。"⑥天道自然下生长的"大",受到人的崇敬。大树具有"大美"。"大"意味着历史悠久、宫观香火不息,可与观中作名宝;意味着历经风霜后某种灵性的显化,成为独特的风景与祈愿之地;意味着广大的树荫,为后人、游人栖息之所。是以道教宫观重树,尤重大树,"大树"逐渐成为宫观的必要组成部分。苍老、巨大的树木不仅展现着其自身的形体美,也给来到宫观的旅人一种历史的沧桑和如临仙境之感。

二、树木的意义:大树意象在宫观诗中生命力的内在逻辑

　　仙人是长生不老的,他们的塑像或用泥塑,或用石刻,而摆放它们的宫殿总是以木石结构,且以木质为主体。木头随着时间流逝会朽坏、会烧毁,造成建筑毁损,需要

---

① 《天坛王屋山圣迹叙》,《道藏》第 19 册,文物出版社、上海书店出版社、天津古籍出版社,1988 年,第 701 页。

② 《洞玄灵宝三洞奉道科戒营始》卷 1,《道藏》第 24 册,文物出版社、上海书店出版社、天津古籍出版社,1988 年,第 745 页。

③ 《洞玄灵宝三洞奉道科戒营始》卷 1,《道藏》第 24 册,文物出版社、上海书店出版社、天津古籍出版社,1988 年,第 747 页。

④ 段玉裁:《说文解字注》,中华书局,2013 年,第 496 页。

⑤ 王先谦注:《庄子集解》,中华书局,1987 年,第 186 页。

⑥ 焦循:《孟子正义》,沈文倬点校,中华书局,1987 年,第 994 页。

及时更替。然而古人却仍然用木头建造宫殿主体，这是因对人世更替的感触而造就的习俗。老子《道德经》十五章言："保此道者不欲盈，夫唯不盈，故能蔽不新成。"①采用各种材料建筑宫观都有其优缺点，木质建筑的容易毁损便是其一，然而正是这个缺点，却使宫观建筑能时时更新，在各个时代显现其独特风貌。宫观树木与建筑结合成一个整体，活着的树和以各种方式参与宫殿构建的木材一同营造出富有生命气息的仙境氛围。苏轼《过木枥观》云：

> 石壁高千尺，微踪远欲无。
>
> 飞檐如剑寺，古柏似仙都。②

宫观飞檐与柏树相掩映，坚硬的琉璃瓦与在风中浮动的树叶相交错。《方舆胜览》云："自仙都县东行二里，石径萦回，翠柏殆数万株，又名平都福地。"③大量同种参天树木出现在一个地方本是不常见的，数万株参天翠柏集聚一地更不似人力所及，这是由怎样一种蓬勃的生命力所造就的生命奇迹啊！

宫观中的树种有果树用于供奉，常青树与落叶树相交错，使四季皆有景观。然而由于各地宫观所处气候带不同、地方风俗不同，故所种树木千差万别。其中大部分宫观都种植而又常为诗人所提及的便是松柏，如汉代古诗《去者日已疏》云："古墓犁为田，松柏摧为薪。白杨多悲风，萧萧愁杀人。"④松柏多长寿，树干直挺向上，经冬不凋，属常绿树种，多在墓地等处种植，表达生者对死者的祝福。道教中的松柏，与其长生久视的理想相合，是以观中常植松柏。刘筠《立夏奉祀太一宫》云："舜柏森森拂绛霄，薰风瑟瑟动云璈。"⑤诗人来到宫观参与斋醮仪式，见宫中无数参天柏树的阴影笼罩下来，燃香烟雾随风飘上云间。钱惟演《致斋太一宫》云："疏钟平野阔，古柏夕霏凝。"⑥夕阳时响起钟声，古老的柏树被晚霞照映。以上两诗中，宫观中的人文景观与自然景观两相结合，烘托出厚重、瑰丽、神秘的氛围。又有黄常吉《游洞霄宫》云："乔松苍竹带烟霏，木拱彤檐蔼翠微。"⑦夏竦《奉和御制先天节上清宫道场香合内获金龙》云："阴凝珠树飞鳞密，影拂霓旌瑞角新。"⑧在烟霞、柔风、阳光的背景下，大树与

---

① 王弼注：《老子道德经注校释》，楼宇烈校释，中华书局，2008 年，第 33—35 页。
② 苏轼：《苏轼诗集》卷 1，王文诰辑注，孔凡礼点校，中华书局，1982 年，第 26 页。
③ 苏轼：《苏轼诗集》卷 1，王文诰辑注，孔凡礼点校，中华书局，1982 年，第 26 页。
④ 逯钦立辑校：《先秦汉魏晋南北朝诗》，中华书局，1983 年，第 332 页。
⑤ 傅璇琮等主编：《全宋诗》第 2 册，北京大学出版社，1991 年，第 1284 页。
⑥ 杨亿编：《西昆酬唱集注》，王仲荦注，中华书局，1980 年，第 250 页。
⑦ 傅璇琮等主编：《全宋诗》第 72 册，北京大学出版社，1998 年，第 45423 页。
⑧ 傅璇琮等主编：《全宋诗》第 3 册，北京大学出版社，1991 年，第 1808 页。

宫观殿堂相依相衬,活泼泼的生命与人造建筑错落有致,彰显出道教中人与自然相和谐、尊重自然生命、仰慕生命之美的精神。

"唐宋之际道教神仙思想从出世向入世逐渐转化。"[1]肉身成仙让位于道德成仙,宋人从关注存在本身转而关注存在的意义与价值。这种转向使宫观诗中对大树的论述更为多样化:不仅有唐代诗人在对树木年岁的强调中凸显"洞天福地"的神异性,如陈子昂《春日登金华观》云"鹤舞千年树,虹飞百尺桥"[2];还更多地产生了对树木生命意义的认知,如对松柏"之后凋也"品格的赞颂——诗人凝望它们时,将落叶树与常青树的特性与时间相结合,使它们在时间流动中展现出强盛的生命力量。

王禹偁《太一宫祭回马上偶作寄韩德纯道士》云:

去年暨今夏,承诏祠天神。

昔当摇落时,宫叶红纷纷。

此来芳春暮,宫草青萋萋。[3]

诗中以树叶红了下落,来年春天再生新绿的自然过程表现时间的轮转。而松树却四季常青,冬季也身披一身绿衣伫立一角,与落叶树形成鲜明对比。因而松树在诗中常常象征流动、无情的时间,或是常在的自然,与变化、寿命短暂的人作对比,以其韧劲的生命力表现出顽强的生命之美。

张耒《和子瞻西太一宫祠二首》云:

太一储祥世世,祠宫岁事年年。

绛节霓旌何处,松庭玉座萧然。[4]

人总是多变的,而松树与殿堂却长久地伫立在宫观中。《庆唐观碑铭并序》言:"道德寂寂,松梧萧萧。"道德不言不语,大树不会说话。风吹木摇,其声萧萧,道理蕴含在无声之间,等待人们的解读。萧萧声是秋日肃杀的声音,万物开始凋零,而松树在冬日仍然青绿。

---

① 任继愈:《中国道教史》,上海人民出版社,1990年,第434页。
② 彭定求等编:《全唐诗》卷84,中华书局,1960年,第910页。
③ 傅璇琮等主编:《全宋诗》第2册,北京大学出版社,1991年,第667页。
④ 张耒:《张耒集》,孙逸安、孙通海、傅信点校,中华书局,1990年,第461页。

苏轼《洞霄宫》云：

> 长松怪石宜霜鬓,不用金丹苦驻颜。①

诗中人与树都在与漫长的时间对抗。年长的松树高大繁茂,树干修长粗壮,时间的痕迹在老树树身上显现。松柏不需像人一般用金丹之法留住青春,延缓衰老。长松随着岁月生长,冬雪压身却不显老态,反衬苍劲。寒风不能摧折,岁月不使疲惫,松柏坚定屹立在自然之中。它以渺小的身躯与整个季节相背,表现出了让诗人惊叹的意志以及强大的生命力。

大树在宫观这一神圣空间中常使诗人感叹时间易逝、年华易老、物是人非,作为宫观诗中的意象与时间相联系。无论是以落叶树表现季节轮转、落叶再生的"死而复生"传奇,还是以常青树展现在万物凋零的时刻别具一格的常青"奇迹",大树在宫观诗中的生命力量都得到了充分展现。不言的大美蕴含在生命与无情的自然顽强对抗的拉锯之中。

三、生命的想象与呈现：人与树的互动

北宋时期儒释道三教合一,理学发端并逐渐产生影响。反映到美学中,邵雍提出"观天地万物之道"——"夫所以谓之观物者,非以目观之也。非观之以目,而观之以心也。非观之以心,而观之以理也。"②对"天理"的探求使北宋宫观诗中人与树木的互动常含理趣,并包含了两种特殊情形:人将树木作为研究对象、人与树木之灵的互动。这些人与树的互动表现了人类和自然生命的物我交际之趣。在人与树的互动中,树木的灵性得以显现出来。

在以大树为参悟对象的宫观诗中,树木是诗的审美客体,是诗人借以抒情表达的起兴物。张继先《题度仪堂四首》其一云:

> 大木声深夜,修篁荫静阶。
> 倘非能自度,何以见归来。③

---

① 苏轼:《苏轼诗集》卷10,王文诰辑注,中华书局,1982年,第503页。
② 邵雍:《邵雍集》,郭彧整理,中华书局,2010年,第557页。
③ 傅璇琮等主编:《全宋诗》第20册,北京大学出版社,1995年,第13514—13515页。

秋日大树的叶子掉落已多，只得称为大木。寂静的夜晚，风从树边刮过，细微的声音响在耳边。月色下，篁竹的影子印在台阶上。自度成仙之路本就艰难，为悟道修行要面临多少困苦。树枝在深夜发出的细碎声音为诗人的思考伴奏，烘托出萧瑟的氛围。

再看曹勋《游玉隆宫四首》其一云："庭中欲问参天柏，一饷清风相伴行。"[1]薛周《留题楼观》云："古木含天理，清风快客襟。"[2]史尧弼《留题丹经卷后》云："苍崖老木含太古，民物朴野天理全。"[3]这些诗中，诗人想要通过树木参悟"天理"之意颇为明显。老树沉淀着岁月的力量，时间的痕迹不仅刻在它的年轮中，还显现在它沧桑的外表、枝干的弧度上。人对树的参悟包含着对自然的尊敬、对生命的敬畏。

"灵魂观是一切宗教观念中最重要、最基本的观念之一……人类形成灵魂观念之后，将其外推与泛化到万物之上，便形成了万物有灵的观念，即相信其他动物、植物、无生命的物体，乃至所有自然存在物都具有灵魂。"[4]道教认为万物有灵，如葛洪曰："凡小山皆无正神为主，多是木石之精，千岁老物，血食之鬼。"[5]年岁的增长使自然草木的灵性随之增强。南北朝时期的《太上灵宝元阳妙经卷》言："我于尔时，深忖斯义，然后种种书写此偈，系着衣服，恐今死后形体露现，即缘大树。时树中神复问我曰：咄哉！仁者有何事故？时答曰：我欲舍身，以答偈颂。"[6]依照经书的思路，大树所处环境的不同使其中孕育着不同的神灵或鬼怪。在人的想象中，它们有人化的举止与情绪。

当树木有"灵"，诗人便可与树木"对话"。这一互动反映了物我平等思维下的审美关系。吕洞宾《题岳州古寺二首》其二言：

独自行时独自坐，无限时人不识我。

唯有城南老树精，分明知道神仙过。[7]

诗中的老树在年似一年的成长中，在经年累月历经风霜中，在一代人又一代人的见证下成为"古树"，具有了成精的灵性。吕洞宾在凝视古树时，想象树也在凝视人。

---

① 傅璇琮等主编：《全宋诗》第33册，北京大学出版社，1998年，第21170页。
② 傅璇琮等主编：《全宋诗》第5册，北京大学出版社，1991年，第3457页。
③ 黄仁生、罗建伦校点：《唐宋人寓湘诗文集》，岳麓书社，2013年，第1465页。
④ 李裴：《略论道教入山禁忌及其环境美学指向》，《宗教学研究》2017年第1期，第121—122页。
⑤ 葛洪：《抱朴子内篇校释》，王明校释，中华书局，1985年，第85页。
⑥《太上灵宝元阳妙经》卷2，《道藏》第5册，文物出版社、上海书店出版社、天津古籍出版社，1988年，第933页。
⑦ 辛文房：《唐才子传校笺》，傅璇琮主编，中华书局，1995年，第394页。

诗中的树木有了人的情感和灵性,诗人与树、审美主体与审美客体发生转换,从树的视角写他自身。比起无数与他擦肩而过的人,老树精更具眼力,识出了他这位"神仙"。然而树木虽有灵,却常常不会"发声"。只有通神的人才可以直接与它们对话,人们更多地仍是以己之心度树木之意。

苏辙《简寂观》云:

> 山行但觉鸟声殊,渐近神仙简寂居。
> 门外长溪净客足,山腰苦笋助盘蔬。
> 乔松定有藏丹处,大石仍存拜斗余。
> 弟子苍髯年八十,养生世世授遗书。[1]

人与树相遇,感于乔松体型的巨大,诗人认为这树灵一定藏了仙丹。对树木之灵的想象赋予树木以生趣,诗人与树木的互动是一个人同想象中具有思考能力对象的互动。程子曰:"仁者以天地万物为一体,莫非己也。"[2]主张人的生命与天地万物的生命为一体,以此感知天地万物。诗人与树木的互动,便是以自身的心灵去融入自然,感受大树的勃勃生机,从更深入的角度发现大树的生命之美。

四、生命符号:宫观大树生命意识阐析

由前所述,在宫观语境中大树对于诗人来说代表着蓬勃的生命力。在宫观诗中,诗人依照树木不同的特性对它们有不同的表达。落叶树常被形容为"木叶",常青树则为"松柏"。宫观中大树的落叶与再生体现了生命的轮回,大树冬季常青则体现了生命的坚韧,那些树叶代表着不同的生命形式。这种"体现"并不来自读者的推理,而更接近一种对生命的洞见,一种对自然规律的直觉。这种洞见与直觉蕴含在宫观诗的大树之中,藏在诗的字里行间。长久伫立宫观的大树以其雄壮的树身、蔓延遒劲的枝干与饱含气象摧残的纹理同漫长的时间相联系。漫长的岁月参与了对大树的塑造。大树就是长久岁月活力的象征,在诗中与宫观融为一体。

治平四年(1067年)苏轼在归蜀路上经过仙都观,游观后写下的《记白鹤观诗》

---

[1] 苏辙:《苏辙集》卷10,陈宏天、高秀芳点校,中华书局,1990年,第184页。
[2] 朱熹:《四书章句集注》,中华书局,1983年,第92页。

云："昔游忠州白鹤观,壁上高绝处,有小诗,不知何人题也。诗云:'仙人未必皆仙去,还在人间人不知。手把白旄从两鹿,相逢聊问姓名谁?'"①诗歌通过宫观壁这一媒介流传下来,供无数来客品评,又给诗人以灵感。这一首七言绝句道出了世人对流连人间仙人的想象——即使仙人未仙去,世人遇到仙人也不能认出。对成仙的人来说,脱离世俗樊笼而留在世间便是逍遥于世了。有感于此,苏轼在仙都观宫壁写下《留题仙都观》:

> 山前江水流浩浩,山上苍苍松柏老。
>
> 舟中行客去纷纷,古今换易如秋草。
>
> 空山楼观何峥嵘,真人王远阴长生。
>
> 飞符御气朝百灵,悟道不复诵黄庭。
>
> 龙车虎驾来下迎,去如旋风捁紫清。
>
> 真人厌世不回顾,世间生死如朝暮。
>
> 学仙度世岂无人,餐霞绝粒长苦辛。
>
> 安得独从逍遥君,泠然乘风驾浮云,超世无有我独存。②

《太平寰宇记》云:"平都山,汉阴长生白日升天,即此。张道陵二十四化之一也。"③《舆地纪胜》云:"仙都观,在酆都县平都山,唐建,宋改景德观,又名白鹤观。"④段文昌《修平都观记》云:"平都最高顶,即汉时王、阴二真人蝉蜕之所。"⑤平都山仙都观中两位真人成仙的传说,为该观涂上一层神秘色彩。诗人来到作为人间仙境的宫观,尤其是身具神话传说的宫观时,常常将传说融入诗中以抒发情感。这些传说,是宫观的荣耀,是使宫观神圣的印记,是一个宫观区别于其他宫观的基因,是诗人在此想象的源泉。成仙传说与宫观景观一道成为诗歌材料的一部分,苏轼将它们炼入诗中。

汉代真人超脱肉体凡胎成仙,获得身体生命的延续。来到此处的苏轼听闻王远、阴长生真人成仙的传说,既羡慕他们成仙的成果,面对学仙的艰难又有些退却。宋代外丹思想衰落,内丹养生逐渐占据主流。对神仙思想的否定与更新使宋人更推崇逍遥的"地仙"而非远离俗世的"天仙"。葛洪《抱朴子内篇》云:"上士举形升虚,谓之天

---

① 苏轼:《苏轼文集编年笺注》卷 68,李之亮笺注,巴蜀书社,2011 年,第 354 页。
② 苏轼:《苏轼诗集》卷 1,王文诰辑注,中华书局,1982 年,第 18 页。
③ 苏轼:《苏轼诗集》卷 1,王文诰辑注,中华书局,1982 年,第 18 页。
④ 苏轼:《苏轼诗集》卷 1,王文诰辑注,中华书局,1982 年,第 18 页。
⑤ 苏轼:《苏轼诗集》卷 1,王文诰辑注,中华书局,1982 年,第 18 页。

仙。中士游于名山,谓之地仙。下士先死后蜕,谓之尸解仙。"①相对于天仙和尸解仙,"'地仙'既能长生又可在人间享乐,将现实中的人拉入了神仙行列"②。地仙可谓苏轼安逸逍遥的理想与超现实神仙世界的结合。

《东坡题跋》云:"余尝游忠州仙都观,古松柏数千株,皆百围。"③苍苍松柏,存活的岁月不可言说,却可估算,千年才得长成百围。直面这样的大树,如直面其悠久生长的时间。这漫长的时间是人的生命不可抵达的。这样的生命力是人难以具备的,只有神仙才可与之比肩。苏轼以涛浪翻涌的江河同山上坚定生长的大树起兴,这都是人来人往的仙都观周围长久存在的事物。它们自顾自地流动、生长,见证人来人往。松柏老而苍翠,其色绿中带灰,并不跳脱也不甚阳光,然而在这特别的树、特别的颜色上却有岁月流逝积累的美。这是时间参与的证明,是坚定生命力量的体现。

山前水流浩荡,奔腾不息,山上植被繁多,宫中林木苍劲。一幅人间仙境的山水画呼之欲出。自然的不变与变在不停地发生着,人也不过是江上舟中的过客——自然的过客。人的死生变换在千年古松的对比下如秋草一般渺小。世人生命短暂,来来去去,死生如朝暮。真人得道以长生,独立于世,便如山前江水、山上青松观世人朝生夕死。拥有漫长生命的仙人与这流水、大树何其相似,他们是俗人追求长生的榜样,是超出世俗的旁观者,是自然鲜活生命的显现。

宫观中的树是人间仙境中的树。特定的树被栽种在特定的地方,这虽是人为的工具性安排,但当小树长成大树时,那树上非工具性的形式往往会被诗人再次发现。大树枝干的形状纹理、枝干上树叶的颜色是时间累积而成的生命展现的形式,是生命的象征。它们在宫观中展现了道教对长久生命的执着追求,以长生为大乐,以"长生久视"为美。

五、结语

在北宋宫观诗中,苍老的大树与宫观的形象紧密相连。山林上的宫观,宫观中的老树,两者成为叠影,相映成趣。山是繁茂高耸、具有仙气的山,宫观是道士堪取特定位置苦心建立的宫观,其中的大树是在人为经营与自然催化下生长起来的。宫观与山林一体构成人间仙境,大树与宫观建筑、其他动植物一同贴近人们对"仙宫"的想

① 葛洪:《抱朴子内篇校释》,王明校释,中华书局,1985年,第20页。
② 张振谦:《宋代文人对〈抱朴子内篇〉的接受》,《兰州学刊》2016年第3期,第23页。
③ 苏轼:《苏轼诗集》卷1,王文诰辑注,中华书局,1982年,第18页。

象。大树在宫观建筑的掩映下,实现自然生命与人造宫殿相和谐,在道教神圣空间中成为具有特殊意义的一部分。它们与道教长生久视的理想结合,在诗中成为时间的象征,与人生的变易相联系,表现了深刻的生命意识。

A Brief Analysis of the Tree Image and Its Life Aesthetic Significance in the Poems about the Taoist Temple of the Northern Song Dynasty

Zhou Qianying

Abstract: The palace is a fairyland on earth, and in the meantime, it is a realistic construction of people's imagination of a fairyland. As a necessary part of the immortal dwelling in people's imagination, trees have become one of the significant parts of the temple. Taoists choose specific trees to plant and make them stand in the temple for a long time. Most of the trees in the poems about the Taoist temple are big trees, which are often associated with time as images. The big trees' rough trunk, vigorous color, and lush leaves all show exuberant vitality. The Taoist concept of paying attention to and respecting natural living beings pushed the poets of the Northern Song Dynasty to "discover" the spirit of trees. This kind of life consciousness is expressed in the interaction between man and tree in poetry. In the temple poems of Su Shi, Wang Yucheng, Zhang Jixian, and other people, the big trees are associated with the Taoist ideal of longevity and long-term vision, showing the unique beauty of life.

Key words: Poems about the Taoist Temple in the Northern Song Dynasty　tree image　life aesthetics

略论《阴符经》的
心性修养次第及其特色[*]

谢徐林^{**}

摘　要:《阴符经》三百字本经文分为"神仙抱一""富国安民""强兵战胜"三章,章名似乎都偏于"阴符"之道的应用方面。然而三章经文的结语"知之修炼,谓之圣人""君子得之固躬,小人得之轻命""愚人以天地文理圣,我以时物文理哲"均明确指示了"阴符"之道须时时落在具体的"人"(即圣人、君子、小人、愚人、我等)身上,彰显了此经在"内修"上的方法论自觉。但由于《阴符经》古奥难读,文辞极为精简、跳跃而难见整体性的逻辑次第,其"内修"理论至今尚未得到学界专门的、系统性的阐发。本文拟参校历代注疏而从心性修炼的角度玩索揣摩《阴符经》文句,尝试从中梳理出一个次第性的框架来,以对此问题作初步探索并就教于方家。

关键词:阴符经　阴符学　心性修养次第

———————

* 本文为国家"十三五"规划文化重大工程《中华续道藏》(项目编号:中央统战部"统办函"〔2018〕576号)专项研究成果。

** 谢徐林,南京大学哲学系博士研究生,从事道家道教哲学、《阴符经》注疏史研究。

一、绪论

《阴符经》又称《黄帝阴符经》,关于其成书年代学界仍未能形成定论。成书于唐高祖武德七年(624 年)的《艺文类聚》已经引用《阴符经》经文[①],表明它至迟在唐初即已流传。唐以来见于官私目录著录的《阴符经》注本达一百多种,目前仍存世的不少于六十种。[②]从北宋开始,"《阴符》三百字,《道德》五千言"逐渐成为一句习语流行于道门内外,使《阴符经》作为与《道德经》并尊的道家祖经的地位得到了广泛认可。对《阴符经》极为推崇的宋初僧人孤山智圆曾有诗曰:"宗儒述孟轲,好道注《阴符》。"[③]这句话某种程度上具有普遍意义——北宋以来"宗儒"之士均热衷于诠释和发挥《孟子》思想并欲以此接续孔孟道统,而"好道"之士则热衷于谈论和注解《阴符经》。这里的"好道"之士并不局限于道教徒,而是涵盖了以儒、道、释三家为主体的不同背景的知识分子。

至明代,吕坤自称看到的《阴符经》注本已经"不啻百家"[④],这应当不是夸张,因为元代大儒刘因在给赵才卿《集注阴符经》所作的序言中就提道:"中山赵征士才卿之集注近百家,几数万言。"[⑤]可惜这一综罗"近百家"的注本未能流传下来。元明以后产生的《阴符经》注本自然就更多了。

然而,《阴符经》作为一部涉及权谋兵法和神仙修炼之术的重"阴"道之书,其在以儒家思想为本位的社会文化中长期保持着某种"半秘传"的形质。比如,光绪年间刘坤一为刘光才《阴符经释义》所作的序称:"《阴符经》一书,读者绝少。或以为怪诞之语,或以为深险之文。"[⑥]黄元炳《阴符经真诠》亦提道:"适有友生因余道及《阴符》名,耳中未尝闻。"[⑦]

由于这种"未尝闻"和"读者绝少"的情况,《阴符经》的大量注本迟至近两三年才被人从各地图书馆中收集、整理出来。虽然詹石窗先生早在 20 世纪 90 年代就已提

---

① 引文为:"《阴符》曰:火生于木,祸发必克。"见欧阳询等:《艺文类聚》,汪绍楹校,中华书局,1965 年,第 1507 页。

② 王宗昱先生集校的《阴符经集成》收录了清代以前的五十一种注疏,还不包括张清夜《阴符发秘》、范宜宾《阴符玄解》、闵一得《阴符经玄解正义》、花尚《道德阴符眼》、宋葆淳《阴符经注》、万光纬《阴符经析义》等注本。

③ 董平主编:《杭州佛教文献集萃》第 1 辑,宗教文化出版社,2016 年,第 2311 页。

④ 王宗昱集校:《阴符经集成》,中华书局,2019 年,第 427 页。

⑤ 任继愈等译注:《中国古代哲学名著全译丛书》1,巴蜀书社,1992 年,第 762 页。

⑥ 王宗昱集校:《阴符经集成》,中华书局,2019 年,第 641 页。

⑦ 王宗昱集校:《阴符经集成》,中华书局,2019 年,第 679 页。

出与"老学""庄学"相类似的"阴符学"①概念并引领了一系列以此为题的论著的发表,但目前此经所受到的关注和研究,相较于其在中国文化史上的地位来说仍然显得十分不足。尤其是,就整个"阴符学"而言,尚有不少基础性的问题有待进一步廓清或深入探讨。

本文所要探讨的即其中一个。

二、《阴符经》的心性修养次第

《阴符经》三百字本三章经文的结尾分别立足于圣人、哲人、君子、小人、愚人、我来立言,就在明确提示人们:"阴符"之道被如何运用、被运用到何种程度,在根本上取决于人的内在修养到了何种程度。而学界目前尚少有人对《阴符经》的心性修养之道作专门的、系统化的阐释,这份工作无疑是我们超越于"道术、治体、数学、兵家、志士、处士、养生"②等不同诠释倾向而悟入《阴符经》堂奥的一个基础。

而之所以很少有人去作这种梳理,就在于《阴符经》短短三四百字的经文不仅古奥难读③,而且文义极为跳跃,实际上很难从中寻出一个次第性、框架性的心性修养理论来。然而,一旦我们对《阴符经》熟读熟诵并揣摩玩味那些论述心性修养、论述生命境界的语段,就会发现它的修养之道其实有着一个基本的逻辑次第,而且这一次第与其行文顺序大致是相合的。

如下谨以《阴符经》相关经句为纲,尝试对其心性修养之道做一个次第性的梳理。

(一) 明其心:"天性人也,人心机也"

天性,人也。人心,机也。立天之道,以定人也。④

---

① "阴符学"作为一个学术概念由詹石窗先生率先提出来:"长期以来,道士、文人对这部问世于南北朝的道教经典进行解说、注疏、发挥,从而形成'阴符之学'。"(詹石窗:《〈阴符经〉与〈周易〉》,载陈鼓应主编:《道家文化研究》第 2 辑,上海古籍出版社,1992 年,第 384 页)但目前"阴符学"所受到的关注还远远无法与"老学""庄学"等相比。

② 王宗昱集校:《阴符经集成》,中华书局,2019 年,第 406 页。

③ 例如黄元炳《阴符经真诠》称:"吾国古所书书,莫若《阴符》之精且奥也。其精也,义也。其奥也,文也。周秦书,人每苦于难读,况周秦而上者哉?"(王宗昱集校:《阴符经集成》,中华书局,2019 年,第 677 页。)

④ 王宗昱集校:《阴符经集成》,中华书局,2019 年,第 17 页。

这段话是讨论所谓"性与天道"的问题。单看"天性,人也"一句,它与《中庸》"天命之谓性"的说法并无二致,表达的乃是中国文化的一种基本共识。然二者的语气及侧重点稍有不同。儒家"天命之谓性"是强调人性由天赋予,表达了一种对于天道本源的尊崇;而《阴符经》"天性,人也"一句,则以斩钉截铁的语气强调天性由人而显,表达了一种对于人性的高扬。在古代各家人性论中,我们很难看到"天性,人也"这么精炼、有力的表述。

再看《阴符经》第二句论断:"人心,机也。"段玉裁《说文解字注》曰:"机之用主于发,故凡主发者皆谓之机。"如弓箭的发射、心念的发动、事情的苗头等,都有"机"在其中。故"人心,机也"的字面意思是:人之心在一次次的念头发动中显。元代王道渊《黄帝阴符经夹颂解注》曰:"天以斗为机,地以雷为机,人以心为机也。"①人心之机念念发动,或善或恶,或合于道或违于道,因此《阴符经》又说:"立天之道,以定人也。"这句话从治身一面来说,指修道之士善于观天机以定其心;如果从化天下一面来说,指修道之士善于用天机以定天下人之心,所谓"天人合发,万变定基"。

且与《列子》《庄子》等道家文本崇尚息心"忘机"、去人机而纯任天机不同,《阴符经》对道家哲学的"机"做了一种非常积极的开显,强调修道之士应当主动"观"其机、"执"其机、"擒"其机,以此达成"宇宙在乎手,万化生乎身"的圣人功业。②

《阴符经》这一段论述天性、人心的话是如此简洁有力,堪称"虽六经之言无以加"③。它与儒家心性论的根本区别就在于"人心,机也"这一论断。清代儒家学者汪绂《读阴符经》就批判《阴符经》"天性人也,人心机也"一段实是以知觉运动论心性,而非以仁义礼智信言心性。这一批判虽然不无门户之见,却抓住了"阴符"之道与儒家心性论的核心差别。《阴符经》不仅以"机"论天性、人心,也以"机"论"五贼"、"三盗"、"九窍之邪"、"心生心死"、"天生天杀"、恩害相生、公私互用等等。"机"之微妙,又远非"知觉运动"四字所能归纳。欲明白《阴符经》独特的"性与天道"说,必由"机"字上揣摩领悟。

---

① 王道渊:《黄帝阴符经夹颂解注》,载王宗昱集校:《阴符经集成》,中华书局,2019 年,第 351 页。
② 杨本华对比了《阴符经》与《列子》对"机"的不同阐释,认为"《阴符经》'盗机'论实则将《列子》教人回归天真本性、与道合一的方式从否定式地、内向地去除,转化为了在此基础上的肯定式地、向外地开显。见杨本华:《〈阴符经〉"盗机"对〈列子〉思想的继承与发展》,《中国道教》2019 年第 5 期,第 54 页。
③ 这是朱熹门人闾丘次孟称赞《阴符经》部分文句之语。见黎靖德编:《朱子语类》,王星贤点校,中华书局,1986 年,第 3004 页。

（二）安其性："九窍之邪，在乎三要"

性有巧拙，可以伏藏。九窍之邪，在乎三要，可以动静。①

对"性有巧拙，可以伏藏"有多种解读，多数学者是用"藏巧""藏拙"的处世韬光之道来诠释，例如"大巧若拙，不厌深藏"②"知伏藏，则巧者人不见其巧，拙者人亦不及知其拙"③。然而，这样它与下文的"九窍"似乎就没有直接的关联。笔者更倾向于将上下文结合起来理解，因为与儒家从仁、义、礼、智等道德情感言性不同，道家言"性"始终不离人的身体，如九窍、五官、四体、百骸之类。目善视，耳善闻，鼻善嗅，口善言，这都算得上是本性之"巧"，古人把耳目等身体官能比喻成各有所长的"天官"。同时"天官"各有所蔽而不能相互替代，这又算得上是本性之"拙"。但人人皆知"巧"之利而不知"拙"之用，修道之士则深刻明白"巧之以为利，拙之以为用"的道理。因此，《阴符经》"可以伏藏"更侧重于藏巧，"可以动静"更侧重于静守。一个人对于官能上、心性上的本性之巧越懂得伏藏静守，他就越能够对那些贼我、盗我的各种"邪"的事物"见之者昌"。

而外邪贼我、盗我主要以"九窍"（两目、两耳、两鼻、一口、尿道、肛门）为门户。"三要"大多数学者解为目、耳、口。目、耳、口三窍皆内通于心，外接于物，堪称人身内外物质、能量、信息传递的最重要门户，故称"三要"。而外邪贼我、盗我，也多以目、耳、口三要为枢机。"可以动静"，就是指修道之士可以从目、耳、口的一动一静之中观见贼机、盗机，以此来去邪守正，养护本性。老子言："五色令人目盲，五音令人耳聋，五味令人口爽。"④孔子言："非礼勿视，非礼勿听，非礼勿言。"⑤老子以"目盲""耳聋""口爽"为告诫，比孔子更加关注人身体一面。与儒家"克己复礼""闲邪存诚"的去邪工夫不同，道家提供的去邪工夫往往以身体关窍为下手处。如老子言："塞其兑，闭其门。"⑥广成子告诫黄帝曰："慎汝内，闭汝外。"⑦《周易参同契》云："耳目口三宝，闭塞

---

① 王宗昱集校：《阴符经集成》，中华书局，2019年，第18—19页。
② 蹇昌辰：《黄帝阴符经解》，载王宗昱集校：《阴符经集成》，中华书局，2019年，第147页。
③ 汪绂：《读阴符经》，载王宗昱集校：《阴符经集成》，中华书局，2019年，第531页。
④ 王弼注：《老子道德经注》，楼宇烈校释，中华书局，2011年，第31页。
⑤ 朱熹：《四书章句集注》，中华书局，1983年，第132页。
⑥ 王弼注：《老子道德经注》，楼宇烈校释，中华书局，2011年，第143页。
⑦ 郭象注，成玄英疏：《南华真经注疏》，中华书局，1998年，第220页。

勿发通。真人潜深渊,浮游守规中。"①而道教内丹学常以目、耳、口为外三宝,精、气、神为内三宝,所谓"耳听声则精摇,目视色则神驰,口多言则气散"②。道家以闭目塞听、收视返听为养性的下手工夫,虽然朴实却极为实用。

《阴符经》有言:"食其时,百骸理。""食"不局限于饮食,往大处说,目、耳、口、鼻、身、心各有其食,如明代释如愚《阴符经解》云:"食者,耳目鼻口取声色嗅味为饮食也。"③因此佛教讲"四食",涵盖了人类生理的、心理的、精神的各种本性需求。这些"食"本是用来滋养本性的,但如果失"其时"反而会损伤本性。修道之士把握动静伏藏之机,就是要使目、耳、鼻、舌、身、心均做到"食其时",从而在与外物的不断交接中安养本性而达到"百骸理"的效果。当然就《阴符经》的精神旨趣而言,观照目、耳、口动静之机并非仅仅为了去邪远害而已,还要主动地化邪为正、以邪养正,乃至连接到"万化生乎身"的外在事业上去,这就涉及陆西星所说的"盗机逆用"的问题。

(三) 炼其神:"绝利一源,用师十倍"

> 瞽者善听,聋者善视。绝利一源,用师十倍;三返昼夜,用师万倍。心生于物,死于物,机在于目。④

《阴符经》"可以伏藏""可以动静"的告诫,是为了使五官九窍在摄取物质、能量、信息时做到"食其时"而不为外邪所贼所盗,工夫尚偏于外在。而《阴符经》"绝利一源""三返昼夜"的工夫则由外在枝节回到了内在心源上。前者重在安其体性,后者重在炼其心神。

李筌注云:"人之耳目,皆分于心,而竟于神。"⑤故聋盲之人偶然失去双目或双耳,心神反而更加专注。李筌注甚至说:"是以师旷熏目而聪耳,离朱漆耳而明目。"⑥似乎要把这种偶然的经验转化为一种主动的修行。

所谓"绝利一源,用师十倍"正是强调要向聋者、盲者学习,但并不是像师旷、离朱那样在耳目等"天官"上用力,而强调直接在"天君"即心上用力。

---

① 魏伯阳等:《参同集注:万古丹经王〈周易参同契〉注解集成》,董沛文主编,周全彬、盛克琦编校,宗教文化出版社,2013年,第1005页。
② 刘一明:《阴符经注》,载王宗昱集校《阴符经集成》,中华书局,2019年,第603页。
③ 释如愚:《阴符经解》,载王宗昱集校《阴符经集成》,中华书局,2019年,第463页。
④ 王宗昱集校:《阴符经集成》,中华书局,2019年,第21页。
⑤ 伊尹等:《黄帝阴符经集注》,载王宗昱集校《阴符经集成》,中华书局,2019年,第9页。
⑥ 伊尹等:《黄帝阴符经集注》,载王宗昱集校《阴符经集成》,中华书局,2019年,第9页。

朱子注云:"绝利者,绝其二三;一源者,一其本源。"①聋盲之人只是偶然绝掉一个利诱,就能超出一般人。当修道之士把各种外在利诱都绝去而一守心源,所得功用当远远超过前者。"用师十倍"一语在诠释上颇多分歧,许多注家把"用师"解作用兵,然而这一段自始至终谈感官的运用,似乎与兵革之事无涉。笔者欲对它作一种更加朴实的理解,"用"即功用,"师"即效仿、比照,"绝利一源,用师十倍"就是说:若能绝去众利而一守心源,所得功用比照聋盲者的"善听""善视"可达十倍。

"三返昼夜,用师万倍"则是说,如果能将此"绝利一源"的工夫专心致志,昼夜如一,如鸡抱卵,愈久愈熟地去做,其功用比照瞽聋者的"善听""善视"将达万倍。此即《庄子》所谓"用志不分,乃凝于神"②,佛家所谓"制心一处,无事不办"③。

《阴符经》又说:"心生于物,死于物,机在于目。"认为在目、耳、口三要中,目的重要性又排第一。故老子以"五色令人目盲"为首诫,孔子也以"非礼勿视"为克己之首务。丘长春曾教弟子云:

> 今一句说破,人身除两目外,皆死物也。一目中元精、元气、元神皆在,可不重欤? 眼光落地,万古长夜!④

黄元吉《乐育堂语录》也说道:"昔人谓一身皆是阴,唯有目光独属阳。须常常收摄,微微下照,则精、气、神自会合一家。"⑤

在人身重要官能中,耳、鼻、舌等基本上都是被动地"受",唯有双目无刻不在主动地向外"求"。故双目不仅能随时向内扰动人的心志,也是人体精、气、神外泄的最大门户。但"绝利一源"的工夫,恰恰是在双目上做起来最易见功效。陆九渊曾教导弟子:"学者能常闭目亦佳。"于是该弟子回去便"安坐瞑目,用力操存,夜以继日,如此者半月"。后来去见老师,陆九渊远远看见他就说:"此理已显矣!"弟子请问何故,陆九渊答曰:"占之眸子而已。"⑥陆九渊的弟子"用力操存,夜以继日",其实就做了一番"三返昼夜"的工夫。

---

① 蔡元定、黄瑞节:《阴符经考异》,载王宗昱集校:《阴符经集成》,中华书局,2019年,第341页。
② 郭象注,成玄英疏:《南华真经注疏》,中华书局,1998年,第372页。
③ 本出于《遗教经》,后成为佛门俗语,被引用极多。
④ 丘处机:《丘处机集》,赵卫东辑校,齐鲁书社,2005年,第151—152页。
⑤ 黄元吉:《乐育堂语录》,九州出版社,2014年,第21页。
⑥ 陆九渊:《象山语录》,杨国荣导读,上海古籍出版社,2020年,第96页。

（四）成其智：“我以时物文理哲”

聋聋者绝其一利，所得功用在于善听、善视；而修道之士“绝利一源”“三返昼夜”的内炼工夫也将使其获得善观、善视的功用，且十倍、万倍于前者。

须知《阴符经》所有修身工夫都要服务于一个总的目标，即“观天之道，执天之行”。而观天道又是执天行的先导，唯有观得深切明白，才能执得左右逢源。修道之士锤炼善观、善视的能力正是直接为“观天之道”服务，因为人们用以观照天地万物的最重要的身体官能，便是目与耳。

我们知道古代“聪明”一词的本义是指耳聪目明。与今天“聪明”一词被泛用不一样，古人常用它来形容圣人、圣王。如《史记·五帝本纪》说黄帝“长而敦敏，成而聪明”[1]；杜甫《奉酬薛十二丈判官见赠》言：“吾闻聪明主，治国用轻刑。”[2]而古代的“圣（聖）”字与“聪”字均从耳，《说文解字》说：“圣，通也。从耳，呈声。”段玉裁《说文解字注》补充说：“圣从耳者，谓其耳顺。”这说明中国上古文化对耳的重视未必少于目。

《阴符经》三百字本的结尾以圣人自述的口吻说：“愚人以天地文理圣，我以时物文理哲。”这个“哲”字即聪明、明智之意[3]，它与从目的“明”字、从耳的“圣”字密切相关，搭配组成了“明哲”“圣明”“圣哲”等词，都可用来形容圣人。《老子》和《周易》均强调要通过观天地万物来实现聪明圣哲，“阴符三百言”是以“观”字开头而以“哲”字结尾，这一点很值得我们注意。修道之士通过“绝利一源”“三返昼夜”的工夫来锤炼善听、善视的能力，正是为“观天之道”做准备。陈坚《“观”：从〈周易〉到佛教》一文探讨了“观”作为一种修行方法在《周易》、佛教以及儒道两家思想中所扮演的重要角色，认为“不管是佛教的‘观心’，还是《周易》‘观卦’中的‘观’，抑或是儒家的‘观物’和道家的‘观妙’，它们在发生作用的时候无须以信仰为前提。于是乎，中西宗教在宗教方法层面就显现出了这样的差别，即西方宗教重‘信仰’，而中国宗教则重‘观’”[4]。显然，这是一个与中国文化精神特质有关的、值得深入研究的课题。

《道德经》第十六章描述了自己如何在“致虚极，守静笃”的状态下观“万物并作”。[5]《庄子·齐物论》开头描述了南郭子綦如何在“形如槁木，心若死灰”的状态下

---

[1] 司马迁：《史记》，中华书局，1982 年，第 1 页。
[2] 杜甫：《杜诗详注》，仇兆鳌注，中华书局，1979 年，第 1687 页。
[3] 《康熙字典》中有对“哲”字早期义涵的一个归纳：“《尔雅·释言》：哲，智也。《书·舜典》：濬哲文明。《说命》：知之曰明哲。《洪范》：明作哲。”
[4] 陈坚：《“观”：从〈周易〉到佛教》，《周易研究》2013 年第 3 期，第 48 页。
[5] 参见王弼注：《老子道德经注》，楼宇烈校释，中华书局，2011 年，第 39—40 页。

听天籁众窍。①"致虚守静"之观与"槁木死灰"之听这两种工夫都属于广义的"观",都可以明天道。

《阴符经》所说的绝众利而一守本源,就大致相当于"致虚,守静"的工夫;之所以还要"三返昼夜",正是为了将这段工夫做到"极""笃"。在此状态下的观,张果《黄帝阴符经注》解释为"不观之以目,而观之以心"②。《庄子·人世间》也说:"若一志,无听之以耳而听之以心,无听之以心而听之以气。"③在"致虚,守静""绝利一源"的"一志"状态下,人将由耳目之观进入到更深入、更微细的心之直观,乃至消弭主客而使观物之我与所观之物融为一体。

同时,由于《阴符经》更加关注天道隐微(阴)的一面,它所言观天道乃是要从寻常之中窥见事物变化之机,要从"不神"之中把握"所以神"④。因此它强调:"我以时物文理哲。""时物文理"即人人可见的、寻常的、当下的人事物理。能于寻常的、当下的事物变化中观见"五贼""三盗"之机并执而用之,这样的人才称得上明哲。天地为物之至大至显者,所谓"天地文理"一定蔚然可观。当杀机已发、盗机已启,所显现出来的"移星易宿""龙蛇起陆""天地反覆"等昭昭然的变化便属于"天地文理",愚人通过这些来感知世界变化而变得聪明。圣人则能于寻常的"时物文理"中观见贼机、盗机并主动运用它来实现"圣功生焉,神明出焉"⑤。对于善观的修道之士来说,最隐微之际往往最显明;若是已发之后,天人共见,反而不足观了。

"观"在《阴符经》中,是一种彻上彻下的根本性的工夫。修道之士不仅要观"天有五贼",还要观"人心,机也",观"九窍之邪",观"天发杀机""地发杀机",观"奸生于国",观"恩生于害,害生于恩",观"阴阳相胜",观"八卦甲子"。观的目标是为了达到明哲,开显圣人之智;所观的对象,则是寻常的、当下的、"不神"的时物文理。

(五)和其光:"至乐性余,至静性廉"

圣人由寻常中见天机,知不神之所以神,所以他最能知晓平淡之妙处。因此他虽有超出众人的聪明智慧,却善于保持一种"淡而不厌""和光同尘"的状态。《阴符经》对于圣人之境界有专门的描述,那就是:"至乐性余,至静性廉。"⑥

---

① 参见郭象注,成玄英疏:《南华真经注疏》,中华书局,1998年,第24—27页。
② 张果:《黄帝阴符经注》,载王宗昱集校:《阴符经集成》,中华书局,2019年,第16页。
③ 郭象注,成玄英疏:《南华真经注疏》,中华书局,1998年,第82页。
④ 《阴符经》有言:"人知其神而神,不知其不神之所以神。"修道之士就是要从寻常的、不神的时物变化中观见天道运行之"机"。
⑤ 王宗昱集校:《阴符经集成》,中华书局,2019年,第20页。
⑥ 王宗昱集校:《阴符经集成》,中华书局,2019年,第22页。

"余"即有余、宽舒。"廉"字段玉裁在《说文解字注》中解释为"清也、俭也"。李西月注云："至乐者,其性闲适而有余;至静者,其性清净而廉洁。"①总的来说,至乐者有余于内,故宽舒;至静者无求于外,故廉洁。这两句话可作"互文"来理解,形容得道之圣人处于一种悠游逍遥、恬淡寂寞的状态。

《庄子·至乐》篇专门讨论过"至乐"的问题。它指出世俗人所乐在于"身安、厚味、美服、好色、音声"以及"富贵寿善"。但这些人生享受从来都是得失相随、苦乐相生的,因此都算不上是至乐。《至乐》篇重在反思世俗之乐而未明确指示何为至乐,但它总结说"至乐无乐",暗示了至乐者会同时处于一种无所乐的安静状态。②

《庄子·天道》篇专门讨论过"至静"的问题。"圣人之静也,非曰静也善,故静也。万物无足以铙心者,故静也。"③"万物无足以铙心"便是一种"廉"的状态,它是一种本然的静、当下的静。假如是以静为善从而崇尚静、追求静,反而未真正达到静的状态。

故"至乐""至静"乃是得道者心灵境界之一体两面,所谓"能栖神静乐之间,谓之守中"④。在《阴符经》四百字本中,也有一段话专门论述圣人之境界,可与性余、性廉之说相互印证:

> 人以愚虞圣,我以不愚虞圣;人以奇期圣,我以不奇期圣。故曰:沉水入火,自取灭亡。⑤

"至乐性余,至静性廉"是描述圣人的内在境界,这段话则是描述不同人对于圣人认识的差别,某种程度上可视为《阴符经》之圣人观。

"虞"和"期"意思相近,均指推测、揣度,这两句应该合起来看:当圣人潜龙毋用、尸居渊默而被褐怀玉之时,其无事不与俗人同,故人不知之;同时其所志所乐常与世俗人心相反,显得"独昏昏""独闷闷""独顽似鄙"⑥,故人或以为"愚",或以为"迂"。"人以愚虞圣"正是为此。然而一旦天时至而圣人起,大功昭然,天下皆被其泽,则人又或以为"奇",或以为"神"。这说明,世俗人常见阳而不见阴,见显而不见隐,能见其"非常"而不能见其"寻常",能见其"神"而不能见其"不神",能见"天地文理"而不能见

---

① 李西月:《阴符经类解》,载王宗昱集校:《阴符经集成》,中华书局,2019 年,第 623 页。
② 参见郭象注,成玄英疏:《南华真经注疏》,中华书局,1998 年,第 356—358 页。
③ 郭象注,成玄英疏:《南华真经注疏》,中华书局,1998 年,第 264 页。
④ 赤松子等:《黄帝阴符经集解》,载王宗昱集校:《阴符经集成》,中华书局,2019 年,第 317 页。
⑤ 王宗昱集校:《阴符经集成》,中华书局,2019 年,第 367 页。这一段经文在不同注本中差异较大,但大体上都是讨论"以愚虞圣"和"以奇期圣"这两种错误的认知。
⑥ 均见王弼注:《老子道德经注》,楼宇烈校释,中华书局,2011 年,第 51 页。

"时物文理"。

《阴符经》所强调的是,大道需从平常中见得,也在平常中行履。因此圣人不愚也不奇,只是素其位而行罢了。孟子曾这样描述圣人舜:"舜之饭糗茹草也,若将终身焉;及其为天子也,被袗衣,鼓琴,二女果,若固有之。"①当他吃野菜当农民的时候,表现得就像一辈子都将这样似的;等他成了天子,又好像素来就是如此。因此"以愚虞圣"或者"以奇期圣"都是错解了圣人,没有树立正确的圣人观,未领会圣哲之所以为圣哲。

《阴符经》就此告诫说:"故曰:沉水入火,自取灭亡。"一个"故"字表明是承接上句而说。圣人非愚也非奇,他所坚守的大道如同水火一般日日不离人。若世俗人"以愚虞圣"而大笑之,就会常常逞其小智小慧而妄用聪明;若世俗人"以奇期圣"而膜拜之,就会以神奇为尚而索隐行怪。这两种错误观念都可能使人自蹈于水火而不及知。

三、《阴符经》心性修养论之特色

从以上论述可知,在《阴符经》精粹凝练而又极为跳跃的三四百字经文中,确实蕴藏着一个次第分明的心性修养理论。《阴符经》所追求的"万化生乎身""万变定基""万化安"的圣人功业,就严格建立在这一心性修养论的基础之上。"阴符"之道被如何运用,以及被运用到何种程度,主要取决于人的内在修为到了何种程度。《易传》云:"苟非其人,道不虚行。"②《阴符经》立足于圣、哲、君子、小人、愚人、众人、我等不同境界的人来谈论"阴符"之道,正是此意。

这一修养理论不仅境界博大、义理精微,而且与古代其他心性修养说相比非常具有独特性。比如它始终强调要从实实在在的身体关窍上面下功夫,这体现出鲜明的道家修养论特色,与儒家注重省察道德情感、佛教注重辨析心意识的修养论可形成对比。

而与早期道家的修养论相比,《阴符经》对心性修养、对生命境界的论述又自有一些独创性,例如:

其一,与《道德经》《周易》等立足于效法天道之生、长、化、育的致思理路③不同,

① 朱熹:《四书章句集注》,中华书局,1983年,第365页。
② 朱熹:《周易本义》,廖名春点校,中华书局,2009年,第256页。
③ 例如《周易》说"生生之谓易"(《系辞上》)、"天地之大德曰生"(《系辞下》)。《道德经》说:"生之畜之,生而不有,为而不恃,长而不宰,是谓玄德。"(《第十章》天道当然有阴有阳,有生有杀,就好比《阴符经》说的"天生天杀,道之理也"。只不过《周易》《道德经》更侧重于"天生",而《阴符经》更加关注"天杀"。这也导致了它们在修行进路上存在区别。

《阴符经》更加关注"贼""杀""盗""邪"等阴性的力量。其心性修养论既强调要时时观照这些阴性力量对生命的贼害与盗窃,从而能"见之者昌",能在摄取外在的物质、能量、信息时做到"百骸理";也强调要积极主动地运用这种阴性的力量来提升自我生命,达到以邪养正、依杀立生的效果。明代陆西星《阴符经测疏》提出的"盗机逆用"说对此作了最好的发挥。

其二,《阴符经》"执天之行""宇宙在乎手""天人合发,万变定基"等理念,极大地张扬人的主体能动性,将个体的生命成长与宇宙的生命贯通为一。虽然其基本理念仍不出于儒家的"三才"说和老子的"四大"说,但《阴符经》那些个性化的、充满感染力的表达,既赋予了修道者以心系天下、参赞造化的道德责任意识,也给予其对自我生命主体的强大信心与勇气。

其三,《阴符经》以一个"机"字作为贯穿全经的核心字眼,同时这个"机"字也贯穿了其心性修养论的始终。通过"心机""杀机""盗机""目机""神机"等概念,《阴符经》的心性修养论实现了高度哲理性与现实可操作性的统一。

其四,《阴符经》三百字本以功夫论的"观"字为开头而以境界论的"哲"字为结尾,如果说智、仁、勇"三达德"皆可以契入圣人之道,那么与早期其他儒道经典相比,《阴符经》的修养功夫更偏于"智"(即哲)的一面[①],我们可以把这叫作"依智显圣"。其实当《阴符经》始终强调要观照和运用阴性的力量、始终强调在万物变化之"机"上作功夫时,就注定了它会以"时哲"为境界追求。

总结来说,《阴符经》的心性修养理论是内在统一而环环相扣的,是遵循道家传统而又富有自身特色的,我们需要超越其文字的跳跃性来理解它的内在逻辑次第与理论特色。

On the Inner Cultivation Process of *Yinfu Jing* and Its Characteristics
Xie Xulin

Abstract: Early edition of *Yinfu Jing* are divided into three chapters, namely, "Shen Xian Bao Yi", "Fu Guo An Min" and "Qiang Bing Zhan Sheng". The names of these chapters seem to be biased towards the application of "Yinfu". However, the

---

[①] 古人言:"先王之道,以仁为首;兵家者流,用智为先。"(孙武:《孙子十家注》,曹操等注,上海书店出版社,1996年,第7页。)在此我们可以联系这一事实:战国以来流传的《周书阴符》《太公阴符》《太公阴符钤录》《鬼谷子·本经阴符七术》《六韬·龙韬·阴符》等以"阴符"为题名的文献莫不与重"智"的兵家、纵横家传统有关,而早期为《阴符经》作注的伊尹、太公、范蠡、鬼谷子、诸葛亮、张良、李筌(当然除李筌外其他六人一般被认为是托名)大多为古代兵家、纵横家的代表人物。《阴符经》在历史上遭受的一些批判,其实与它相对地"重智轻仁"有一定关系。

conclusion of the three chapters is based on the saints, the wise, the gentleman, the little man, the fool and so on, which is equivalent to clearly tell the reader: the way of "Yinfu" must always fall on the specific person. This shows the methodology consciousness of this scripture in "inner cultivation". However, due to the fact that *Yinfu Jing* has always been recognized as difficult to read, and its words are extremely concise, jumping and difficult to see the logical order of integrity, so its inner cultivation theory has not been specifically and systematically elucidated in the academic circles. This paper attempts to make a preliminary attempt by referring to previous studies.

Key words: *Yinfu Jing*　Yinfu learning　inner cultivation process

儒家生命哲学

理的主宰与气的流行[*]

——朱子《诗集传》中的"天"

陈建美^{**}

摘　要:"天"在中国古代对于人的生命与生活具有价值指引的作用,《诗经》的"天"具有人格神的意味,而朱子《诗集传》运用去神秘化的理气论解释《诗经》的"天",似乎是一种思想的错置。不过,如果深入《诗经》和《诗集传》中"天"观念的内里,或可发现其中的内在一致性。本文通过分析《诗经》中周代"天"观念对殷商的突破中隐含的价值化倾向,提出朱子"天即理也"是对《诗经》价值之天的彻底化,由此正视理学解经的正面意义。进一步地,对《诗经》中的"帝"的诠释需求凸显了朱子理学中天理的主宰义,而这种主宰作用是借由气的流行落实的。

关键词:《诗集传》　天理气　主宰　流行

"天"在中国古代对于人的生命与生活具有价值指引的作用,是中国哲学关注的重要话题。天及天命的思想是《诗经》中本有的,《诗经》的天命观对于塑造中国文化的形态具有重要作用。在朱子哲学中,天也占据着重要地位。朱子在《诗集传》及一些相关材料中关于天的解释可以看作朱子思想与《诗经》思想的对话。

"天"是《诗经》的核心概念之一。据统计,《诗经》中"天"出现164次,除却言"天

＊　本文受四川大学专职博士后研究基金(项目编号:skbsh2019-03)及四川大学创新火花项目库(项目编号:2019hhs-03)资助。

＊＊　陈建美,哲学博士,四川大学哲学系助理研究员,主要从事中国哲学史、儒家哲学的研究。

子"的24次,有140次;此外,"帝"出现42次,"天""帝"合计182次。①《诗经》言"天",不仅频繁,而且重要。篇章上,"天"集中出现在《雅》《颂》②,历代认为《国风》言诸侯国事,《雅》《颂》言天下事。内容上,"天"多用于解释政权的更迭及社会、人事的祸福,涉及最重大的政治问题及人的根本生存处境。《尚书》亦多言"天",《诗》《书》中"天"的思想代表了周人哲学思考的最高水平③。《诗》《书》之后,"天"的思想以不同的表达形式,始终占据思想领域的重要位置。《诗经》中的"天"为后代关于"天"的思考开辟了空间。

朱子认为,经典中的"天"字有天理、主宰和苍苍三种含义。《朱子语类》载:

又偶问经传中"天"字。曰:"要人自看得分晓,也有说苍苍者,也有说主宰者,也有单训理时。"④

天之所以为天者,理而已。天非有此道理,不能为天,故苍苍者即此道理之天,故曰:"其体即谓之天,其主宰即谓之帝。"⑤

所谓"天命之谓性",此是说道;所谓"天之苍苍",此是形体;所谓"惟皇上帝降衷于下民",此是谓帝。以此理付之,便有主宰意。⑥

朱子认为,经典中的"天"在不同的场合有不同的意义,有时候是"苍苍者"的意思,有时候是天作为主宰的意思,有时候要训为"理",故要善于辨别经典文本中"天"的具体含义。不过,三者的哲学意涵并不均等,理是天之所以为天的本质,称"帝"时强调天的主宰地位,称"苍苍之天"时则强调天的形体。理、主宰和苍苍三者同时包含在"天"的概念之中。

朱子以"理"言"天"、以形体言天,然而《诗经》本文似乎并没有这个意思。不过我们也并不能就此认为朱子在强以己意注经:从《诗经》的时代到朱子的时代,关于"天"的讨论一直持续着,期间思想的潮流转变了模式,学者也对这一问题的思考范围更广、程度更深了。与此同时,《诗经》作为儒家经典一直是学者的思想来源,而对真理的持续思考则激励着学者不断推进自己的理论。因而,当我们面对《诗集传》关于

---

① 陈宏天、吕岚编:《诗经索引》,书目文献出版社,1984年。
② 在《国风》,"天"仅出现于其中的7首诗,共计15次。
③ 详见陈来先生《古代宗教与伦理:儒家思想的根源》关于《诗》《书》中天命思想的讨论。陈来:《古代宗教与伦理:儒家思想的根源》,生活·读书·新知三联书店,1996年。
④ 黎靖德编:《朱子语类》卷一,王星贤点校,中华书局,1986年,第5页。
⑤ 黎靖德编:《朱子语类》卷二十六,王星贤点校,中华书局,1986年,第621页。
⑥ 黎靖德编:《朱子语类》卷六十八,王星贤点校,中华书局,1986年,第1684页。

"天"的论说时,不仅要探究《诗经》的"天"是什么意思,朱子的"天"是什么意思,更要搞清楚《诗经》在用"天"解释什么样的哲学问题、在如何思考这一问题,而朱子又是如何思考、解释这些问题的。

一、天即理也——朱子对《诗经》"价值之天"的发展

《诗经》中的天是价值之天,而朱子"天即理也"的定义是对价值之天的彻底化。

《诗经》中的帝和天可以互换,是同一实体的不同称谓。天和帝经常不加区分地出现在同一首诗中,如《小雅》的《正月》《菀柳》,《大雅》的《文王》《大明》《板》《荡》①等篇,《周颂》的《思文》,《鲁颂》的《閟宫》,《商颂》的《玄鸟》《长发》,等等。与天和帝相关涉的表达非常相似,如"天命"亦表达为"帝命","皇天"和"皇矣上帝"、"上天"和"上帝"很相似。更重要的是,天和帝的能力是一致的。《诗经》言:

> 穆穆文王,于缉熙敬止。假哉天命,有商孙子。商之孙子,其丽不亿。上帝既命,侯于周服。②
>
> 古帝命武汤,正域彼四方。③
>
> 天命降监,下民有严。不僭不滥,不敢怠遑。命于下国,封建厥福。④
>
> 天保定尔,俾尔戬谷。罄无不宜,受天百禄。⑤
>
> 既受帝祉,施于孙子。⑥
>
> 上帝板板,下民卒瘅。⑦
>
> 昊天不佣,降此鞠讻。昊天不惠,降此大戾。⑧

类似的例子还有很多,此处所取为《大雅》《小雅》及《颂》中的几个典型例子。从这些诗句可知,天命/帝命既决定谁来统治天下,又是人间祸福的来源。《诗经》用天和帝来解释政权的合法性,以及无法为人所把握的祸福等问题。在这些表达中,天和

---

① 《大雅》中同时出现"天""帝"的篇章比较多,有《文王》《大明》《皇矣》《生民》《板》《荡》《云汉》七篇。
② 朱熹:《诗集传》,《朱子全书》第一册,上海古籍出版社、安徽教育出版社,2002年,第653页。
③ 朱熹:《诗集传》,《朱子全书》第一册,上海古籍出版社、安徽教育出版社,2002年,第753页。
④ 朱熹:《诗集传》,《朱子全书》第一册,上海古籍出版社、安徽教育出版社,2002年,第757页。
⑤ 朱熹:《诗集传》,《朱子全书》第一册,上海古籍出版社、安徽教育出版社,2002年,第551页。
⑥ 朱熹:《诗集传》,《朱子全书》第一册,上海古籍出版社、安徽教育出版社,2002年,第667页。
⑦ 朱熹:《诗集传》,《朱子全书》第一册,上海古籍出版社、安徽教育出版社,2002年,第690页。
⑧ 朱熹:《诗集传》,《朱子全书》第一册,上海古籍出版社、安徽教育出版社,2002年,第585—586页。

帝不管在形式上还是在实质上都是一致的。

天和帝并不从来就等同，这一局面是《诗经》的思想创造。上引《商颂·殷武》一节讲述了商汤代夏受命的故事。《郑笺》解释说，天看到汤有德，治理百姓严明，便命之为天子①，其他注家的观点与之类似。这一"帝"的形象与殷商卜辞中的不同。陈来先生分析殷商卜辞认为，"帝"是商代的至上神，掌管人世的一切，帝喜怒无常，意志不可测度，商王必须询问"帝廷"中的祖先神以把握帝意，安排政治生活。②这与《诗经》中偏好美德的帝是不同的。学界一般认为，卜辞中没有概念化的"天"，"天"这一概念的形成是殷周之际思想变革的产物。周原来是西方小国，通过武力革命取代了中央大国商。西周初年，统治基盘不稳，除了采取政治军事行动加强治理，还须奠定统治的思想基础。以周公为代表的统治阶级为应对时代问题，发展出一套天命思想。《诗经》言：

> 商之孙子，其丽不亿。上帝既命，侯于周服。侯服于周，天命靡常。……无念尔祖，聿修厥德。永言配命，自求多福。③
>
> 皇矣上帝，临下有赫。监观四方，求民之莫。④

商的后代归服于周，表明"天命靡常"，天不会永恒地保佑某个政权。商因失德而失去天命，"聿修厥德，永言配命"，唯有美德可与天命相配。《诗经》将这种天命思想注入传统的上帝观念，使之获得新的意义。上帝"监观四方，求民之莫"。《毛传》曰，"莫，定也"，上帝的意志不再是不可测度的，帝意在于求得百姓的安定，而民生又与君德相关，故上帝眷顾有德之君。《尚书》将这种思想归纳为"皇天无亲，惟德是辅"⑤。把它普遍地运用于历史解释，便出现了上文《商颂》中的文字。⑥

由此可以看出，从殷商卜辞中的帝到《诗经》中的天/帝，天作为价值根源的意义得以凸显。时代问题只是促发《诗经》"价值之天"思想的外因，其内因是以周公为代表的周初思想家对政治历史规律的深入思考，这一思想资源为后代思想家所继承。

---

① "天命乃下视，下民有严明之君，能明德慎罚，不敢怠惰自暇于政事者，则命之于小国，以为天子，大立其福。谓命汤，使由七十里王天下也。"（李学勤主编：《十三经注疏·毛诗正义》，北京大学出版社，1999年，第1463页。）

② 关于殷商卜辞中的帝，郭沫若先生《先秦天道观之进展》中的说明更早，但是，陈来先生《古代宗教与伦理：儒家思想的根源》的说明与分析更加详细，因而此处引陈来先生的观点。

③ 朱熹：《诗集传》，《朱子全书》第一册，上海古籍出版社、安徽教育出版社，2002年，第653—654页。

④ 朱熹：《诗集传》，《朱子全书》第一册，上海古籍出版社、安徽教育出版社，2002年，第665页。

⑤ 蔡沈：《书集传》，《朱子全书》外编，华东师范大学出版社，2010年，第215页。

⑥ 《商颂》的创作年代学界并无定论。由此可知，《商颂》即便不是春秋时期宋人所作，也是经过周人思想改造的文字。

值得注意的是,在《诗经》本文中,天重新定义帝,帝的观念也在限定着天。殷商的帝是至上神,周的天虽为价值根源,但是作为根源的载体仍是至上的人格神。除了上述的"天命""帝命",《诗经》中还有"天监在下""帝省其山""上帝不宁""敬天之怒"等表达,天能监视、省察下界,并有安宁、愤怒等心理活动,具有人格特点。价值之天和人格之帝在《诗经》中是相和谐的,但是,随着哲学思想的发展与成熟,思想家对天的理解越来越理性化,天的人格印象越来越淡,而天本身是什么的问题亦须被重新考虑。

朱子解释《诗经》中的"天"为"理"。《大雅·文王》讲文王受天命,是诠释《诗经》中"天"之思想的重要篇章。朱子《诗序辨说·大雅文王》解说道:"所谓天之所以为天者,理而已矣。"①朱子认为,天之所以为天的本质即为理。以理释天亦贯穿于朱子的《四书》注释。《四书章句集注》有"天者理也"的明确表达,"天,即理也"②"天者,理而已矣"③。可以说,朱子"天即理也"的理解是价值之天的彻底化。"天理"的思想,由二程首创④,朱子继承了二程。陈来先生指出,以理释天是"理学解经思想的基点"⑤。那么,天理的内涵是什么?学界普遍认为,朱子"天理"的含义应当从"所当然而不容已"和"所以然而不可易"入手理解。前者是应当如此、不能不如此的意思,多被理解为人伦道德规范;后者是所以如此无法改易的意思,多被理解为自然规律。然而,杨立华先生指出,朱子在就这个问题与陈淳进行问答时,对天理的内涵问题给出了更加深入且比较确定的结论:"所以然"是"所当然"的不容已处⑥,"所当然"是理的各种意涵的核心。杨立华先生据此概括朱子"天理"的内涵为"具体化的所当然",自然规律只是应然性的一种实现形态。可见,朱子的天理观以价值统摄人文与自然。《诗经》中的价值之天重点在解释政权的转移、为政的要诀,而朱子的"天即理也"则是一个普遍性命题。可以说,"天即理也"的定义提拔出了天作为价值根源的意义。

总而言之,《诗经》中"天"的概念是用来解释政权的合法性以及无法为人所把握的祸福等问题的,"天"和"帝"的概念在《诗经》中是一致的,这一方面是周初统治者为

---

① 朱熹:《诗集传》,《朱子全书》第一册,上海古籍出版社、安徽教育出版社,2002年,第391页。

② 朱熹:《四书章句集注》,中华书局,1983年,第65页。

③ 朱熹:《四书章句集注》,中华书局,1983年,第96页。

④ 《乐记》中已经有"好恶无节于内,知诱于外,不能反躬,天理灭矣""人化物也者,灭天理而穷人欲者也"的表述,这里的天理主要指以礼节欲的社会义理,而非理学中作为宇宙人生之本体的"天理"。故而程颢言:"吾学虽有所受,天理二字却是自家体贴出来。"见程颢、程颐:《河南程氏外书卷第十二》,《二程集》,王孝鱼点校,中华书局,1981年,第424页。

⑤ 《中国儒学史·宋元卷》第十五章"朱熹的儒学思想"中写道:"'天即理也',这里明确继承二程的思想,把《论语》中原本带有古代宗教意味的'天'解释为'理',这正是理学解经思想的基点。"陈来、杨立华、杨柱才等:《中国儒学史·宋元卷》,北京大学出版社,2011年,第375页。

⑥ 杨立华先生认为:"不容已"有两个含义,一是作为自然规律的必然性,二是"义所当行,不得不为。"(杨立华:《天理的内涵:朱子天理观的再思考》,《中国哲学史》2014年第2期。)

了合理解释政权的更迭而在思想方面进行的创作,另一方面也强化了君德的重要性,创立了周敬德保民的政治传统。《诗经》强调"天"的价值意味,然而依然以"人格神"作为天的载体,而朱子"天即理也"的定义事实上是对《诗经》价值之天的彻底实现。

二、帝是理为主——朱子对《诗经》中"天"之主宰意味的发挥

朱子以天为理,意味着天不是人格神,故而需要重新解释《诗经》中的"帝"。朱子对"帝"的重新解释不仅是对《诗经》原文与自身说法的弥缝,而且借助经典丰富了自身的理论。

《诗集传》曰:

> 上帝,天之神也。程子曰:"以其形体谓之天,以其主宰谓之帝。"[1]
> 上帝,天之主宰也。[2]

"天之神"的"神"不是人格神,而应理解为"神用"。这一理解来源自程颐。程颐《程氏易传·乾》解释"乾"曰:

> 乾,天也。……夫天,专言之则道也,天且弗违是也;分而言之,则以形体谓之天,以主宰谓之帝,以功用谓之鬼神,以妙用谓之神,以性情谓之乾。[3]

同样的话亦见于二程的语录:

> 又问:"郊天冬至当卜邪?"曰:"冬至祭天,夏至祭地,此何待卜邪?"又曰:"天与上帝之说如何?"曰:"以形体言之谓之天,以主宰言之谓之帝,以功用言之谓之鬼神,以妙用言之谓之神,以性情言之谓之乾。"[4]

这段问答的语境是祭天问题,伊川以此解释《礼》书中的帝,可见"以主宰谓之帝"

---

① 朱熹:《诗集传》,《朱子全书》第一册,上海古籍出版社、安徽教育出版社,2002 年,第 588 页。
② 朱熹:《诗集传》,《朱子全书》第一册,上海古籍出版社、安徽教育出版社,2002 年,第 654 页。
③ 程颐、程颐:《周易程氏传》,《二程集》,王孝鱼点校,中华书局,1981 年,第 695 页。
④ 程颢、程颐:《遗书》,《二程集》,王孝鱼点校,中华书局,1981 年,第 288 页。

的一系列表达是程颐的定论。"以妙用谓之神","妙用"即神妙不测的、难以用语言描述的作用。帝是天的神妙作用,而所谓的妙用具体而言就是上引程子所言"主宰"的作用。"上帝,天之主宰也",天是万物的主宰,"帝"的称谓突出了这一主宰的作用。

帝为天的主宰作用,天是理,故而经典中言帝者其实是在说理是万物的主宰。《朱子语类》有言:

> 帝是理为主。①
>
> 《诗》《书》所说,便似有个人在上恁地,如"帝乃震怒"之类。然这个亦只是理如此。天下莫尊于理,故以帝名之。"惟皇上帝降衷于下民",降,便有主宰意。②
>
> 又云:"天视自我民视,天听自我民听。"或问:"此若有不同,如何?"曰:"天岂曾有耳目以视听! 只是自我民之视听,便是天之视听。如帝命文王,岂天谆谆然命之! 只是文王要恁地,便是理合恁地,便是帝命之也。"③

"帝是理为主","天下莫尊于理,故以帝名之"。《诗经》中反复出现"帝谓文王"的表达,朱子认为,天命亦只是"理合恁地"。他明确拒斥《诗》《书》中具有人格神意味的天/帝形象,而统一解释以理。

对于《诗经》解释而言,帝需借理诠释;对于理解朱子理学而言,亦需借帝来看理。《朱子语类》中留下了这样一些耐人寻味的对话:

> 或问:"'天视自我民视,天听自我民听',天便是理否?"曰:"若全做理,又如何说自我民视听? 这里有些主宰底意思。"④
>
> 庄仲问:"'天视自我民视,天听自我民听',谓天即理也。"曰:"天固是理,然苍苍者亦是天,在上而有主宰者亦是天,各随他所说。今既曰视听,理又如何会视听? 虽说不同,又却只是一个。知其同,不妨其为异;知其异,不害其为同。尝有一人题分水岭,谓水不曾分。某和其诗曰:'水流无彼此,地势有西东。若识分时异,方知合处同。'"⑤

---

① 黎靖德编:《朱子语类》卷一,王星贤点校,中华书局,1986年,第5页。
② 黎靖德编:《朱子语类》卷四,王星贤点校,中华书局,1986年,第63页。
③ 黎靖德编:《朱子语类》卷十六,王星贤点校,中华书局,1986年,第315页。
④ 黎靖德编:《朱子语类》卷七十九,王星贤点校,中华书局,1986年,第2039页。
⑤ 黎靖德编:《朱子语类》卷七十九,王星贤点校,中华书局,1986年,第2039页。原文末尾有"文蔚。疑与上条同闻"字样。

这两条材料与上引"又云"条均围绕《尚书》"天视自我民视,天听自我民听"展开。上引材料强调天、帝为理,这两条却说不可"全做理",把天分为理、主宰、苍苍三义,看起来是矛盾的,实则不然。第二段对话说"天固是理,然苍苍者亦是天,在上而有主宰者亦是天,各随他所说",意在强调《尚书》"天视"一句中天的主宰意味,亦即第一条所言"这里有些主宰的意思"。"天理"是朱子哲学体系中最核心、最复杂的概念,弟子尚未很好把握这一概念,难免生搬硬套,反而无法正确理解经典中"天听""天视"等表达,故而朱子用分而言之的方式,强调《尚书》"天视"一句中天的主宰意味。若从思想的整体性来看,无疑是上引"又曰"一条的意思与朱子的多数说法更加融贯。这也提醒我们,必须把帝的主宰义纳入对天理的理解。

这样看来,"帝以理为主"的表达不仅是朱子用来应对"天理"与"帝"概念之缝隙的权宜之说,而且形象地表达了天理的主宰义,反过来有助于对天理观念的理解。《诗集传》中有一个例子很好地体现了天理的主宰义。《诗集传·正月》四章言:

> 民今方殆,视天梦梦。既克有定,靡人弗胜。有皇上帝,伊谁云憎。
>
> 朱注:皇,大也。上帝,天之神也。程子曰:"以其形体谓之天,以其主宰谓之帝。"
>
> 言瞻彼中林,则维薪维蒸,分明可见也。民今方危殆,疾痛号诉于天,而视天反梦梦然若无意于分别善恶者。然此特值其未定之时尔,及其既定,则未有不为天所胜者也。夫天岂有所憎而祸之乎?福善祸淫,亦自然之理而已。申包胥曰:"人众则胜天,天定亦能胜人。"疑出于此。[1]

天是价值的根源,又是世界的主宰,是人间秩序和人民幸福的保证。然而,在天下大乱、人民危殆的时候,人们悲伤地向天号哭倾诉,天却好像在梦里一样,无意于分别善恶。现实政治的失序是价值之天失去信仰的最大威胁。而《诗经》转出一语说,"既克有定,靡人弗胜",这是因为天尚未贞定秩序,等到贞定了,没有人能够战胜天。这一表达在《诗经》中极富人格权威性,而朱子又转一语:"福善祸淫,亦自然之理而已。"天理的主宰性在于它客观的应然倾向性,现实世界未必能时时保证"福善祸淫"的状况,但是就理作为客观的应然倾向性而言,"福善祸淫"终究会实现,这种必然性即理的主宰性。

冯友兰先生认为,"在中国文字中,所谓天有五义",即"物质之天""主宰之天""命

---

[1] 朱熹:《诗集传》,《朱子全书》第一册,上海古籍出版社、安徽教育出版社,2002年,第588页。

运之天""自然之天""义理之天"①,不同文字中"天"的所指并不相同,需要区别对待。朱子天之三义的说法看起来也有区分概念之用法的含义,但是,经过以上的分析,我们发现,仅仅停留于三义的区别是不够的,要进一步搞清楚三义如何构成整全的"天"的概念。具体而言,天的理与主宰二义并非并列平铺的两种义项,天理本身即为主宰,所谓"帝是理为主"并未给"理"添加什么内容,而是对天理主宰意味的揭示。

三、气化流行——天理主宰性的生成论基础

朱子概括出的经典之中天之三义(理、主宰和苍苍)不是并列平铺的三种义项,而是从不同侧面立论,共同构成"天"的概念的整体。"苍苍之天"所指涉的是天作为气化流行的质性实体的一面,而这一不已的气化流行又构成天理之主宰性的生成论基础。

"苍苍之天"是《诗经》本有的表达。例如:

> 悠悠苍天,此何人哉?②
> 悠悠苍天!曷其有所?③
> 彼苍者天,歼我良人。④
> 苍天苍天,视彼骄人,矜此劳人。⑤

《诗集传》解释"苍天"言:"苍天者,据远而视之,苍苍然也。"(《王风·黍离》一章注)苍苍是就天体的颜色形态而言的,也就是抬头便能看到的广大的蓝天。朱子的这一说法源自《毛传》。同样在对《黍离》"悠悠苍天"的解释中,《毛传》言:

> 悠悠,远意。苍天,以体言之。尊而君之,则称皇天;元气广大,则称昊天;仁
> 覆闵下,则称旻天;自上降鉴,则称上天;据远视之苍苍然,则称苍天。⑥

---

① 冯友兰:《中国哲学史》(上),《三松堂全集》第二卷,徐又光纂,河南人民出版社,2012年,第281页。
② 朱熹:《诗集传》,《朱子全书》第一册,上海古籍出版社、安徽教育出版社,2002年,第588页。
③ 朱熹:《诗集传》,《朱子全书》第一册,上海古籍出版社、安徽教育出版社,2002年,第502页。
④ 朱熹:《诗集传》,《朱子全书》第一册,上海古籍出版社、安徽教育出版社,2002年,第510页。
⑤ 朱熹:《诗集传》,《朱子全书》第一册,上海古籍出版社、安徽教育出版社,2002年,第610页。
⑥ 李学勤主编:《十三经注疏·毛诗正义》,北京大学出版社,1999年,第253页。

朱子对"苍天"的训释与《毛传》基本相同。因为《王风·黍离》是《诗经》出现"天"字的篇章中最靠前的,所以毛传在此总结性地概括了《诗经》天的几个称谓:苍天强调天的形体颜色,皇天强调天的尊贵,昊天强调天的广大,旻天强调天的仁厚,上天强调天自上而下的降临。

朱子沿用了"苍天,以体言之"的表达,他在《语类》中就说,"所谓'天之苍苍',此是形体"。看起来"苍天"是物质之天。不过,如果我们对比《诗经》原文,就会发现这一说法不符合《诗经》原文的语境。"苍天"在《诗经》的语境中依然具有价值诉求。不妨完整地罗列出现"苍天"的诗句:

> 知我者谓我心忧,不知我者谓我何求。悠悠苍天,此何人哉?①
> 王事靡盬,不能蓺稷黍,父母何怙?悠悠苍天,曷其有所。②
> 彼苍者天,歼我良人。如可赎兮,人百其身。③
> 苍天苍天,视彼骄人,矜此劳人。④

《黍离》是《王风》第一首,诗人看见宗周故地尽为禾黍,悲伤于周的衰落,故呼天而问。《鸨羽》的诗人行役无止,不得赡养父母,故呼天而问。《黄鸟》是秦国人哀伤于三位良士被迫为秦穆公殉葬,故呼天而问。《巷伯》的作者寺人孟子因受到谗言而呼天问之。四诗提及苍天,都在申诉现实的不合理,呼唤应然价值的实现。故而,苍天与其他称谓并无不同,应该看成同一个概念。因此,还不能说《诗经》中的"苍天"就是物质之天。

不过,《诗经》中确实有物质之天的表达,如"三星在天"(《唐风·绸缪》)、"迨天之未阴雨"(《豳风·鸱鸮》)、"上天同云"(《小雅·信南山》)、鸢飞戾天"(《大雅·旱麓》)等。这些表达均在描述天上有某物、天下雨之类的自然现象。

在朱子哲学中,物质之天与自然之天都是现实中的天,必须以"理在气中"为前提加以理解。《诗经》中有一些关于天象和天生特异之人的诗,朱子运用气的运行来解释。《卫风·蝃蝀》言:"蝃蝀在东,莫之敢指。"蝃蝀即彩虹,朱子用气的思想解释了这一天象:"蝃蝀,虹也。日与雨交,倏然成质,似有血气之类,乃阴阳之气不当交而交者,盖天地之淫气也。"⑤彩虹是日与雨交合而成,是阴阳之气不当交而交的例子。因

---

① 朱熹:《诗集传》,《朱子全书》第一册,上海古籍出版社、安徽教育出版社,2002年,第588页。
② 朱熹:《诗集传》,《朱子全书》第一册,上海古籍出版社、安徽教育出版社,2002年,第502页。
③ 朱熹:《诗集传》,《朱子全书》第一册,上海古籍出版社、安徽教育出版社,2002年,第510页。
④ 朱熹:《诗集传》,《朱子全书》第一册,上海古籍出版社、安徽教育出版社,2002年,第610页。
⑤ 朱熹:《诗集传》,《朱子全书》第一册,上海古籍出版社、安徽教育出版社,2002年,第446页。

为《蝃蝀》是一首刺淫奔之诗,故而朱子以"天地之淫气"加以说明。朱子的这一解释源自《郑笺》。《郑笺》言:"虹,天气之戒。"郑玄认为彩虹是天通过气象对百姓的告诫,与之相比,朱子的解释更具体。

《蝃蝀》是一个天气形成天象的例子,《诗集传》中更有哲学意味的例子是关于天气生人的描述。《大雅·生民》言:"厥初生民,时维姜嫄。生民如何? 克禋克祀。以弗无子,履帝武敏歆,攸介攸止。载震载夙,载生载育,时维后稷。"①《诗集传》解释说:

> 姜嫄出祀郊禖,见大人迹而履其拇,遂歆歆然如有人道之感,于是即其所大所止之处,而震动有娠,乃周人所由以生之始也。周公制礼,尊后稷以配天,故作此诗。以推本其始生之祥,明其受命于天,固有以异于常人也。②

《史记》中有关于姜嫄踩上巨人的脚印有所感应而生出后稷的故事。朱子认为这一故事是真实的,并以此解释"履帝武敏歆"。《毛传》解释《生民》,并未提到感生的事,《郑笺》则有详细的解释:"姜嫄以赫然显著之徵,其有神灵审矣,此乃天帝之气也,心犹不安之。"③郑笺认为姜嫄履巨人之迹而生后稷,"此乃天帝之气"。所以,在这个故事中,巨人是谁等细节并不重要,重要的是,后稷是受了天之气而生的。朱子继承了这一说法,并引宋儒之说为之提供了更加具体的解释:

> 然巨迹之说,先儒或颇疑之,而张子曰:"天地之始,固未尝先有人也,则人固有化而生者矣,盖天地之气生之也。"苏氏亦曰:"凡物之异于常物者,其取天地之气常多,故其生也或异。麒麟之生,异于犬羊;蛟龙之生,异于鱼鳖;物固有然者矣。神人之生,而有以异于人,何足怪哉?"斯言得之矣。④

"巨迹之说,先儒或颇疑之",欧阳修就是其中之一,朱子在这一问题上没有采取欧阳修的态度,而是运用气的思想,为感生问题做了理性化的解释。朱子哲学中气的

---

① 朱熹:《诗集传》,《朱子全书》第一册,上海古籍出版社、安徽教育出版社,2002 年,第 675 页。
② 朱熹:《诗集传》,《朱子全书》第一册,上海古籍出版社、安徽教育出版社,2002 年,第 675 页。
③《大雅·生民》"以赫厥灵,上帝不宁"郑笺。李学勤主编:《十三经注疏·毛诗正义》,北京大学出版社,1999 年,第 1061 页。
④ 朱熹:《诗集传》,《朱子全书》第一册,上海古籍出版社、安徽教育出版社,2002 年,第 675—676 页。

思想受到张载哲学的很大影响，《生民》首先引用了张载的"化生"说①。"化生"说在今本《张载集》中没有留存，故我们直接探寻朱子对这一问题的理解。朱子言：

> 是人物之始，以气化而生者也。气聚成形，则形交气感，遂以形化，而人物生生，变化无穷矣。②
>
> 天地之初，如何讨个人种？自是气蒸池作"凝"。结成两个人后，方生许多万物。所以先说"乾道成男，坤道成女"，后方说"化生万物"。当初若无那两个人，如今如何有许多人？那两个人便如而今人身上虱，是自然变化出来。《楞严经》后面说，大劫之后，世上人都死了，无复人类，却生一般禾谷，长一尺余，天上有仙人下来吃，见好后，只管来吃，吃得身重，遂上去不得，世间方又有人种。此说固好笑，但某因此知得世间却是其初有个人种如他样说。③

第一个文段是朱子《太极图说解》对周敦颐《太极图说》"二气交感，化生万物。万物生生，而变化无穷焉"的解释，第二个文段属于《朱子语类》讨论《太极图说解》的部分。由《太极图说解》可知，"化生"的意思是"气化而生"。"气化"与"形化"相对应，我们目前所见的生物大多是雌雄交合孕育而生，即朱子所谓"形气交感，遂以形化"。但是，如果推上去说，人类和万物是怎么产生的呢？朱子认为，天地形成之初④没有人类，最初的人类是气蒸郁凝结而成的。有了最初的男女后，人类开始通过雌雄交合繁衍。其他生物也是一样。

化生在太初之后也依然存在。朱子经常举虱子作为例子。又如，上言《蜡蛛》中的彩虹，朱子说"倏然成质，似有血气之类"。朱子所处的时代认为彩虹是有形质的，类似于生物，与虱子一样直接由气凝结而成。更重要的是，即便进入"形化"时代，来自天的气依然普遍地参与生的过程。《朱子语类》有言：

> 人之性皆善。然而有生下来善底，有生下来便恶底，此是气禀不同。且如天地之运，万端而无穷。其可见者，日月清明气候和正之时，人生而禀此气，则为清

---

① "张子曰"云云不见于今本《张载集》，《吕氏家塾读诗记》此篇的解释说："张氏曰：'生民之事不足怪。人固有无种而生，当民生之始，何尝便有种？固亦因化而有。'"这段话亦不见于今本《张载集》。吕祖谦：《吕氏家塾读诗记》，《儒藏》精华编第二五册，北京大学出版社，2008 年，第 510 页。
② 周敦颐：《太极图说解》，《周敦颐集》，陈克明点校，中华书局，1990 年，第 5 页。
③ 黎靖德编：《朱子语类》卷九十四，王星贤点校，中华书局，1986 年，，第 2380 页。
④ 朱子赞同程颐"动静无端，阴阳无始"的命题，这里又说天地有"形成之初"，似乎有矛盾。对此，我们应该区分天地与阴阳，天地有始而阴阳无始。

明浑厚之气,须做个好人;若是日月昏暗,寒暑反常,皆是天地之庚气,人若禀此气,则为不好底人,何疑![1]

或问:"人禀天地五行之气,然父母所生,与是气相值而然否?"曰:"便是这气须从人身上过来。今以五行枝干推算人命,与夫地理家推择山林向背,皆是此理。然又有异处。如磁窑中器物,闻说千百件中,或有一件红色大段好者,此是异禀。惟人亦然。瞽鲧之生舜禹,亦犹是也。"[2]

问:"尧舜生丹均,瞽叟生舜事,恐不全在人,亦是天地之气?"曰:"此类不可晓。人气便是天地之气,然就人身上透过,如鱼在水,水入口出腮。但天地公共之气,人不得擅而有之。"[3]

天之气亦参与形化过程。人出生时如果日月清明,气候和正,那么他就会禀得这样的气,容易成为好人;如果日月昏暗,寒暑反常,则会禀得天地的庚气,容易成为不好的人。这也解释了为何生辰八字能算命。天地之气对人的塑造是通过父母的身体完成的。一般而言,子女像父母。不过,人的气不是封闭的一团,"天地之气就是人的气",人在天地之中,如同鱼在水中,人的气与天地之气连成一片。故而,子女有多少禀得了父母之气,有多少禀得了天地之气,其实不可晓。这种模糊性为父子不相肖提供了可能。历代讨论最多的便是"尧舜生丹均""瞽叟生舜"这两种情况。尧、舜是圣人,却生出了丹朱、商均这样不肖的儿子,瞽叟顽愚,却生出了舜这样的圣人。后天的教育不能解释这一现象,先天原因中,亦似不当归于父母,故而归于天,故弟子问"恐不全在人,亦是天地之气"。《语类》中朱子虽然说"不可晓",《诗集传》所引苏辙的话则暗示了肯定的回答。苏辙《诗集传·生民》首章注曰:"凡物之异于常物者,其取天地之气常多,故其生也或异。"朱子评价说"斯言得之矣"。

回到《生民》的解释,张载和苏辙将化生看作一种普遍的生成方式,通过考察《太极图说解》和《朱子语类》中的相关论述,可知朱子完全赞同张载和苏辙的看法。化生是天地最初产生万物的方式,在物类产生而主要以雌雄交合生物后,天地之气依然参与人和万物的产生过程,而那些与一般的物类不太一样的物,通常会资取更多的天地之气,例如麒麟、蛟龙以及圣人。当然,朱子对气有通塞、偏正、清浊性质的划分,圣人所资取的天地之气是通、正、清的那类。故而,天地之气与姜嫄交感而生出后稷,"何足怪哉"。

值得注意的是,朱子在描述《生民》的写作背景时说:"周公制礼,尊后稷以配天,

① 黎靖德编:《朱子语类》卷四,王星贤点校,中华书局,1986年,第69页。
② 黎靖德编:《朱子语类》卷四,王星贤点校,中华书局,1986年,第75页。
③ 黎靖德编:《朱子语类》卷四,王星贤点校,中华书局,1986年,第76页。

故作此诗。以推本其始生之祥,明其受命于天,固有以异于常人也。"朱子认为这首诗是周公所作,目的在于推本溯源。而朱子又用到了"受命于天"的表达。《诗经》本文的天命思想是周初统治者为了解释政权的合法性而做出的理论创造,强调天的价值层面。"天即理也"的思想是价值之天的彻底化。也就是说,有德者掌握政权,这是天理之自然。同时,朱子在这里又用天气生人这样实在的过程解释天命思想。前面讲到,朱子《诗》学中的"自然之天"为现实中的天,应放在朱子哲学"理在气中"的观点中来看,因而天生人就不仅仅是气的变化与凝聚,理无时不在其中发挥主宰作用。

总而言之,《诗经》中"天"的概念是用来解释政权的合法性以及无法为人所把握的祸福等问题的,《诗经》倾向于从天命有德之人为君、福善祸淫的角度理解天的作用,《诗经》中的天是价值之天。朱子"天即理也"的说法是对价值之天的彻底化,同时,朱子用"帝以理为主"理解《诗经》中的帝。理是天之为天的本质,而帝描述的是理作为主宰的一面。《诗经》也涉及了天的物质层面,朱子用"苍苍"来指称。不过,朱子《诗》学中的"物质之天"和"自然之天",必须放在"理在气中"的结构中加以理解。如果说朱子对经典中"帝"的诠释提点出天理的主宰作用,那么自然之天所代表的气之流行则将这种主宰作用落到了实处。天的实质是天理,理并非悬空的理则,它作为客观应然性无时无刻不参与着气化流行,形成对于实然世界的主宰。

Domination by Li and Evolution of Qi:
Tian in Zhu Xi's *Shi Ji Zhuan*

Chen Jianmei

Abstract: Zhu Xi in *Shi Ji Zhuan* interprets Tian in *Shi Jing*, which has the implication of personal God, with a demystified theory of Li and Qi, seemingly with a mismatch. Though, a deep inquiry into the concept of Tian in *Shi Jing* and *Shi Ji Zhuan* suggests an inherent coherence. Through analysis of implication of value behind the breakthrough of the concept of Tian in Zhou Dynasty within texts of *Shi Jing* compared with its counterpart in Shang Dynasty, this article holds that Zhu Xi's proposition of "Tian is Li" is a radicalization of the implicated value of Tian in *Shi Jing*, thus facing the significance of interpretations of Li Xue. Further, the necessity of interpreting Di in *Shi Jing* signify Tian Li's implication of dominance, while this dominance is implemented by the current-like movement of Qi.

Key words: *Shi Ji Zhuan* Tian Li Qi dominance current-like movement

现当代生命哲学

和平主义与正义战争论能否相容?

王 珀[*]

摘　要:和平主义认为战争都是不道德的,而正义战争论认为正义的战争是存在的。这两种理论似乎不相容,但实际并非如此。和平主义有后果论和道义论两种版本。就后果论和平主义而言,它与正义战争论其实是相容的。就道义论和平主义而言,它与正义战争论存在重要分歧,前者批评后者违背了"勿杀人"的道德律令,后者难以在道义论的理论框架内回应这种批评。道义论和平主义在规范理论层面上反对"以暴制暴",但按照同样的逻辑,它也必然反对"以暴制'以暴制暴'",所以在现实中和平主义者没有理由去阻挠正义战争论者的实践。也就是说,道义论和平主义与正义战争论在现实实践中具有较弱意义上的相容性。

关键词:和平主义　正义战争论　战争伦理　后果论　道义论

一、引言

世界上是否存在正义的战争?对于这个问题,战争伦理学的三派理论给出了不同的回答:现实主义认为,战争无所谓正义不正义,战争不受任何道德原则的约束;正义战争论认为,存在正义的战争,且战争行为必须遵循一系列正义原则;和平主义认

---

* 王珀,山东师范大学哲学系讲师,主要从事应用伦理学研究。

为,战争都是不正义的,人类不应当发动或参与任何战争。

现实主义认为我们无法对战争进行道德判断,而和平主义和正义战争论都认为,战争必须接受伦理道德的评判。正义战争论主张对战争施加道德约束,让战争成为实现和平的手段,而和平主义对正义战争论"以暴制暴"的思维提出了严厉的批评,本文即围绕这种批评展开论述。和平主义有后果论和道义论两种版本,笔者将首先在第二节分析后果论的批评思路,认为这种批评仅仅体现了正义战争论与和平主义在事实判断层面上差异,并没有体现出原则性分歧。第三节开始分析道义论思路,正义战争论违背了"勿杀人"的道德律令,它难以给出一个令道义论者满意的回答——特别是笔者将在第四节讨论的牺牲无辜者问题上。尽管存在这种理论分歧,但是笔者在第五节将论证,和平主义者不应在行动上去阻挠正义战争论者的实践,所以在实践上双方仍然具有一定的相容性。

二、后果论和平主义与正义战争论的相容性

根据正义战争论,一场正义的战争必须满足开战正义、战时正义和战后正义等多种正义原则的要求。这要求参战方必须拥有正义的目的,即战争的目的只能是自卫,或维护和平,或保护无辜者,不能为了权力扩张和掠夺资源而发动战争;必须公开宣战;只有在和平手段无法达到目的的情况下才考虑诉诸武力;必须有足够大的预期成功率和整体收益;战争状态中必须区别对待平民与士兵;不应滥用暴力,暴力手段的程度必须与要制止的恶的程度成正比;禁止使用本身恶的手段,例如生化武器;战后应当让无辜受害者得到补偿、让战争犯接受审判;等等。①

这些正义原则实际上混合了后果论和义务论两方面的要求。其中,后果论的要求包括:战争应当旨在将双方所遭受的暴力伤害最小化,应当有利于实现和平,必须要有足够的预期成功率和整体收益。道义论的要求主要是指不伤害无辜者的义务。

尽管以上正义原则非常符合人们关于战争伦理的日常直觉,但和平主义对正义战争论提出了多种批评。和平主义者反对"以暴制暴",其中一个重要的反驳理由是:从长远看来,"以暴制暴"最终只会导致更多的暴力,正如抱薪救火。和平主义并不主张在侵略和暴力面前放弃抵抗,而是主张使用甘地式的非暴力手段去抗争。人们一

① 对正义战争论各原则的更详细的列举和解释,可参见 Lazar, Seth, "War", *The Stanford Encyclopedia of Philosophy* (Spring 2017 Edition), Edward N. Zalta (ed.), URL＝〈https://plato. stanford. edu/archives/spr2017/entries/war/〉。

般认为这种主张太理想主义了,但事实表明,非暴力手段比暴力手段更具优势,利用宣传、示威、抵制、罢工、经济制裁等非暴力手段往往可以更高效地实现政治和军事目标。

达斯廷·豪斯(Dustin Howes)总结了非暴力手段的各种优势,包括:(1) 灵活性。既可由分散的个人来完成(例如抵制),又可适时地把力量联合起来。(2) 门槛低。成为一名士兵,必须是健康年轻人,要有胆识、冒险精神和牺牲生命的心理准备;非暴力运动的实践者则没有这些要求,老少咸宜,每个人都可尽力,因而可动员更广泛的力量。(3) 使入侵者无法获利。如果敌占区的人民都奉行非暴力不合作,则在经济瘫痪的情况下,入侵者既无法控制人民,也无法得到经济上的好处,从而使入侵不攻自破。(4) 伤亡最小化。以暴制暴容易激发更严重的暴力,而非暴力则属柔性退敌策略,对于同样的政治军事目标的实现来说,非暴力手段所造成的双方伤亡远远低于暴力手段。[1]在和平已然成为世界主旋律的今天,暴力手段已经变得越来越低效。

但是,即使非暴力手段越来越管用,我们也不能断言在任何情况下都无须诉诸军事力量。这种和平主义立场的问题在于,它依赖于一个难以证明的事实判断——"以暴制暴永远都不会产生好的后果"。而这个全称判断是无法得到证实的。以1994年的"卢旺达大屠杀"为例,在那种紧急的态势下,非暴力手段(不管是经济制裁还是外交手段)无法起到立竿见影的效果,正所谓"远水解不了近渴",必须发动迅速有力的维和行动才能制止这场人道主义灾难。正义战争论不是旨在鼓励战争,而是主张对战争施加严格的伦理限制,它要求军事行动必须是"最后的手段",即在各种非暴力手段都无效的紧急情况下,方可考虑诉诸武力。

事实上,有些和平主义者并不反对"最后手段"原则。约翰·罗尔斯(John Rawls)和安德鲁·菲亚拉(Andrew Fiala)区分了绝对的和平主义(absolute pacifism)与有条件的和平主义(contingent or conditional pacifism)。[2]绝对和平主义的代表人物为甘地,他主张对非暴力原则的绝对遵守,即使面对法西斯主义惨无人道的大屠杀,也不能诉诸暴力对抗。有条件的和平主义的代表人物为科学家爱因斯坦和哲学

---

[1] 对非暴力手段的种种好处的研究,参见 Dustin Ells Howes, "The Failure of Pacifism and the Success of Nonviolence", *Perspectives on Politics*, Vol.11, No.2, 2013, pp.427-446。

[2] 参见 Andrew Fiala, "Pacifism", *The Stanford Encyclopedia of Philosophy* (Winter 2014 Edition), Edward N. Zalta (ed.), URL=⟨https://plato.stanford.edu/archives/win2014/entries/pacifism/⟩和约翰·罗尔斯:《正义论》(修订版),何怀宏、何包钢、廖申白译,中国社会科学出版社,2009年,第299页。类似地,豪斯区分了原则性非暴力与策略性非暴力,参见 Dustin Ells Howes, "The Failure of Pacifism and the Success of Nonviolence", *Perspectives on Politics*, Vol.11, No.2, 2013, p.430。

家罗素，二者都自称为和平主义者，但也都支持向纳粹开战。如罗素所言："只有极少数的战争是值得去打的，战争让人们兴奋不已，然而一旦开战，战争的邪恶性几乎总是超乎人们的预期。"①罗素用严谨的措辞申明了一种有条件的反战立场。很显然，在有可能触发全面核战争的情况下，现代战争很可能会导致无法挽回的灾难性后果，所以从正义战争论角度看来，一般情况下应当尽量采用非暴力手段。这种反战立场是有条件的和平主义与正义战争论达成的一种共识，因此也被称为"正义战争—和平主义"（just-war pacifism）。②

根据这种立场，如果一次小规模的维和行动不会引发全面核战争，却能够有效地阻止一场人道主义灾难，那么这样的暴力手段就是正当的。有条件的和平主义实际上使用了后果论的道德思维，暴力手段之所以错误，只是因为它倾向于产生不利于和平的后果，假如在少数情形中暴力手段不会产生这种后果，且能拯救大量无辜者，那么它就是正当的。如果和平主义者和正义战争论者仅仅将非暴力手段视为一种达到和平目的的最佳策略，那么他们本质上都是后果论者，因此后果论和平主义与正义战争论是不存在原则性冲突的。如安东尼·科茨（Anthony Coates）所指出，这种和平主义也许不过是在暗自运用正义战争论的原则而已。③正义战争论者并不反对非暴力手段，他们可以一方面提倡策略性地使用非暴力手段，另一方面保留在少数紧急情况下诉诸军事手段的可能性。所以，从后果论角度看来，二者在原则上的立场是一致的。

然而，真正对正义战争论带来严峻挑战的，是道义论版本的和平主义。

三、道义论和平主义对正义战争论的批评

塞思·拉扎尔（Seth Lazar）在为《斯坦福哲学百科全书》撰写的"战争"词条中，区分了和平主义的两种不同版本：

（1）后果论的和平主义：战争行为是错误的，因为从长远看来，"以暴制暴"最终只会导致更多的暴力；

（2）道义论的和平主义：战争本身就是错误的，因为它违背了一些重要的道德原

---

① Bertrand Russell, "The Future of Pacifism", *The American Scholar*, Vol. 13, 1943, p. 8.
② James Turner Johnson, *"Just War" in The Blackwell Encyclopedia of Political Thought*, Ed. David Miller, 1987, p. 258.
③ Anthony Joseph Coates, *The Ethics of War*, Oxford University Press, 2016, p. 97.

则(例如不杀害无辜者),即使战争能够起到减少总体伤害的效果,它也是错误的。①

从道义论伦理学看来,让无辜者遭受暴力侵害,乃至被杀死,这是绝对不允许的,"勿杀人"是一条绝对禁令。人是目的,不能成为用来实现更好的预期后果的手段。道义论和平主义对正义战争论进行如下两种质疑:第一,战场上的杀敌行为与非战争状态下的谋杀究竟有何区别? 第二,正义战争论为何能够允许无辜的非战斗人员被杀害?

本小节首先讨论第一个问题。在杀死一名敌方士兵的时候,我们要问:他到底做错了什么? 正如朱迪斯·贾维斯·汤姆逊(Judith Jarvis Thomson)所质疑:一个人仅仅因为"试图杀人",就应当被杀死吗?②从刑罚正义的"罪刑平衡原则"看来,他即使有试图杀人罪,也罪不至死。况且很多士兵自始至终都没有杀过人。③有人也许会说,法西斯主义入侵者本身就该死,在他们穿上军装发誓效忠希特勒的那一刻,就已经放弃了自己免被杀死的权利,所以杀死这种敌人没犯道德错误。没错,一个人仅仅成为法西斯主义者就是一种罪恶,但如果他没犯严重的错误,就罪不至死。在战场上,如果入侵国派出的都是没杀过人的新兵,那么他们的身份仍然是无辜者,即使他们正举枪瞄准着平民,他们仍然尚未犯下"杀人罪"。仅仅是"试图杀人"不足以使侵犯者丧失生命权,正如谋杀未遂者不应当被判处死刑一样。④而在当今的战场上,绝大多数士兵都是无辜的新兵。

对此,为正义战争论辩护的一方会说,士兵在战场上杀敌行为不同于非战争状态下的谋杀。一方面,战争中被杀的一方已经自愿做好了被杀的心理准备,而非战争状态下的被谋杀者是非自愿的;另一方面,战争中杀人一方的动机不同于非战争状态下的谋杀犯。下面我们分别考虑这两个论证。

(一)自愿论证

参战的士兵能够预见自己被杀的可能性,他们宣誓参军就意味着同意承担这种风险,而非战争状态下被谋杀的无辜者则没有这种事前"知情同意"。一个可以拿来

① Seth Lazar, "War", *The Stanford Encyclopedia of Philosophy* (Spring 2017 Edition), Edward N. Zalta (ed.), URL=〈https://plato.stanford.edu/archives/spr2017/entries/war/〉.

② Judith Jarvis Thomson, *Self-Defense and Rights*, University of Kansas, Department of Philosophy, 1976, p.6.

③ 一项关于第二次世界大战的研究发现,绝大部分前线军人从未开过枪,参见迈克尔·沃尔泽:《正义与非正义战争:通过历史实例的道德论证》,任辉献译,江苏人民出版社,2008 年,第 127 页。

④ 需要注意的是,在死刑存废问题存在巨大争议的情况下,即使作为谋杀犯,是否应当被处死也是存有疑问的。

做对比的例子,就是自愿参与的公平决斗。约翰·罗斯金(John Ruskin)拿战争与贵族青年的竞技搏斗相比较,他指出,如果战争是青年人自愿参加的竞技游戏,双方事先知道了这种游戏的危险性,那么让他们承担这种风险就不是什么残酷的事情。①追求荣耀的贵族骑士、为了达到更高武学境界的"华山论剑"、崇尚武士道精神的日本武士对决……在具有尚武传统的封建社会,总有一些青年人自愿承担这种生命危险,在他们看来,为了追求某种更高价值,冒死亡的风险是值得的。这种在自愿参加的"公平游戏"中的杀人行为不同于谋杀。和平主义者的论证前提是无罪者不应被杀死,但实际上他们的自愿同意有可能会使杀人行为正当化。②拿破仑曾说:"军人就是为了被杀才存在的。"③虽然这句话透露了拿破仑的冷酷无情,但也表达了这样一种道德观点:军人一旦参战,就丧失了生命权和自由权。被杀死的士兵如果是自愿参战的,那么死亡对他来说似乎就是一个可接受的后果,杀死他的敌人也就没有犯下谋杀的罪行,而且他在失去生命权的同时,也获得了杀死敌方士兵的权利。因此在双方自愿参加的战争中,双方的杀人行为似乎都没有罪过。

但是,这种完全自愿同意在现实中并不多见。现实中更多的是底层百姓被迫充当炮灰,穷人往往是为了生存,或者因强制性征兵制度而被迫入伍。如罗斯金所言,当数以百万计的农夫被迫参加角斗厮杀时,任何美德都荡然无存。沃尔泽也认为,如果战死者没有机会去选择其他的生活方式,如果他们是被迫参战的,那么这种杀戮就是罪恶的。④

在大多数情形中,自愿和被迫之间的界线并不是那么明显。例如,那些被军国主义或武士道精神洗脑的日本士兵,他们究竟算是体制的受害者,还是自愿同意参战的? 自愿同意是否要求拥有健全的理性思维能力,并掌握充分的信息? 假如一个士兵被洗脑太严重,或者由于媒体的虚假宣传,他误把自己参加的侵略战争当作正义的自卫战,此时就缺乏知情同意。当然,反对者会说,不管在多么强迫性的体制下,人总有一定的选择余地——拒绝参军,大不了蹲监狱,上了战场也有机会当逃兵,或者投降做俘虏,这些都有可能降低自身的生命危险;而一个士兵在拥有诸多其他选项的情况下,仍然选择坚守阵地,说明还是其具有某种程度上的"自愿",尽管他未必是完全

① 转引自迈克尔·沃尔泽:《正义与非正义战争:通过历史实例的道德论证》,任辉献译,江苏人民出版社,2008 年,第 24 页。
② 另一个例子,就是医生为自愿安乐死的绝症患者注射致命毒剂,这既不同于谋杀,也不同于执行死刑。
③ 转引自迈克尔·沃尔泽:《正义与非正义战争:通过历史实例的道德论证》,任辉献译,江苏人民出版社,2008 年,第 125 页。
④ 迈克尔·沃尔泽:《正义与非正义战争:通过历史实例的道德论证》,任辉献译,江苏人民出版社,2008 年,第 26 页。

自愿地赴死，也至少是在一定程度上愿意接受被杀的风险。如果"在一定程度上"的自愿同意可以具有道德意义，那么正义战争论者也许会说，杀死一名战斗人员的罪恶性"在一定程度上"小于谋杀一个平民。也就是说，杀死一名战斗人员的罪恶性与被杀者的自愿程度成反比，被杀者可选择的空间越大，自愿性越强，似乎杀死他的罪恶性就越小。

但是自愿论证还存在另一个问题：即使一个人接受了被杀的风险，也不等于这个人就愿意被杀死，因此不能推出其他人有权利杀死他。例如，警察是一个高危职业，成为警察就意味着接受一定程度上的死亡风险，但由此不能推出杀死一名警察是无罪的。因此，正义战争论要想证明战场上的杀敌行为不同于非战争状态下的谋杀，还必须附加其他理由——比如杀人动机的差异。

（二）杀人动机的差异

谋杀犯的动机，往往是心存恶意的，或者因为贪婪自利，或者是为了宣泄私人仇恨。而士兵杀敌的原因非常不同，一般来说有如下几种杀敌动机：(1) 自卫；(2) 尽职；(3) 拯救无辜者。动机的区别也许可以赋予杀敌行为某种道德正当性。下面笔者分别对这三种情况加以讨论。

假设在你死我活的战斗状态下，士兵是为了保住自己性命而杀死敌人，这也许类似于非战争状态下的"正当防卫"。沃尔泽认为，在战斗中不管谁杀死谁，都不是犯罪，只是自卫而已；但杀死对自己没有威胁的非战斗人员（平民、伤员或俘虏），则犯下了杀人罪。[①]因正当防卫而杀人，这不同于谋杀，所以士兵杀敌不属于谋杀罪。首先，这种辩护思路具有一定局限性。因为就现实中的正当防卫情形而言，自卫方一般失去了其他保命的机会，在紧急状况下别无选择，只能通过杀死对方自我保护。只要受害者可以通过逃跑的方式来躲避威胁，他就不应当用杀人的方式来实现自卫。[②]也就是说，在战场上只有那些在面临生命威胁的、没有逃命或投降机会的士兵方可获得杀人的权利。但战争中的大量杀敌行为都无法满足这个要求，例如进攻方的狙击手远距离射杀了敌方的哨兵，这怎么能算是自卫？

当然，这名狙击手的杀敌动机也许不是自卫，而是尽职。如果"军人的天职即服从"，那么"服从命令"能否帮助这名狙击手摆脱谋杀的指控？正如莎士比亚《亨

---

① 迈克尔·沃尔泽：《正义与非正义战争：通过历史实例的道德论证》，任辉献译，江苏人民出版社，2008年，第117—118页。

② Cheney Ryan, "Self-Defense, Pacifism, and the Possibility of Killing", *Ethics*, Vol. 93, No. 3, 1983, p. 512.

利五世》中一位英国军人说："我们只需要知道自己是国王的人就够了。对国王的
服从消除了我们的罪过。"二战结束后，的确有些法西斯主义战争犯辩称自己不过
是服从命令而已。但是在纽伦堡审判上，英国首席检察官用国际法的语言表述了
如下立场："只有战争本身是合法的……杀死战斗人员才是正当的。但如果战争是
非法的……杀人就不能得到任何辩护，与所有不法强盗团伙的谋杀没有任何区
别。"①也就是说，在微观层面上对军人杀敌行为的正当性判断，离不开宏观层面上
对整个作战行动是否符合开战正义原则的判断。遵守命令不能成为一个人放弃独
立思考、卸下道德责任的理由。如果一名士兵只知道服从命令，失去了道德思考的
能力，那么他就失去了人性，沦为一部冷酷的杀人机器。军人应当反思上级的命令
是否违背了更高的正义原则——特别是对于那些在军校中接受过战争伦理学教育
的军人而言。虽然军纪严明，但是在无法违抗军令的情形中，他至少可以选择"让
准星上移一厘米"。

　　然而，让我们暂且假设这名狙击手相信自己的杀敌行为是为了打赢一场正义战
争，比方说他知道自己参军是为了制止一场大屠杀，那么他的杀敌行为似乎可以得到
辩护。这种捍卫正义的使命感，使他的杀敌行为在道德上不同于一般的谋杀。如果
一方面杀敌动机具有道德正当性（为了保护无辜平民），另一方面被杀的敌方士兵在
一定程度上早已接受了死亡的风险（因此无辜性较低），那么将这两方面的理由结合
在一起，也许就可以为某些杀敌行为提供一定程度上的道德辩护。

四、无辜者的死亡

　　下面我们再分析道义论和平主义对正义战争论提出的第二种质疑：正义战争论
如何能够允许无辜的非战斗人员被杀害？从微观层面上，士兵个体的杀敌行为也许
可以做到不伤及无辜平民（例如一名狙击手精确击杀一名身边没有平民的敌人）；但
是在宏观层面上，但凡发动一场战争，都无法避免非战斗人员被杀害。即使在法西斯
国家的地盘上，也还有大量的无辜者，包括手无寸铁的妇女和儿童，以及反法西斯的
和平主义者。战争中的任何一次轰炸都有可能导致大量无辜者被害，即使在小规模
军事行动中（例如反恐行动）也常伴有无辜者牺牲。我们显然无法诉诸上一节所讨论

---

① 迈克尔·沃尔泽：《正义与非正义战争：通过历史实例的道德论证》，任辉献译，江苏人民出版社，2008
年，第36—37页。

的两种理由来为杀死无辜者辩护。

在人道主义干涉问题上,开战会导致无辜者伤亡;不干涉,则有可能会导致更多无辜者被杀。这是正义战争论所面临的道德困境。正义战争论者一般通过"双重效果论"来解决这个问题——如果作战行动既导致好后果(例如拯救更多无辜平民、维护和平等等),也导致坏后果(例如牺牲少数无辜平民),在这种情况下,沃尔泽认为只要满足以下四个条件,这次作战就是可允许的:第一,行为本身具有正当性,至少是中性的,即在我们看来它是一个正当的战争行为。第二,直接后果是道德上可以接受的,比如摧毁敌人的军事后勤供给或杀死敌方军人。第三,行为者的意图是好的,即他的目标仅仅是可以接受的后果;坏后果不是行为者的目的,也不是达到其目的的手段;而且他一旦意识到相关的坏后果就努力使其最小化,并接受自己为此要付出的代价。第四,好后果足够好,足以弥补和抵消允许的坏后果。[①]根据这种"双重效果论",如果行动者的动机指向一个相对较好的预期后果,或者这次战争行动是为了追求那个好后果(例如无辜者伤亡最小化、维护和平),那么其行动即使导致了少数无辜者的伤亡,仍然是可以得到辩护的。

但是从康德式道义论看来,"不杀无辜者"是一条绝对禁令。如果行动者预见了自己的行动会导致某个无辜者被杀,而且他本可以选择不杀死这个人,那么他杀这个人就是错误的。当一个军事领导者决定开战时候,他稍有常识就可以预见到无辜平民的伤亡。如果他假装看不到这种代价,那他要么是自欺欺人,要么是道德麻木。根据康德道义论,道德判断的依据并不取决于行动者是否意图实现一个更好的未来后果。如果一名无辜者的生命权是绝对不可侵犯的,那么再好的预期后果也不能成为剥夺其生命的理由。

假设一次军事干涉成功地制止了一场大屠杀,其结果是拯救了 10 万人,却误杀了 100 个人,那么这次行动仍然有不菲的道德收益,这符合后果论意义上的"无辜者伤亡最小化"原则。但道义论不会去计算数量,它拒绝这种"以少换多"的道德推理,即使拯救的无辜者再多,道义论也不能允许我们亲手杀死哪怕一名无辜者。笔者用一个很简单的三段式推理来概括道义论和平主义的逻辑:

> 因为① 杀害无辜者永远是错误的;
> 且　 ② 发动或参与任何战争都无法避免杀害无辜者;

---

① 迈克尔·沃尔泽:《正义与非正义战争:通过历史实例的道德论证》,任辉献译,江苏人民出版社,2008年,第 141、143 页。

　　　　所以③ 发动或参与任何战争都是错误的。

　　道义论主张"禁止杀害任何无辜者"原则，后果论主张"无辜者伤亡最小化"原则，这是两个不同的原则。面对这个三段式道义论推理，正义战争论者的唯一出路，就是借助"两害相权择其轻"来反对前提①。而这种后果论推理与道义论存在原则上的分歧，难以被用来说服道义论者。

五、道义论和平主义与正义战争论在实践中的相容性

　　虽然道义论和平主义和正义战争论之间存在上述原则性分歧，但笔者认为这种分歧只是理论上的，不会在实践层面上导致严重冲突。因为和平主义既反对暴力斗争，又反对"以暴制暴"，按照这种逻辑，它必然还进一步反对"以暴制'以暴制暴'"。

　　假设，当邪恶一方（例如法西斯主义者）要杀害或奴役 10 万名无辜者的时候，正义战争论者决定发动正义之师去阻止邪恶者，发动这次干涉行动将拯救 10 万名无辜者，同时会误杀 100 名无辜者。此时和平主义者会怎么做？道义论和平主义者只能在理论上同时谴责交战双方，但他们对法西斯主义者的谴责力度应当高于正义战争论者。但和平主义者不会发动另一支正义之师去阻止正义战争论者，因为他们如果那样做的话，也无法避免误杀少数无辜者，那么他们的道德立场就跟正义战争论者没有区别了，也就失去了反对后者的理由。

　　道义论和平主义者甚至不能采用任何非暴力的手段去阻挠正义战争论者，如果他们采用罢工、抵制、游行示威等方式来阻挠正义战争论者出兵干涉，就相当于间接地帮助了邪恶一方去伤害更多无辜者，导致一个"助纣为虐"的悲惨结局。①为帮助道义论和平主义者摆脱这个道德困境，笔者提出了一个限制原则："如果和平主义者的非暴力行动在现实中无助于减少暴力，却倾向于导致更多无辜者的预期伤亡，则发动该行动是错误的。"

　　该原则可以得到后果论者的支持，也不会遭到道义论和平主义者的反对。它可以有效地化解正义战争论者与和平主义者在实践中的冲突。

　　综上所述，笔者认为，道义论和平主义是一种具有内在融贯性的战争伦理观，且

---

① 当然，道义论和平主义者也许会说，后一种局面只是副效果而已，他们的初衷是制止暴力。但是如前文所述，这种"双重效果论"的辩护思路已经被道义论本身否定了。

它在理论层面上对正义战争论提出了合理的反驳。但是在现实层面,和平主义者不应当去阻止一场符合各项正义战争原则的战争。

Can Pacifism and Just War Theory Be Compatible?

Wang Po

Abstract: Pacifism holds that all wars are immoral, while just war theory holds that just wars exist. These two theories may seem incompatible, but in reality they are not. There are two versions of pacifism: the consequentialist and the deontological pacifism. In the case of consequentialist pacifism, it is actually compatible with just war theory. There are important differences between deontological pacifism and just war theory. The former criticizes the latter for violating the moral imperative "do not kill", and the latter has difficulty responding to this criticism within a deontological framework. On the theoretical level, deontological pacifism opposes "violence against violence", but by the same logic it must opposes "violence against' violence against violence", so in reality there is no reason for pacifists to obstruct the practice of those who believe in just war theory. In other words, deontological pacifism and just war theory are compatible in a weaker sense in real practice.

Key words: pacifism　just war theory　ethics of War　consequentialism deontology

基于科学知识图谱分析的国内生命哲学研究动态及趋势分析[*]
——以 1992—2022 年 CSSCI 来源期刊为对象

贾栗 雷传平[**]

摘 要:文章以 CSSCI 来源期刊近 30 年(1992—2022 年)所刊登的文章为基础,采用科学知识图谱的分析方法,通过应用 CiteSpace 进行知识图谱绘制,以结论可视化为导向,勾勒国内生命哲学研究的部分发展趋势,以全新的视角呈现国内哲学界的研究热点及变化,并对生命哲学自身特点展开讨论。

关键词:生命哲学 可视化 科学知识图谱 CiteSpace

21 世纪以来,生命哲学的研究主题有一定变化。国外生命哲学从宏观与整体的研究视野研究人之生命、人的思想等相关问题,从多学科和角度探讨生命存在、生命解放与自由、生命伦理与异化等论题。而国内学者近 30 年关于生命哲学的研究则以具体而微的视野集中于三个领域:(1) 中国生命哲学与西方生命哲学形成与发展的

---

* 本文系 2022 年度广东省教育科学规划课题"高等教育专项基于结构方程模型的生命文化协同育人机制研究"、广东医科大学教学改革项目"协同育人视域下的医学生人文素质培养路径研究"(项目编号:1JG21083)、广东省高校特色创新项目"生命文化视域下的人文医学交叉学科建设"(项目编号:2021WTSCX034)研究成果。

** 贾栗,哲学博士,广东医科大学人文与管理学院讲师,主要从事生命文化、演化博弈研究。雷传平(通讯作者),哲学博士,中山大学马克思主义学院讲师,主要从事生命医学伦理学研究。

社会背景比较。生命哲学同其他哲学样式一样，深受其所存在的社会背景影响，具有鲜明的时代性、民族性与地域性特征。探讨中国生命哲学与西方生命哲学所处的不同政治、经济、文化、生态等社会背景，以揭示两种生命哲学发端与发展的不同外在因素。（2）中国生命哲学与西方生命哲学的认识论与方法论比较。中国文化很早就注重对生命自身的思考，对于人与人之间、人与自然之间以及人的精神和肉体之间的关系进行了深刻反思，思维方式也倾向于抽象思维或者感性思维。而西方文化更注重从对象（物质世界）着手，探索或求证本源，偏重于逻辑性思维或理性思维。国内学者从哲学认识论与方法论入手，探究中国生命哲学与西方生命哲学差异形成的原因。（3）中国生命哲学与西方生命哲学的价值论比较。从某种意义上而言，西方哲学体现出虔诚的宗教情怀，而中国哲学则表达出浓重的人文情怀，在有关生命的问题上，这种分野尤为明显。中国生命哲学注重现世之生，"未知生，焉知死"；西方生命哲学自柏拉图到海德格尔追求的都是"死亡的练习""向死而生"。中国生命哲学追求的是一种中庸和谐的境界，注重心和性的概念及其修养；西方生命哲学关注原始性生命力的爆发，注重意志、创造力以及激情等因素。从价值哲学入手，探究中国生命哲学与西方生命哲学在价值立场、价值取向与价值选择上的不同。基于此，本研究依靠CiteSpace软件对国内生命哲学的研究现状和热点进行可视化分析，从而更加深入地探讨关于生命哲学的相关研究成果，有助于明晰该领域的动向和进展，从而更好地深化和拓展生命哲学研究。

一、数据来源与研究方法

本研究数据来源于中国知网（CNKI）网络出版总库，以主题词"生命哲学"进行检索，共计检索得到文献 742 篇。检索时间跨度为 1992—2022 年，检索时间为 2022 年 7 月 15 日。

本研究使用的是 CiteSpace5.5.R2.exe 版本，时间跨度选择为 1992—2022 年，时间切片（time slicing）为 1，网络裁剪设置为"path finder"和"pruning the merged network"，绘制出生命哲学研究的关键词共现知识图谱、生命哲学领域研究的趋势图谱等，深入挖掘生命哲学的研究热点与趋势。

二、发文量分布

（一）年度发文量

在一段时间内,生命哲学研究领域发表的学术文献数量,反映了在该阶段内该领域的研究概况、发展态势等,可以在一定程度上代表该领域学术研究的发展水平,同时也可以及时体现出社会发展与该领域之间的互动关系。通过分析生命哲学研究文献的年度数量分布情况(见图 1),可以预测某领域研究的发展趋势,并做出合理的动态分析。

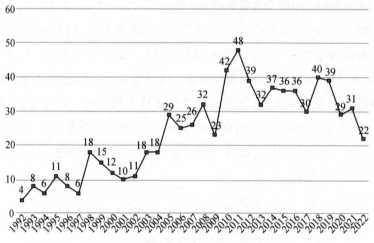

图 1　生命哲学研究年度分布

通过观察生命哲学的年度发文量情况,可以较为清楚地看到国内生命哲学的期刊文献数量走势大致分为 3 个阶段:

1. 1992—2001 年。这一阶段为生命哲学研究的探索阶段,整体发文量在缓慢上升,1998 年,发文量达到该阶段最大的 18 篇,而在 1998 年以后的几年内,发文量渐渐减少。这一阶段主要研究的内容是:对"生命"进行中国哲学式的解读和研究。中国传统哲学把宇宙、万物和生命看成是一个整体,宗旨在于使人们能够"返心复性",实现"天人合一"的生命境界。有学者将中国古代生命哲学基本观点划分为"五观",即"气之生化观""阴阳生机观""五行升降气机观""平衡和谐观"以及"整体生命观"。①

————————————

① 王燕平:《从〈周易〉〈黄帝内经〉看中国古代生命哲学观》,《黄冈师专学报》1998 年第 1 期,第 5 页。

有的学者解读了朱熹生命哲学思想[①]、陶渊明生命哲学[②]和《淮南子》的生命哲学论[③]等。

2. 2002—2015年。此阶段学者对于生命哲学的研究快速增加，发文量显著上升，在2012年达到顶峰，为48篇。在此期间，学者们研究的方向主要为国外著名的哲学家、思想家的生命哲学，以及我国儒家、道家等的生命哲学。有的从发生学角度，强调《易传》与《黄帝内经》在中国生命哲学史中的发端地位。[④]有学者注意到"阴阳学"，认为其是中国古代生命哲学的基础。[⑤]有的借用中国先秦道家生命哲学范式，具体探究了躯体与精神之间的关系。[⑥]有的探究了"中医学"与中国生命哲学之间关系，注意到在普遍生命伦理实现方面，两者具有一致性。[⑦]可以说，这些研究有的注重对中国古代生命哲学本身已有内容的研究，有的致力于探讨中国生命哲学和相关学科的关联与互动，有的则运用中国生命哲学话语体系与思维方式探究生命领域的具体问题。

3. 2015—2022年。在此阶段近7年的生命哲学研究中，研究数量缓慢下降，但总体变化幅度并不明显。生命哲学仍属于近期的研究热点。研究内容建立在前两个阶段的基础上，研究视角也逐渐关注于近现代的生命哲学，如生命哲学视域下的教师生存困境与出路[⑧]以及青年学生思想政治教育[⑨]等。

（二）期刊发文量

对从中国知网数据库中选取的742条文献的来源期刊进行统计，结果显示，这些文献来自近100种期刊，而刊载相关文献3篇及以上的期刊共19种，发文量排名前19位的期刊载文量一共为99篇，占据期刊总量的13%（见图2），表明对于生命哲学的研究较为集中，关注度较高。

[①] 徐刚：《试论朱熹生命哲学思想》，《哲学研究》2002年第10期，第31—36页。
[②] 张钧、付振华：《浅析陶渊明生命哲学的两个层次》，《内蒙古民族大学学报（社会科学版）》2002年第1期，第47—51页。
[③] 钱善刚：《〈淮南子〉生命哲学论》，《安徽教育学院学报》2001年第5期，第17—20页。
[④] 王英：《儒家心性心理学研究》，吉林大学博士学位论文，2006年，第65—76页。
[⑤] 付粉鸽：《自然与自由：老庄生命哲学研究》，人民出版社，2010年，第27—33页。
[⑥] 江文富：《先秦道家生命哲学思想研究》，中国古籍出版社，2010年，第99—123页。
[⑦] 谢地坤：《尊重生命 卫生济世：关于"生命哲学"的思考》，《长沙理工大学学报（社会科学版）》2015年第1期，第5—10页。
[⑧] 白玉：《生命哲学视域下教师生存困境与出路》，《教育观察》2021年第31期，第13—16页。
[⑨] 刘育兵：《生命哲学视域下青年学生思想政治教育》，《中学政治教学参考》2021年第27期，第76—77页。

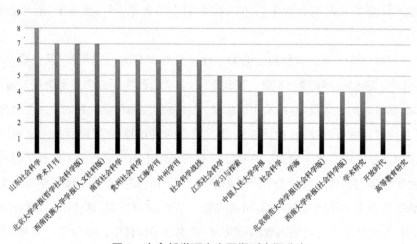

图 2 生命哲学研究主要期刊来源分布

通过图 2 可以看到,在这 19 种期刊里,《山东社会科学》发文量在所有期刊中排在首位,数量为 8 篇,占期刊总量的 1.1%,其中比较有代表性的文章有《〈周易〉"生生"之学的生态哲学及其生态审美智慧》①《生命哲学与郭沫若早期美学思想》②等。除了《山东社会科学》外,有关生命哲学研究的期刊发文量排在前列的还有《学术月刊》《北京大学学报(哲学社会科学版)》《西南民族大学学报(人文社科版)》《南京社会科学》《贵州社会科学》等。而刊发生命哲学研究的期刊种类大部分为社会科学类的期刊以及各类大学学报等。

(三) 作者合作网络

对作者发文量的统计在一定程度上能够反映该作者在该领域的学术地位,同时作者合作网络图谱也能够清楚地反映研究的核心作者群体以及他们的合作关系程度。因而笔者利用 CiteSpace 知识图谱软件,设置节点类别为 Author,时间跨度为 1992—2022 年,时间间隔为 1 年,Top 值设为 50,其余值默认,生成生命哲学研究文献的来源作者图谱,以此查看作者在合作网络的重要性指标以及相关的网络属性,如图 3 所示。

由图 3 可以看出,在作者合作网络知识图谱中,共有 40 位作者出现,作者间连线为 4 条,说明作者合作关系比较松散。合作网络中包括了 4 个研究合作团队,但 4 个合作团队规模都较小,每个合作团队仅有 2 个作者。从作者的合作度上看,主要作者

---

① 祁海文、朱军利:《〈周易〉"生生"之学的生态哲学及其生态审美智慧》,《山东社会科学》2013 年第 5 期,第 34—38 页。
② 郭太安:《生命哲学与郭沫若早期美学思想》,《山东社会科学》2000 年第 2 期,第 100—103 页。

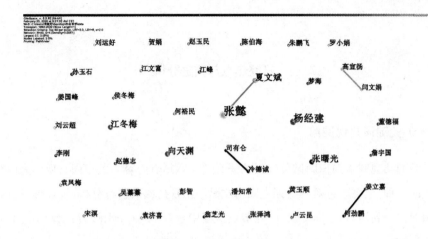

图3 作者合作网络知识图谱

之间的合作度较低。

从作者发文量上看,生命哲学研究领域内的作者发文量较为平均,发文数量差距并不明显,最多的发文量为5篇。而发文量比较靠前的作者包括张懿、杨经建、张曙光、向天渊、江冬梅、夏文斌等,发文数量均在3篇及以上。其中,作者张懿在图谱中的节点最大,发文数量最多,其作为北京大学的研究学者,在生命哲学领域的研究方向包括马克思的生命哲学思想以及生命观等。张懿和来自对外经济贸易大学的研究学者夏文斌提出,在1857—1858年马克思的生命哲学思想主要体现在以下三个方面:马克思详细地论述了受制于资本逻辑统治的人的整体性生命存在的三种异化状态;马克思通过对三大社会形态历史演进规律的深刻阐发,指出了要在具体的社会历史逻辑的辩证发展中扬弃生命的种种异化劳动和异化现象;马克思主张通过自由自觉地建构具有超越性的共产主义生活方式,以满足现实的人的生存和发展需求。①而在生命观方面,张懿认为马克思基于批判与建构相统一、科学与价值相统一等科学的方法论原则和价值论视野,从生命本体、生命过程、生命价值三个维度对人之生命展开全方位、立体化、多层次的深入解读,形成了马克思自身独特的系统化生命哲学。②发文数量排在第二位的为来自湖南师范大学的学者杨经建,他提出,王国维构建的具有现代性意义的生命哲学不同于中国传统生命哲学,而是生命个体向存在维度的皈依和转换,从而与存在主义的生命哲学相通。③

---

① 张懿、夏文斌:《马克思〈1857—1858年经济学手稿〉的生命哲学思想管窥》,《毛泽东邓小平理论研究》2018年第4期,第89—95页。

② 张懿:《马克思生命观的方法特质》,《中学政治教学参考》2022年第19期,第90—93页。

③ 杨经建、黄菲蒂:《王国维对生命哲学/美学的存在论建构》,《中国文化研究》2014年第4期,第100—106页。

三、研究热点与演进分析

(一)关键词共现网络

关键词共现网络知识图谱可以反映研究的主题热点内容。关键词共现作为内容分析法的一种,主要通过对一组词在同篇文献中出现的次数进行分析,统计形成直观的知识图谱。利用 CiteSpace 软件,在节点类型中选择 Keyword,设置选择标准 TOP N 的值为 50,并在网络裁剪区选择相关裁剪项,以关键词共现网络的方法为主,生成生命哲学研究关键词热点图谱(见图 4)与关键词数量表(见表 1),可以直观地显示近 30 年生命哲学领域的研究主题热点分布。

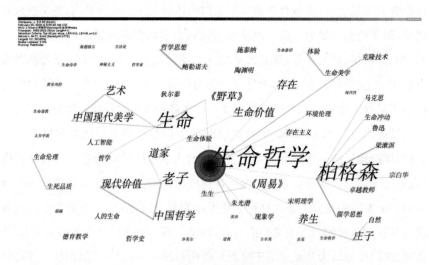

图 4 生命哲学关键词共现网络知识图谱

在生命哲学关键词图谱上中,共出现了 71 个关键词,数量较多,且高频关键词联系紧密,频次较低的关键词联系则较为松散。关键词大概包括以下几类:

1. 主要主题词生命哲学的节点最大,在所有关键词中出现的频次遥遥领先,共出现了 452 次,同时中心性也在所有关键词中最高,为 0.41,构成了重要的网络核心节点。生命哲学源于古希腊,盛行于 19 世纪末 20 世纪初的欧洲。①西方生命哲学是一次对理性哲学的反思,早期生命哲学思想出现于叔本华的唯意志论中,提出以人为

① 舒红跃、张清喆:《生命技术哲学:一种新的技术哲学研究范式》,《湖北大学学报(哲学社会科学版)》2019 年第 4 期,第 138—144 页。

出发点。尼采随后提出将生命视为世界的本原,这为西方生命哲学的形成奠定了基础。德国对生命哲学的研究相对成熟。①

2. 与生命相关的关键词如生命、生命教育、生命价值、生命美学以及生命体验等。体现出学者们在不同领域对生命哲学开展研究,研究内容不断丰富。

3. 关于哲学家与思想家的关键词包括柏格森、梁漱溟、海德格尔、陶渊明、齐美尔等。柏格森的创造进化论以形而上学的生命冲力观念作为逻辑支点,在宇宙定向进化的直生论框架中将拉马克主义、突变论与泛生论的达尔文主义综合起来,并以此阐明了进化的前进路线及人类身体的前沿地位等问题。②梁漱溟的新儒学是以自省、自证、自见、自知为核心的生命哲学,这一哲学思想源于其家庭环境、求学、从教的人生经历及 20 世纪 20 年代中国的社会变局,其深刻意蕴对当代中国的教育改革具有启示意义。③

在 CiteSpace 中,关键词中心性是测度节点在网络中重要性的一个指标。其作为几篇文章间的关键词中介,发挥着枢纽的作用。关键词的中心性越高,表明其在文献中的影响力越大。从中心性指标来看(见表 1),"生命哲学""柏格森""生命"以及《野草》等关键词中心性较高,与其他关键词之间的联系较为紧密,对文献之间的互引关系产生积极作用。

表 1　主要关键词频次表

序号	关键词	频次	中心性	年份
1	生命哲学	452	0.41	1992
2	柏格森	35	0.17	1993
3	生命	34	0.13	2005
4	生命教育	10	0	2011
5	梁漱溟	9	0	1993
6	生命价值	7	0.1	2008
7	生命美学	6	0	2007
8	《野草》	6	0.14	1996
9	老子	6	0.05	2006
10	海德格尔	6	0	2013

---

① 高宣扬、闫文娟:《论狄尔泰的精神科学诠释学》,《世界哲学》2019 年第 4 期,第 108—117 页。
② 刘利:《柏格森生命哲学的直生论解读》,《自然辩证法通讯》2018 年第 6 期,第 115—120 页。
③ 韩强:《梁漱溟的儒家伦理学与贺麟的新心学比较》,《兰州学刊》2022 年,第 1—6 页。

续表

序号	关键词	频次	中心性	年份
11	生命伦理	5	0	2008
12	哲学家	5	0	1996
13	庄子	5	0.03	2009
14	生死品质	4	0	2008
15	生命冲动	4	0	2011
16	道家	4	0.08	2013
17	现象学	4	0	2010
18	中国哲学	4	0	2006
19	生命体验	4	0	2006
20	现代价值	4	0	2006

　　从对关键词共现的分析来看,对中西生命哲学进行比较性研究是近年来的热点。国内的中西哲学比较研究主要集中于以下几个方面:一是通过研究现代新儒家的代表人物思想考察西学东渐和中西融合的过程。比如梁漱溟最先提出用生命哲学的视角对儒学的心性学说进行研究,他在柏格森生命哲学的视角下运用《易经》中“生”的概念对儒学进行了创造性的诠释,并提出了“宇宙大生命”说以及“人类心理学”。[1]再如熊十力既用生命哲学的创生观念证明儒家的仁心是流动、创造的本真形上实在,又批评生命哲学之非理性的盲目冲动及直觉主义,从而彰显出儒家道德理性主义真貌。[2]方东美和宗白华从“普遍生命”的立场来看庄子,认为在道家哲学中充满了艺术情调和美感,并致力阐发出超越性之“大美”、运转不息之“生生之美”及“乘虚凌空”“积健为雄”的刚性之美。[3]二是通过对丹道这种道教修炼方法的研究,考察道家的养生观以及生死意识,并与西方生命哲学理论进行联系。[4]三是在中西哲学比较大背景之下阐发中西生命哲学对于生命这种原初逻辑的直觉,通过考察以现象学、存在主义和生命哲学为代表的西方现代哲学与中国古代哲学之间的融会贯通之处,实现对于无遮蔽的本真原初世界的回归。[5]学界对于生命哲学研究还是有着明显的中西分野的。

[1] 张舜清:《梁漱溟生命儒学的现代意义与启示》,《马克思主义与现实》2010 年第 3 期,第 4 页。
[2] 赵德志:《熊十力与生命哲学》,《辽宁大学学报(哲学社会科学版)》1993 年第 3 期,第 4 页。
[3] 汤拥华:《反对主客二分:从现象学美学到实践存在论美学》,《浙江工商大学学报》2007 年第 2 期,第 6 页。
[4] 胡孚琛:《丹道实修真传:三家四派丹法解读》,社会科学文献出版社,2012 年,第 25—35 页。
[5] 舒红跃、吴娇:《人工智能:一种新技术还是一种新生命——生命哲学视域中的人工智能探究》,《江汉论坛》2022 年第 2 期,第 18—23 页。

(二) 关键词时区分布

时区图能依据时间先后将文献的更新以及文献间的相互关系,清晰地展示在以时间为横轴的二维坐标中。不同年份的文献数量代表该时间发表的成果,也说明该领域所处的时期或阶段。如图 5 所示,利用 CiteSpace 软件在关键词共现网络知识图谱的基础上点击 Timezone 生成生命哲学研究关键词年度演变知识图谱,可以用来更加直观地了解该领域研究主题在时间脉络的演进过程。

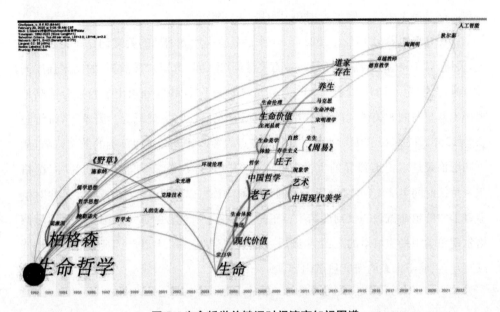

图 5　生命哲学关键词时间演变知识图谱

在关键词演进知识图谱中可以看到生命哲学的新增关键词最早出现于 1992 年,虽然仅出现一个关键词,但其为节点最大的关键词"生命哲学"。之后几年关键词中出现了国内外的哲学家与思想家的名字等。同时也可以看出,关键词较多地出现于 2005—2012 年,说明这一时间段学者们对于生命哲学的研究较为集中,研究热度快速上升,该研究领域的研究主题得到了丰富。在此期间出现的关键词多有关于中国古代以及现代的生命哲学,还包括生命哲学的衍生词,如"生命伦理""生命价值""生命美学"等。2012 年以后出现的关键词数量较少,表明研究的内容逐渐饱和。但在 2022 年,出现了"人工智能"这一关键词,体现出生命哲学领域内的研究学者紧跟时代发展,研究较为前沿,并尝试将人工智能与生命哲学联系起来。如舒红跃等认为一旦把智能看作一种服务于生命生存的手段,那么我们便可以从本体论—存在论层面来对人工智能进行分类:弱人工智能是人类在世存在的技术手段,强人工智能是自己能在世存在的一种新的生命。①

(三) 关键词突现分析

CiteSpace 软件能够根据文献的题目、关键词、摘要等信息提取候选专业术语,通过跟踪分析它们在一段时间内的突现、出现频次的突然增加,或者使用频次的明显增多,识别出代表研究前沿的若干关键词。通过对关键词突现进行分析可以探究生命哲学领域的发展趋势以及前沿热点。因此本文利用 CiteSpace 可视化软件在关键词共现网络基础上生成关键词突现知识图谱(见图 6)。

由图 6 可以看出 1992—2022 年 11 个最具有引用激增性的关键词。在突现强度上,关键词"柏格森"最高,为 5.4284,而关键词"生命教育"与"梁漱溟"的突现强度同样较高,分别为 4.9342 以及 4.3377。在持续时间上,图中时间段上加粗部分清晰地展现出起止时间和关键词的演进历程。持续时间最长的关键词为《野草》,持续时长为 12 年,在 1996—2007 年均是研究的热点内容。《野草》作为鲁迅的散文诗集,从不同层面表达了鲁迅独异的生命哲学。持续时长排在第二位的关键词为"海德格尔",持续时间为 2013—2020 年。德国哲学家海德格尔的生存概念的提出,是他对生命哲学中的生命概念的批判性结果。正是生存概念所包含的那一个维度表明了海德格尔现象学中最为根本的东西。②最后一个突现词"生命"从 2020 年开始出现,并持续至今,仍属于未来的研究热点内容。

Top 11 Keywords with the Strongest Ctrongest Citation Bursts

Keywords	Year	Strength	Begin	Een	1992–2022
梁漱溟	1992	4.3377	**1993**	**1995**	
柏格森	1992	5.4284	**1993**	**1996**	
哲学家	1992	3.1962	**1996**	**1998**	
《野草》	1992	2.4553	**1996**	**2007**	
宗白华	1992	1.4374	**2005**	**2011**	
庄子	1992	2.4567	**2009**	**2012**	
生命教育	1992	4.9342	**2011**	**2014**	
存在	1992	1.7629	**2013**	**2018**	
道家	1992	2.254	**2013**	**2015**	
海德格尔	1992	2.2309	**2013**	**2020**	
生命	1992	3.2377	**2020**	**2022**	

图 6　关键词突现知识图谱

---

① 张祥龙:《逻辑之心和直觉方法——〈近代唯心论简释〉打通中西哲理的连环套?》,《吉林大学社会科学学报》2012 年第 2 期,第 8 页。

② 卢云昆、姬兴江:《海德格尔与生命哲学——一种基于"存在论"的历史性考察》,《学术探索》2010 年第 2 期,第 6—12 页。

四、讨论

西方生命哲学派别开端于莫里兹的《生命哲学论文》(1781)和施莱格尔的《生命哲学讲座》(1827),在这个阶段生命哲学表现出反理性的特点,把经验与信念、感情与理智相对立起来。而生命哲学在以尼采、柏格森、狄尔泰和西美尔为代表的时期实现了自身的蓬勃发展,这个阶段的生命哲学并没有放弃理性,而是通过对作为主体的自我进行新的解释,以获得一个更加开阔的和包罗各种生活实践的经验领域。在接下来的时期,舍勒、海德格尔以及胡塞尔分别从人类学、存在主义哲学以及现象学的角度对生命哲学的发展进行了推动。这些生命哲学研究(含前生命哲学时期)概括起来有五种取向:以柏拉图和亚里士多德为代表的对象(或客体)取向,以笛卡尔、康德、胡塞尔和海德格尔为代表的主体取向,以马丁·布伯为代表的主—客关系取向,以维特根斯坦为代表的符号—意义取向,以柏格森和巴赫金为代表的问题取向。目前在国外研究成果方面,除了对代表性生命哲学家与流派进行专门论述之外,其研究创新点主要集中在两个方面:一是关注存在主义与生命哲学之间的关系。斯科特在《早期海德格尔的生命哲学》(*The Early Heidegger's Philosophy of Life*)中强调早期的海德格尔将存在之经验与人类生活相联系,这种联系是通过将他对于存在的理解与对于历史、宗教和语言之经验相结合而实现的。二是探讨生命哲学的未来发展与走向。费尔曼所著的《生命哲学》(2000)一书,除了对西方生命哲学的发展历程进行梳理,还从语言哲学维度描绘出未来生命哲学之发展前景。国内学者对上述三个阶段的西方生命哲学都有所关注。如有的关注柏格森生命哲学中时间的"绵延性"问题[1],有的关注叔本华和尼采生命哲学对理性禁锢的挣脱与对意志推崇的问题[2],有的较为系统地研究了狄尔泰生命哲学的主要内容与特征[3]。

总体上看,中国哲学视角下的生命哲学研究主要集中在儒家、道家和佛教的生命观之上,而西方哲学视角下的生命哲学研究主要建基于对传统认识论的反思上,关注生命作为一种"动态的切身的存在"。而两种类型的生命哲学的共同点均体现在对于

---

[1] 王理平:《差异与绵延:柏格森哲学及其当代命运》,人民出版社,2007年,第39—43页。
[2] 周国平:《尼采与形而上学》,新世界出版社,2008年,第67—82页。
[3] 谢地坤:《狄尔泰与现代解释学》,《哲学动态》2006年第3期,第16—23页。

自由的追求,这一点在中国学者"以西解中"的研究中表现得尤为明显,即西方生命哲学的理论被借鉴移植过来,从而对于中国传统生命哲学的内在精神和核心进行更为清晰的归纳与评价。反过来,"以中解西"的方法也在中西生命哲学比较之中有所体现,主要在于用中国哲学注重真理"兴发"的境遇式展开来契合西方生命哲学。

上述研究的不足之处主要集中在以下几个方面:从研究内容来看,单纯的中国生命哲学或西方生命哲学,都有较多的研究。但是在更大的跨文化语境下将中西生命哲学作为一个整体进行研究,则略显不足。应该说目前中西哲学的比较研究材料非常丰富,但是将讨论范围集中于更具体生命哲学领域的研究并不充足,已有的部分跨文化讨论亦因此存在着"大而化之"的特点,缺乏细致性研究。从研究特点来看,已有中西生命哲学比较研究中对于西方生命哲学发展的逻辑线索把握不够全面、精准。同中国文化这种"早熟"的文化不同,西方哲学经历了否定之否定的辩证发展才呈现出当前的样态,在跨文化研究中亦需对这个过程进行详尽描述,探究其内在微观机理,从而防止简单粗暴的"拿来主义"。从研究效果来看,中西生命哲学的有效交流和贯通还不够充分。由于已有研究较多是孤立的中国生命哲学或西方生命哲学研究,尽管部分学者也对生命哲学做了些"以西解中"或"以中解西"的研究工作,但在"中西互解"这种更大跨度的文化语境上的生命哲学研究却显得不足,从而使得中西生命哲学的双向度交流和贯通依旧乏力。上述研究不足或问题的存在,为本选题进一步展开提供了研究的拓展空间。

五、研究展望

"生命"是最关切人类自身的一种动态性存在。生命哲学致力于探究生命最原初和最整全的本真状态,它在中西各自的哲学体系下都取得了令人瞩目的发展。但是,要真正全面地理性把握最关乎自身生存与发展的生命,却需要对中西生命哲学进行一种跨文化语境的理解与解释。

中西方生命哲学的相同之处在于都认为生命是最本真的起源状态,而理性和外化的方式往往遮蔽了这种本真的存在,主张通过"直觉"方式回归到这种状态之中。后期的西方生命哲学试图通过批判理性、外化的方式来回归生命本身,似乎与中国传统生命哲学达成了默契,但是西方哲学的这种复归是在自觉地对先前思想进行反思的基础之上进行的,是一种"否定之否定"的过程。两种生命哲学在认识论、方法论、价值立场等方面,均存在差异。未来的研究者应该尝试跨越两者的上述鸿沟,采取对话与融合的方式,建构一种跨文化的生命哲学,并提出这种生命哲学应秉持的本体论、认识论、方法论与价值论态度。

从生命哲学学科本身来看,单纯的西方生命哲学或中国生命哲学,其文化样式都有存在的合理性,而将两者结合起来,在跨文化大语境下进行系统研究,则既有利于丰富两者生命哲学的内容,更能形成一种更整体性的、超越性的"生命哲学"。从对中国哲学本身的可能贡献来看,中西生命哲学既有普遍性,亦有各自的特殊性。中国哲学走的是一种"内观"和"内化"的道路,注重的是意境和意义的阐发,因此也被称为"早熟的文明";而西方哲学起源于对外在世界的"惊异",走的是一条"由外在向内在"转化的路径。相对而言,中国哲学亦因此而欠缺了逻辑化、客观化和精确化的环节。在跨文化语境下,对两种生命哲学进行整体把握,可以帮助中国哲学自觉反思自身的缺失环节,从而实现更大的自明性。从与马克思主义哲学关系来看,马克思提出"两种生产理论",即物质资料生产和人自身的生产,它大体对应着传统西方文化和传统中国文化的关注点,而马克思主义哲学最终是要"实现人自身的解放",这也就与中西方的生命哲学的价值要领相契合,在这个意义上,跨文化语境下的生命哲学研究也有助于我们进一步把握住马克思主义哲学的价值精髓。

作为哲学体系中的生命哲学,基于生命本身的普遍性,相对而言,应该说在中西哲学比较中有着更多的"交集",因而更容易实现交流和沟通。这种交流有利于"西学东渐"与"东学西渐"的同时实现,从而超越文化上的西方中心主义,对于中国哲学与文化的传播都具有推动作用。这和党的十八大报告中提出的不断增强中华文化影响力、建设社会主义文化强国的历史使命亦不谋而合。不同民族、不同文化背景下,人们对生命有着不同甚至完全相反的哲学思考,因此,我们的研究必须具有"世界性"的眼光。开展生命哲学的跨文化研究,充分尊重、吸收不同样式的生命哲学成果,有利于从"文明的冲突"走向"文化的认同"。跨文化的生命哲学研究,本质上要求超越人性的各种抽象假定,基于生活实践,把人类的生活与一切生命的延续关联起来,使人类的自我认识达到一个新的高度,实现在理论上从"人类中心论"向"生命中心论"的转变,进而更全面地揭示人的本质。这种本质的揭示,有助于人们规避生命意义和价值的工具化、单向化与片面化,有助于人们返回本真的生命存在之中,进而提高人的生活品质和精神境界。

Analysis of the Research Trends and Trends of Life Philosophy in China Based On the Analysis of the Scientific Knowledge Atlas: Utilizing the CSSCI Core Journals from 1992 to 2022 as the Research Subject

Jia Li;Lei Chuanping

Abstract: On the basis of the articles published in the CSSCI core journals in the past 30 years (1992 – 2022), this paper utilized the analysis method of the scientific knowledge atlas by adopting CiteSpace for knowledge mapping. Guided by the conclusion visualization, this paper successfully outlined some of the development trends of domestic life philosophy research. Simultaneously, it also presented the research hotspots and changes in domestic philosophy from a brand-new perspective. At the same time, the characteristics of life philosophy itself had also been thoroughly discussed.

Key words: philosophy of life　visualization　atlas of scientific knowledge CiteSpace

现代性焦虑中信仰的认同与边界[*]

宋泉桦^{**}

摘　要: 现代性焦虑是经验中信仰主体带来的精神困境,它借由"互动交流中感性经验的攀缘",引导大众形成相对的自我意识;采用"道德情操中理性经验的抑制",限制个体在社会中的自由发展;借助"宗教仪式中超越精神的神启",建立集体无意识的文化立场。"童年记忆在传统场所中的再现""文本叙事在日常交流中的呈现""沉思境界在宗教信仰中的变现"是现代性焦虑认同的主要方式。同时,划分社会焦虑情绪中信仰事物的边界,就必须调整"有限认知的影像整合",赋予人生真实的意义;把握"无限想象的时空间隔",明确现代性焦虑产生的行为尺度。

关键词: 现代性　焦虑　信仰认同　情感边界

吉登斯所谓"20世纪日益成为具有世界历史性影响的行为制度与模式"[1]的现代性,普遍具有时空分离(separation of time and space)[2]、抽离化机制(disembedding merchanism)[3]的特点。现代性焦虑不仅反映了"严厉的超自我与受制于它的自我之

---

* 本文系湖南省社会科学基金项目"新媒体视域下宗教传播法治化及其规律研究"(项目编号: 18YBA430)研究成果。

** 宋泉桦,四川大学道教与宗教研究所博士研究生。

① 安东尼·吉登斯、克里斯多弗·皮尔森:《现代性——吉登斯访谈录》,尹宏毅译,新华出版社,2001年, 第69页。
② 安东尼·吉登斯:《社会学》(第4版),张旭东等译,北京大学出版社,2003年,第9页。
③ 安东尼·吉登斯:《现代性与自我认同》,赵旭东等译,三联书店,1988年,第19页。

间的紧张关系"①,也重构了想象中个体的生命状态。它源自社会舆论赋予人们应有的价值,当个体实际能力或情况达不到所谓的"社会标准"时,便会在喧嚣中丧失判断能力,对存在的意义产生怀疑,由此进入无限的自我内耗。近年来,学者们分别从现代性焦虑生成逻辑出发,指出:"人们创造了使人幸福的前提,却没有创造幸福本身,导致了集体性的、整体性的、类的意义上的生存焦虑。"②这从现代性自我认同焦虑谈到了同一性的解构、归属感的匮乏和自我意义的丧失。③从心理、伦理、社会群体中的道德背反论述了现代焦虑的因素。④然而,现代性焦虑信仰对象的认同方式与功能边界尚未确定,以场域为系统的整体分析也有待深入探究。

一、纯粹经验中信仰主体的召唤形式

向死而生作为生命演变的模式,通过集体无意识的象征引导让个体生命历程融入大众认为的美好意向中,继而借助时间刻度来雕琢想象的人生。尽管不可能人人都在有限的时空内获得无限的资源,成为那个理想中的自我,但是社会等级观念一定程度上能够让不圆满自我焦躁的心得以安放,只要存在英雄、偶像的崇拜,大多数人几乎愿意顺从既定的社会关系。故而,人类一旦习惯了历史、社会等宏观体系构建的逻辑思维,自身的所有想法就会不由自主地建立在思维系统的枝节之上,自我意识便成为理念在社会变革中形成的历时性记忆,亦可称那些系统中的自我是代表社会关系的特殊符号。

一切自我意识皆是纯粹的经验在他者交往中的形成,集体赋予的概念性认知通常都会成为个体的宿命。马斯洛指出,宗教作为最高级的自我实现,是现世稳定与发展的基础,人们只有实现了自我,才会愉悦地做应该做的事情,因为"所有的自我实现者都会投身于一项自我以外的事业之中,他们专心致志地从事某项工作,某项他们非常珍重的事业——人们所谓的天命或天职"⑤。因此,信仰是人生意义的源泉,是虔诚信仰神灵的过程中,个体能够无意识地实现自我价值,乃至"在不确定性中缓解本

---

① 弗洛伊德:《论文明》,何桂全等译,国际文化出版公司,2007 年,第 114 页。
② 晏辉:《现代性场域下生存焦虑的生成逻辑》,《探索与争鸣》2020 年第 3 期,第 84—92 页。
③ 吴玉军:《现代社会与自我认同焦虑》,《天津社会科学》2005 年第 6 期,第 38—43 页。
④ 王建光、徐宁:《现代社会中的道德焦虑及其化解》,《南昌大学学报(人文社会科学版)》2016 年第 8 期,第 23—29 页。
⑤ 马斯洛:《马斯洛人本哲学》,成明编译,九州出版社,2003 年,第 64 页。

体性安全缺失冲击的有效方式"①。

（一）互动交流中感性经验的攀缘

人在社会中的一言一行，以及所处环境对于自我的信息反馈本质上就是存在者存在的证明，当自我对于目标的希求无限增大时，人本有的需求就会被相应放大，感官系统在外界的摄取无非是经验性自我的延伸，试图以自身的经验赋予表象世界相应的意义。勒庞指出："当一种观念经过了彻底的改造，使群体能够接受时，它也只有在进入无意识领域，变成一种情感。"②"求不得"作为日常现象本身并不影响人的生存与发展，但是一旦人们把不确定的事物当作必然实现的对象时，这种落差感将导致人类情感层面的深度恐慌，即现代性焦虑。

随着个人主义的影响扩大，以及传统宗教信仰的不断衰退，人们对于现世的注重前所未有地增强，但凡能够成为社会舆论中有"价值意义"的人，亦如涂尔干所说："一个对象，不管是个体的还是集体的，只要它在我们心中表现赋有一种力，能够自动地引发或抑制我们的行为，而不计行为的任何利弊后果，那么我们就说它激发出了尊崇。"③异化者永远被自己的精神所禁锢，用他人眼中的世界来描绘自己的人生，同时将自己的一生排演给了素不相识的陌生人观赏。现代社会的异化行为较之传统宗教更为奇特，异化的全部过程不是朝着历史的崇高点前进，而是取悦于一群无关紧要的幻影公众。正是源于大众认假为真，每个人存在的意义只是为了满足自己不断膨胀的原始欲望，以至于看不到世界秩序中本有的因果关系，彻底陷入了无明的焦虑中。

失去宗教相对文明的秩序后，人类心中缺乏安全感，社会发展的矛盾从人类早期与自然界其他动物抢食的关系，逐步变成了人类内部相互之间消耗的过程。在这个阶段，所有人都不怀好意地仇视，并非因为他们与这个时代有不共戴天的仇恨，而是因为他们很难征服同类，所以想要通过瓦解先前呈现景象的方式，让自己不安的情绪得以平复。新事物取代旧事物是历史发展的必然，可是结果却不是完全依照个人意志，在有限世界的发展进程中，人永远只是这个世界运动的表象，历史的进程始终遵循着特有的客观规律，人类社会自有的文化只会基于现世的需要对以前的文化进行改良，最终禁锢于"人"的原型之中。

"在漫长的历史文化长河中，人类的感性认识方式是随着人类群体的整个生活方

---

① 魏传光:《现代人的生存焦虑及其排解》,《理论与现代化》2010 年第 9 期,第 104—107 页。
② 古斯塔夫·勒庞:《乌合之众——大众心理研究》,冯克利译,中央编译出版社,2011 年,第 45 页。
③ 爱弥尔·涂尔干:《宗教生活的基本形式》,渠敬东、汲喆译,商务印书馆,2011 年,第 288 页。

式改变而改变的"①,观念中的自我也会随着环境的不同发生转变。当人向神祈祷时,意味着神是人孜孜以求的理想境界,超越性成为世俗世界与神圣空间的界定。人类对神心怀敬畏时,神就是人对此类意义的认同,所有神的名号都是人对绝对理念的肯定。从宗教政治层面来看,现代社会发展离不开传统的根基。"在原有社会秩序重组情况下,唯一能够克服危机的力量总是来自社会文化传统中的某些可发展因素。"②个人主义的蔓延,必将瓦解集体主义社会构建的思维范式,促使信奉"自我"的焦虑者在互动中设置假想敌,把人群变成无法回避的竞争者,源于无法正确认识彼此关系,感性判断带来的表象背后,是个体从世界整体中的分离,他者即如地狱一般煎熬着错位的人类。毋庸讳言,每个人纯粹经验的信仰主体中都有世界的全体形象,这种全体性的再现不仅强化了个人与世界的联系,也激发了人们对于美好生活的想象。诸如婴幼儿没有绝对的立场思想,所有闯入他生命历程中的人,都是他独有的记忆财富,每个形象乃至些许片段都会成为他生命之所以成为生命的流动性意义符码。

(二) 道德情操中理性经验的抑制

世俗赋予人的价值永远是处于社会关系中个人无法摆脱的群体印象,即便天赋异禀,也不可能在一群乌合之众中得到真正的成长。因为世俗道德总是期望所有人处于平等的状态中,优秀的个体可能被视为背叛大多数人利益的另类,所以实现大多数人所谓的公平,或者说要让大多数安于现状,群体行为最显著的特点就是平庸化。如果说平等是现代人追求的状态,那么区别就是人们潜意识中自我应有的理想状态,不过这种理想状态终归是社会舆论施加的非理性经验。社会中信息流作为有意识的情感导读本质是他人赋予的一种效能,因为现代社会的每个人都相信自己在解读信息,所以忽视了信息背后蕴含的价值导向。人性的奴化,从来不是源于外在的恐惧,而是自身找不到行为的意义,自觉地服从于更高一级的信息传播者,藏在信息的背后的造作者成为受众的主人。群体思维往往缺乏独立判断的能力,他们通常相信多数人的意见是正确的决定,所以对成员道德效力有一种坚定的内在信任,即使行为失误对成员造成了不断的打击,信任依然可能继续存在。③因而,真正有道德的人,必须减少对他人进行经验引导,因为所有经验性认知的背后,都有一个准确的立场定位,这个立场难以被大众觉察,却全面地反映了始作俑者经历的一切以及它的意图。

现代性焦虑中人们最为熟悉的莫过于经验性的情景再现,这样的情景是社会想

① 本雅明:《机械复制时代的艺术作品》,王才勇译,中国城市出版社,2001 年,第 89 页。
② 刘明:《社会变迁中政治信仰认同》,《重庆社会科学》2007 年第 1 期,第 97—99 页。
③ 阿尔蒙德、鲍威尔:《比较政治学:体系、过程和政策》,曹沛霖等译,上海译文出版社,1987 年,第 308 页。

象在先行者脑海里留下的虚幻倒影。他们看到了经历者的不幸,也意识到自我正离不幸越来越近,于是战战兢兢地逃避现实生活。然而,他们忘记了当下自我的主观能动性,即使面对万丈深渊,也不至于失去思考问题的能力。经验往往是判断的依据,正确的判断与其说是理性的行为,不如说是同一类道德情操框架中的个性抑制。众所周知,个体行为囊括个性释放与感性思维,虽然表现与众不同的自我,但是这个自我基本属于自我想象中的完美,绝不可能成为所有人的偶像。道德情操有意识地约束了个人行为意义的范畴,规范了人们行为的方式,自我由非理性的情感表现转化成为社会共有价值呈现的载体,作为一个大写的人必定要符合社会推崇的道德水准。康德认为:"道德法则之敬重的敏感性,是与责任相联系的人格性禀赋,它把道德法则当作自身充足的动机,是一种道德情感。"①事物依照既定的道德法则有序运行,彼此确立社会共识的意义系统,公民在体系中不仅享有个人权力,其所有行为意义还必须遵照现有道德规定。虽然道德作为理性经验对私人想法具有抑制作用,但是抑制对象的合理性决定了道德存在的伦理价值。道德有效抑制人类荒诞的念头时,就是社会稳定的基本秩序;相对而言,如果限制了新时期中他人发展的空间,那么这样的道德是否会压抑人性,促使人们变得更加焦虑?

现代社会的焦虑,不仅是个人行为意义丧失的困境,也是公正天平错位的惶恐。因为纯粹理性经验中的道德不应该有非理性的情感因素存在,可是现实中人们处理事情时,偏偏基于传统习俗下宗族势力形成的关系网限定理性思考的范畴。因此,马克思认为人是社会关系的总和。康德曾指出人趋恶的自然倾向,譬如"把非道德的动机与道德的动机混杂起来,即不纯正,也就是说,虽然有心向善并且有足够的力量去实施,但却不仅仅把道德法则当作充足的、唯一的动机纳入准则。而是在大多数情况下,还需要道德法则之外的其他动机"②。简而言之,现代人面对纷繁复杂的事务时,道德法则从属于个人感觉,所有人在短时间内形成的"刻板印象"几乎一致,只有那些顺从自己内心感觉的形象才会获得更多的青睐。人们在谈论道德时,所谓的"道德"是相对于标准之外的规范,真正产生作用的是人在有限范围内的私心。

真正的道德存在于事物未发生之前,只有不作任何主观臆断的行为才符合公正的天平,因为人们不知道事物背后潜藏着什么,所以能够平心而论地去处理事件。当事物背后的关系网或事物与自身的联系被呈现出来时,人们往往会放松对自我的警惕。由此可见,"人心的恶劣或者堕落,即采纳恶的准则,把出自道德法则的动机置于

---

① 康德:《单纯理性限度内的宗教》,李秋零译,中国人民大学出版社,2003年,第16页。
② 康德:《单纯理性限度内的宗教》,李秋零译,中国人民大学出版社,2003年,第17页。

其他非道德的动机之后"①。当事物的弊端凸显时，人心总是在第一时间寻找道德的支撑。道德情操作为一种顺应人性善的行为，不应该存在着某种固定不变的权威所在，因为世俗世界的本质就是自私，假如让世俗世界的人将个人占有的财富或利益分享给所有人，那必定是形势所迫。所以大多数人理性经验中的抑制如果是当代合理合法的行为，那么制造社会焦虑无疑是别有用心的先行者禁锢他人的一种方式。

（三）宗教仪式中超验精神的神启

超验精神介于感性经验与理性经验之间，它是个人精神状态在回忆的流年中呈现出的诗意表征。童年成长过程是感性经验叠加，每个人对自我的认识都在客观事实的不断重复中加深和改变。人们对于事物的认知取决于现实生活的功用性，任何形象失去了赖以存留的功能后，都会很快地消失在历史的汪洋中。感性经验的升华，可能将所谓的"无用之物"转变成我们时刻关注的意义系统，无用之用的存在价值便是区别有用之物的功能作用。理性经验有别于感性经验对应着客观实在的对象，理性经验中一切概念与理论都是围绕着"自我"的意义而产生的。无论是肢体行为，还是语言对话，人们通过表象看到的本质都是"人"的存在方式。理性经验建构了人的意义，也束缚了人的发展，全面的人不可能在纯粹理性经验中诞生，同样也没有任何一种感性经验能够代表客观世界的集合。因为每个人的经历、思维、判断不同，所以存在于人们心中的主观世界会被客观世界的仪式唤醒部分元素，而不是完全相似的那个世界。

宗教仪式作为虔诚信仰的实践形式，一方面寄予了个人感性经验与理性经验的全部想象；另一方面转述了历史神话中特有的精神体系。毋庸讳言，一切宗教行为的本质是世俗世界通往神圣世界的大门，人们依靠宗教的超自然力量来扭转禁锢自己的时空，借助虔诚信仰来缓解世俗带来的烦闷感。因为大众集体无意识地将世界归纳为神灵的意志，所以人的意志自然成为共有神灵意志的投射，大多数人信仰神灵是对自我存在的认同。

纯粹经验中信仰主体的召唤形式中，感性经验和理性经验受外界影响程度较大，终归是不能自主的经验，唯有超验精神在整合记忆过程中形成了自我独立于世界的经验性立场。所谓经验性立场，是宗教人士对自己信仰对象的绝对理念在现实生活中启示的一种认识。本源性认知引导有助于形成共识，权威性阐释话语意义虽然能够在事件发酵过程中推波助澜，但是阐释者的迅速变化可能诱发公民的焦虑情绪。

---

① 康德：《单纯理性限度内的宗教》，李秋零译，中国人民大学出版社，2003 年，第 17 页。

简而言之,经验性立场的选择就是肯定主体的或者说附属于主体的,超越了主客二元对立的各种特征、能力和行为的存在,并由此而在主体性附属之物和在任何特定的主体性之外独立存在的事物的本性之间建立一种联系。①

二、现代性焦虑中信仰对象的认同方式

人们对于事物的感知始终依赖于相对认同的自我概念,自我既是信息的承载者,也是大众认识事物的参照体。每一个人接触新鲜事物时,概念的形成都并不是完全从外部施加的意义,而是本有的观念对现前事物的区分,产生了相应的事物形态。黑格尔指出,"所谓认识,被这样的关系规定为有限的认识和对有限者的认识;认识的对象中,依然存在某者,正是对象的内在者,其概念;它为认识所不可企及,与认识格格不入"②。现代社会"地球村"的形成,瓦解传统社会单一的信息生成结构,赋予了个体超越时空的想象。然而,集体无意识的信仰对象与根深蒂固的"镜中我"观念依然决定了他们认同的方式。因为"每个人都有强大却易错的理性和与生俱来的自恋,二者相结合便使人形成了不同的观点"③,所以现代性焦虑问题关键在于理解焦虑者的主要认同方式,人们不易改变的自恋情绪与偏执观念,正是他们信仰的自我幻象在实践中构建的基本认同。

(一)童年记忆在传统场所中的再现

经验事物总是存在有限的记忆中,大众借助经验的逻辑去认同对象时,个人记忆反映着世界表象,确立了人们认同事物的最初雏形。黑格尔强调:"回忆把精神保存下来了,并且回忆是内在本质,而且事实上是实体的更高的形式。"④童年记忆作为人们最早的记忆,在成长过程中影响着个体对其他事物的认同,因为绝对的自我意识是所有信息依附的主体,所以自我与信息的关联程度限定了信息内容表达的意义。叔本华认为:"凡在知识上存在的东西,即使这整个世界,也只是与主体相关的客体,只是知觉者所具有的知觉。"⑤外在的世界看似无穷无尽,实质上只是自我对于信息功用的细化,假如失去了童年构建的主体记忆,离开了经验赋予我们的先验性认知,人

① 劳伦斯·E.卡洪:《现代性的困境——哲学、文化和反文化》,王志宏译,商务印书馆,2008年,第58页。
② 劳伦斯·E.卡洪:《现代性的困境——哲学、文化和反文化》,王志宏译,商务印书馆,2008年,第58页。
③ 亨利·基辛格:《世界秩序》,胡利平译,中信出版集团,2015年,第456页。
④ 黑格尔:《精神现象学》(下册),贺麟、王玖兴译,商务印书馆,1979年,第274页。
⑤ 叔本华:《叔本华人生哲学》,李成铭等译,九州出版社,2007年,第230页。

便是单向度社会中毫无生命痕迹的工具，虚妄的现象本身亦会限定人的发展。

尽管童年记忆含藏了个性偏差的前因，但是现代社会快节奏的生活和匆匆逝去的时光埋藏了记忆生发的种子。当现实的雨露不能唤醒潜在的意识时，记忆中熟悉的场所就是童年记忆最好的导引，所有的怀旧情绪会在传统场所中氤氲出"生命"的渴望，那种理想与现实、欢乐与苦难的回顾瞬间释放出意志洪流，对抗现世差异性的心理愈发强烈，人所喜闻乐见的事物亦愈发符合心理的传统。然而，传统场所并非天然具有记忆的功能，它只是以象征的方式确立"人"生存的痕迹。如果单凭名字或相似的外形来说，这种存在性的延续并不算是独有的自我，唯有在传统场所中找到两个"我"的共鸣之处，增强自我认同的确定性以及共同揭示传统场所背后的意义所在，"自我"才算得上是有限时空内真实的自我。与此同时，童年记忆在传统场所中再现的成长历程反映了认同的趋向，建立在个人经验之上的主观世界是人区分客观世界的参照物。虽然每个人的成长环境、发展空间大相径庭，但是大众围观传统场所时瞬间的情感认知则十分相似，这种无功利性、纯粹的认同感厚植于集体的经验。现代性焦虑中人们难达成共识，究其原因是自我人格的分裂与世界认知的偏差，所有人拼尽全力看到了自己想要看到的事物，可是忽略了事物之间应有的联系，导致人与人之间的关系不再是相互制约、相互促进的整体，彻底沦陷成为为了目标物单独存在的高下意义的标志，彼此之间失去了沟通交流的机会。

传统场所之于现代社会不仅是历史的见证者，更是修正人们当下认同差异的原始空间，一切现代性信息的分歧在传统场所因为阐释意义范围的限定，不再产生新的观念偏差，所以人们对事物的认同感锁定在彼此共同经历的岁月中。例如，在现代中国文化视域中我们提到"去延安"，其本身是人自发的一般性行为，可是因为人们在童年教育中接收的信息会潜移默化影响到大众的认知，所以"延安"被赋予了地理以外的人文精神——红色信仰的发源地，一切关于延安的行为在童年记忆中"延安"的鲜明特色下变成了一种复杂性行为。我们即便不去谈论延安到底蕴含怎样的思想意义，回忆中"去延安"的行为本身也是对"延安精神"的绝对认同。虽然没有任何强制性命令的存在，但是"自我"概念中积淀的情怀随着行动被唤醒了记忆中应有的意义，现代人尽管淡化了外在事物的认同感，却始终离不开"自我"经验中先于意识存在的感觉。

（二）文本叙事在日常交流中的呈现

现代性议程源于时间管理的需要，传达内容往往事先都会以文本形式在大众脑海中呈现，彼此间交流的意义完全在于当事人对文本的叙述方式。无论是谁，只要参与了这个过程,遵循了文本应有的叙事逻辑,那么基本上都会得到同样的答案。金克木认为:"这个符号世界并不是仅仅客观反映,像镜子一样,而是反过来能起'反馈'作用。就语言来说,它可以起超越个人的社会作用,因为这是一个社会文化系统。这正像神像那样。神像是人造的偶像,但因为它是一种社会象征,于是又凌驾于个人至上起来超越那个具体物质偶像作用。"①虽然文本叙事简化了交流者之间漫无目的的协商,缩短了社会必要劳动时间,但是人不可取代的主体功能性丧失以后,现代性焦虑的负面猜忌随之而来。诚然,"人的能动性就在于不断地使存在于人生实然中的应然转化为实然"②。人如果不再是想象中可以不断发展提升的自我,而是社会发展中随意派遣的对象,那么人对于"自我"的认可将大打折扣。

罗兰·巴尔特指出,把语言结构以不可觉察与不可分离的方式将其能指和所指"胶合"在一起的现象称为同构。③现代社会中的新兴用语正是巧妙借用语言的能指区间,将相似性质的事物联系在一起,并且以生活中最常见的事物代指此类意义,最终形成了系列诙谐幽默的指称。构筑世界意义之网的语言是人类表达自我处境的一种方法,语言描述的状态不仅可以反映彼此之间的距离、关系、态度,同时也在客观上规范人的行为举止。然而,外在意义的确立源自人们内在的精神契合度,一切所指事物最终归结于能指的限定。泰勒认为:"我的认同是由提供框架或视界的承诺和身份规定的,在这种框架和视野内我能够尝试在不同的情况下决定什么是好的或有价值的。"④当人们学会用语言去解释这个世界的时候,自我就是语言呈现的一种现实力量,"凿通了社会活动与其'嵌入'到在场情境中的特殊性之间的关节点"⑤,建立了我们共同信仰的可知范畴,令我们能够感知到的社会上所有人认同呈现在客观世界之中,却存在于我们经验之中的信息。

(三) 沉思境界在宗教信仰中的变现

亚里士多德认为思想与哲学是最幸福的生活,人类唯有通过哲学沉思,方能认识世界的本源。在沉思境界中,人们拥有了自己对于万物最初的认同,并且借由认同对象开始解释世界的本源。相对宗教信仰而言,沉思境界表现为私人化的认同,

① 金克木:《艺术科学丛谈》,生活·读书·新知三联书店,1986年,第84—85页。
② 陈新汉:《论人生价值》,《山东社会科学》2010年第11期,第16—21页。
③ 罗兰·巴尔特:《符号学原理》,李幼蒸译,中国人民大学出版社,2008年,第43页。
④ Charles Taylor, *Atomism, From Communitarianism and Individualism*, Oxford University Press, 1999, p.47.
⑤ 安东尼·吉登斯:《现代性的后果》,田禾译,译林出版社,2011年,第17页。

因为一切被思考的对象都是与自我发生关系的客体,所以沉思境界中的意义与概念唯有沉思者能理解。当人们深入观察内心时,注意力集中的地方就是此时世界最为原始的力量,自我对世界所有的认识皆从此诞生。尽管沉思能够令人观察到不一样的世界体系,但是这些体系一旦被大多数人信仰,变成集体无意识时便会产生效用。

继而,沉思的个体无论获得了什么样的境界体验,终究要回归到集体生活中去证实自己的想法,那些专属于沉思者的意义系统唯有在社会中找到原型寄托,才能进一步阐释沉思表达的逻辑体系。沉思者要实现冥想的理念意义,多半会聚众依附宗教形式来推进大众的认同,而此时的宗教被沉思的信仰者赋予了无限可能性,不再是原来大众想象中的那个宗教,信众也不再是我们脑海中曾经的那批信徒,因为宗教独有的生命力是新生事物意义与传统思维架构的交互,所以人们渴望现世所作一切得到神灵的庇佑,实质上就是期待传统思维框架包容新生事物的存在。

对于任何一种宗教来说,信仰认同首先要求信徒对教规、教义的认同,认同神的超世存在,认同神之力量的超凡性。① 沉思者之沉思行为,虽然不是纯粹宗教的信仰认同,但是沉思过程中解构现实的意识活动,往往倾向于宗教的超然,源于世界原有的意义体系不再对沉思者起决定性作用,无限的宗教想象便成为沉思者最终的归属,那些教规教义无形中逐渐成为沉思者证明自己真实的参照体。在现代社会中,通过互联网选择性呈现②和多样性呈现③表现出类似自我的存在已经成为个人膜拜的“超我”,虽然这种非理性的信仰对象不具有普遍价值,但是此类“超我”间接反映了个体自我实现的需求。人们对于现实秩序的不确定性,促使了部分人对真实世界展开想象,随着相似经历与认同的人不断增多,人们自发组成沉思幻想的特殊宗教。同时,沉思带来的宗教体验一定要符合大多数人的历史逻辑或情感需要,否则,个人沉思感悟的境界就落入了精神迷惘,不会被人们轻易接受,毕竟宗教一旦形成,总要包含某些传统的材料,因为在一切意识形态领域内传统都是一种巨大的保守力量。④

---

① 曰生:《宗教神圣性功能与宗教社会作用的复杂性》,《中国宗教》2003 年第 12 期,第 16—18 页。

② Rosanna E. Guandagno, Bradley M. Okdie, Sara A. Kruse, "Dating Deception: Gender, online Dating, Online Dating, and Exaggerated Self-Presentation", *Computers in Human Behavior*, Vol. 28, 2012, pp. 642-647.

③ D. S. Bortree, "Presentation of Self on the Web: An Ethnographic Study of Teenage girls", *Education Communication & Information*, Vol. 5, 2005, pp. 25-39.

④《马克思恩格斯选集》第 4 卷,人民出版社,2012 年,第 263 页。

三、社会焦虑情绪中信仰事物的边界

（一）有限认知的影像整合

如果事物能够引起人们的焦虑，那么焦虑对象必定是事物在人们经验中留下的负面印象。正是因为大众普遍认为焦虑会带来不幸，所以不可名状的焦虑被赋予了消极的意义。所有占据心理空间的记忆，从来都不是客观世界在主观经验中的绝对投射，而是人们积极主动地回忆对象时，事物在内心世界的显现。一切根植于记忆的心理现象，只有凭借经验的整合或者想象的间隔，才能重新确立理念世界的全部意义，自我对于时空中对象的认识，也会随着自我意志力的增强变得相对渺小。现代性焦虑的过程中，人们焦虑的对象并不会立刻对人造成毁灭性的打击，而是潜藏在人们思虑的边界，如同窥视者偷看主体形象一样，一步一步瓦解人们在社会生活中的人格面具。

现代人恐惧的对象，一直是被自己信仰的主体，随着信仰主体神圣地位的降低，世人变得焦躁不安。世界的主体在心灵的印象永远是那个持续被创造的他者，好似恋爱中人会将深爱的他者作为此刻生命的全部意义，虔诚信仰的人亦将自己信仰的对象作为眼前世界的缘起。主观唯心主义是个人主观能动性的最高体验，人在精神的世界中相对自由，同时凭借社会上感知的经验判断与他者存在的特殊联系。当自我对持续关注的他者产生兴趣时，认知经验随着群体合作的影像上升为自我与他者的合作假象，这种沉浸在迷狂状态的假象误导自我与他人的关系。随着现实中彼此了解的加深，此类假象变成了本应存在的理想状态，可是自我期许并不是对方所想，继而成为庸人自扰的焦虑。人与物的关系，在现世生活中依然遵循着爱屋及乌的原则，人们喜欢事物的背后必然有一段显意识或潜意识中存在的经验性回顾。故而，大多数人根据持续时间最长的记忆确立了对象具有的实际意义或价值，忽略了实践中对象的真实状态。

人类的经验范畴决定了有限的认知，认知对象从主客体接触的最初状态开始，就始终不是单独存在的个体，所有记忆的影像在被信仰事物杜撰的内容中逐步发酵，慢慢演绎成为我们信以为真的人生。虽然信仰事物整合了我们深藏的记忆影像，但是影像从来就不是真实存在的形象，毕竟在我们选择性记忆的过程中，一切关于自我成长的影像都是当时我们觉得有意义的片段，这些片段能够使生存于集体无意识文化环境中的我显得更加丰满。社会焦虑情绪通常表现为"虚拟自我对我具有什么意义

回答失范",因为信仰主体赋予影像的意义不确切,所以现代人需要循环反复地回顾记忆中那些片段,找寻生命中与信仰事物最为贴切的行为过程,以此纯粹经验性质的有限认识来整合虚幻的影像。一切影像的焦虑背后是信仰事物的状态,如果人们树立了正知正见,那么"内心能量(psychic energy)的流动性和任意支配性"①会使我们内心平静,成为文化的主人。

(二) 无限想象的时空间隔

群体行为源于内部之间意见统一的需要,在人类生命历程中总是以"有限认知的影像整合"作为信仰事物的边界;个人行为出于自我情感消遣的诉求,往往以"无限想象的时空间隔"作为社会情绪的边界。换而言之,人们总是情绪化的信仰社会中不断变化的主体,他者共在的经验固然能够使我们感到愉悦,可是思维中的他者是相对自我而言的变化对象,并不是现实生活中固定的人或物。继而,我们通过曾经令我升起某种情绪的那个人,确立了相似形象对应的意义,使我们生命历程中的人或物成为移情的载体。睹物思人或许是影像整合后主体缺失的寂寞,不过人类在实践中永远找不到那样一种经验中的主体,毕竟人们"对于所喜欢的东西希望得到、欢喜追求、想要有所作为的一种驱动力或心理功能是欲望"②。就像海中的波浪一样,跌宕起伏,奔涌而来,虽然海中的浪花时时会现起,但是我们难以看清楚它的真实面目。

个人无限想象的情感时空,永远都是信仰对象在内心激荡的涟漪。人们追不上信仰事物,却不会放弃对信仰对象的遐想;得不到真实的那种感觉,却渴望时空压缩成唯有彼此共在的场域。想象的主体"企图唤起并维持对它的合法性的信仰"③,任由情感肆虐,滥觞成唯我独在的荒园。然而,现代性焦虑中物及人引发的情感始终是想象中自我关系的位移,信仰对象不会因为个人的冲动,改变原有的性质,所以我们在无限想象中长期信仰的对象,与其说是共时性的客观实在现象,不如说是个人情绪的蔓延,没有方向、没有目的,流经区域触及的事物都被误认为信仰的主体,信仰对象在不确定的情感波动下,根本不能决定信众前进的方向,最后只能成为信仰者目送远去的焦虑源头。

时空间隔是孤独的灵魂、流离的生灵在苍茫大地上活动的边界,也是意志消沉与潜能觉醒的边界。因为人们失去了崇高的信仰后,自我被放逐于痛苦与无常的边界,

---

① 卡尔·古斯塔夫·荣格:《荣格文集(第二卷):转化的象征——精神分裂症的前兆分析》,孙明丽、石小竹译,北京国际文化出版公司,2011年,第12页。
② 陈兵:《佛教心理学》,陕西师范大学出版社,2015年,第409页。
③ 马克斯·韦伯:《经济与社会》,约翰内斯·温克尔曼整理,林荣远译,商务印书馆,1998年,第239页。

所以每次想象的欲望升起时，必将伴随致命毁灭的惨叫。无限想象的事物即便给予了人暂时的美好，也不过是让人贪恋更多虚妄的情绪，假使人放任自己的情感在时间上、空间上离这些事物太近，最后必将和这些错乱的信仰对象一齐堕入深渊。

四、结语

现代性焦虑是纯粹经验中信仰主体带来的精神困境，焦虑的自我作为缘于对象而存在的想象个体时刻影响着言行举止，甚至决定群体发展的方向。焦虑借由互动交流中感性经验的攀缘，不断从环境中获得相关信息，引导大众形成相对的自我意识；采用道德情操中理性经验的抑制，反复强调集体约定俗成的观念，限制个体在社会中的自由发展；借助宗教仪式中超越精神的神启，周而复始重塑相应的精神场域，建立集体无意识的文化立场。焦虑的产生虽然无处不在，但是人们对于事物的认同程度却取决于仪式化的生活方式，诸如童年记忆在传统场所中的再现通过唤醒大众过往的记忆，引导人们意识之流；文本叙事在日常交流中的呈现借助语言表述的客观规律，建立既定的行为方式；沉思境界在宗教信仰中的变现，升华个人体验的真实性，从而进入无尽的传统想象。时至今日，理清社会焦虑中信仰事物的边界，仍然是构建社会主义和谐社会的关键，必须准确调整有限认知的影像整合，强化有益影像的投射，赋予人生真实的意义；同时深刻把握无限想象的时空间隔，控制想象世界的发散，明确现代性焦虑产生的行为尺度。

The Identity and Boundary of Belief in Modern Anxiety

Song Quanhua

Abstract: Modernity anxiety is a spiritual dilemma brought by the subject of belief in pure experience. It guides the public to form relative self-consciousness through the climbing of perceptual experience in the interaction and communication. Using the restraint of rational experience in moral sentiment to restrict the free development of individuals in the society; with the help of a religious ceremony beyond the revelation of the spirit, establish a collective unconscious cultural position The represent the text narrative of childhood memories in traditional places in daily communication realized rendering meditation state in the religion is the main way of anxiety of modernity identity At the same time, the borders of faith things in social anxiety, must adjust Image integration of limited cognition endows life with real meaning; grasp the space and time interval of infinite imagination, and make clear the behavior scale of modern anxiety.

Key words: modernity　anxiety　religion and cultural identity　emotional boundaries

动物工业中的距离
生产术与道德自抑困境

王 海*

摘　要: 现代社会发生的一系列变化,使得人类对动物产品的需求前所未有地强烈,这种需求使人同动物的联系更为紧密;但与此同时,动物却遭受了严重的剥夺。人类固有的道德情感对于暴力行为原有着重要的自抑作用,然而现代动物工业独特的组织形式和运作机制却凭借一种制造道德距离的生产术,使道德自抑陷入困境。这种困境使动物工业中动物遭受的痛苦远离了人类道德情感的关怀。走出这种道德自抑困境,改善现代动物的生存处境,既要对动物工业的组织形式和运作机制进行深刻反思,又要重新审视人类对动物所负有的道德责任。

关键词: 动物伦理　道德自抑　动物工业　距离生产术

现代社会中,人与动物间的关系处于一种若即若离的矛盾状态。一方面,现代人对动物产品的欲求空前强烈,因而二者间的联系也前所未有地紧密。另一方面,使这种紧密联系得以维持的恰恰是人类对动物在道德距离上的疏远。因为,现代人对动物的巨大需求首先意味着对动物的大规模屠杀和剥夺,人的道德良知或道德情感对于人的不道德行为的约束作用——"道德自抑"(moral inhibitions)——本不至于任由人对自己给其他生命存在者带来的苦难无动于衷。然而,这种道德自抑的功能却被一种现代动物工业的距离生产术所阻遏。这种生产术是一种通过在人与动物之间制

---

* 王海,南华大学马克思主义学院在读硕士研究生,主要从事伦理学研究。

造道德距离从而为人对动物的宰制提供道德便利的现代生产方式。其之所以可能，主要是得益于现代化的生产方式和组织形式。正是通过现代化的资本运作、工业化生产以及科层制管理，现代动物工业中的动物彻底沦为了消费社会的动物商品、工厂生产中的动物机器以及科学实验中的动物工具。

一、资本的距离生产——美化的动物商品

"资本来到世间，从头到脚，每个毛孔都滴着血和肮脏的东西"①，诚然，在马克思所处的时代，这句话是为资本主义制度下受压迫和剥削的无产阶级发声的。然而，无产阶级并非资本唯一的受害者，在资本无孔不入地席卷一切时，动物也不能幸免。而且，由于动物作为绝对意义上的弱势者，并无申诉和还击之力，因而其命运之悲惨比起无产阶级来，实有过之而无不及。恰如荷兰环境女性主义者芭芭拉·诺斯克（Barbara Noske）所言，资本主义工业化和全球化同时带来的也是动物的彻底商品化。②

（一）动物商品化

在由资本运作的社会里，一切都被市场逻辑所支配，似乎只要有市场价值，任何东西都可以被明码标价，放上货物陈列架。在资本化的进程中，动物生命同样也被物化为一般商品，这使得动物脱离了作为其自然属性的生命，被以纯粹的物的形式对待。

动物商品化区别于一般物的商品化之处在于：其商品化的同时意味着生命存在者被当作非生命来对待。由于在非生命物的商品化过程中，对象并无感知能力，因而就这些物的被处理方式而言，并不存在任何关涉道德价值的问题。然而，当具有苦乐感知能力的生命存在者被以纯粹的物的方式对待时，情况就不一样了。只不过此时的道德问题往往容易被其他一些因素所掩盖。

比如，在经济学中，"资本""商品""交换价值""使用价值"等词汇似乎是与道德无涉的。它们以其近乎纯粹客观的形式对资本社会中的经济事实加以描述，从不做出经济学以外的价值评判。然而，当这些似乎无涉道德价值的经济学词汇被用以描述

①《马克思恩格斯文集》第 5 卷，人民出版社，2009 年，第 871 页。
②刘彬：《当代西方女性主义动物伦理及其困惑》，《外国文学》2015 年第 1 期，第 144—151 页。

能感知苦乐的生命存在者时,它们便自动掩饰了发生在这些生命存在者身上的具体遭遇,因而模糊了具体的道德问题。当动物被描述为"商品""用具""市场价值的承担者"时,动物便被等同于物。由于人们无需对"商品""器具"负有道德责任,因而也就无需对动物负有道德责任。在这里,动物被用简单的排除法从道德对象中排除出去,因为人们在其间悄悄地完成了一次由动物向物的转换。成功地将具有苦乐感知能力的生命存在者转化为商品,也就意味着人类对它们的道德责任的豁免。

可见,动物商品化的过程是通过将具体的生命属性从动物身上抽离来实现道德距离的生产的。一旦动物被商品化,人们的焦点就只是集中于"成本""价格""收益""效率""质量"这些事关生产者和使用者利益的因素上了,至于"商品"本身(无论是有生命的还是非生命的),则被抽象为无福利可言的"物"。在市场逻辑的支配下,资本家为获取利润,则会尽其所能地从动物身上剥夺一切具有交换价值的东西,不停地翻新着剥夺动物的方式。

(二)"肉"欲的生产

现代社会,人们对动物产品的需求量是以往任何时代都不可比拟的,据国家统计局发布的数据,"2020 年全国家禽出栏 155.7 亿只,禽肉产量 2 361 万吨,禽蛋产量 3 468 万吨。全国生猪出栏 52 704 万头,猪肉产量 4 113 万吨"[①]。现代社会对动物的这种巨大需求,除了上述提到的道德责任被豁免这一看似微弱的辅助性条件,至少还包括以下原因。

显而易见的是,现代激烈的市场竞争导致了生产率的提升以及商品价格的下降。[②]这对于商品化的动物而言,则意味着生长周期和生命周期的持续缩短,也意味着其生命被进一步廉价化。这直接降低了人们享用动物制品的成本。不太为人所注意的是,消费者对动物商品的需求还受到现代社会"欲望生产"机制的影响。前现代社会,生产的目的是消费,而现代社会,消费的目的附带地也包含了生产。在现代社会的消费现象中,消费者同时也是欲望的生产者,而商品的生产者则同时是这些欲望的消费者,前者为后者提供了生产方向以及扩大生产的动力,后者为获得这种动力的支持则为前者别出心裁地创造出一个又一个美好的希望。"肉店的货架以及举办整个食品与服装的节日,无不令人垂涎欲滴。在堆积之中,还有产品总和之外的东西:

---

① 陈有柏:《产能创新高! 2020 全国家禽出栏 155 亿只,生猪存栏 4 亿头,2021 年将达到此水平》,2021 年 1 月 27 日,据《农财宝典》新牧网:http://www.xinm123.com/html/meeting/515310.html。
② 安东尼·吉登斯:《现代性的后果》,田禾译,译林出版社,2011 年,第 54 页。

显而易见的过剩,对稀有之物神奇而决定性的否定。"①犀角、虎骨、象牙做成的配饰、猞猁、紫貂、狐狸的皮毛以及其他稀有难得之物,以其符号化的社会意义对消费者的身份和价值进行标志,而消费社会中的人则在对自我价值的"实现"中,将"稀有"堆积为"丰盛",在欲望"生产—满足—再生产"的重复过程中,将生产和消费转化为过剩与消耗。

正如德勒兹所指出的,欲望并不同于需求,需求出自对某物的"缺乏",而欲望不是。②现代社会过剩的"肉"欲完全是被生产出来的,而这种"肉"欲又反过头来为生产更多动物制品提供动力。对于欲望的生产,包裹在人们身边的各式各样的广告功不可没,它们通过优美的言辞和象征美好生活的画面,使得人们的"需求"一步步膨胀,而正是"这些需求使艰辛、侵略、不幸和不公平长期存在下去"③。

诚然,牲畜以及作为食品或服饰的动物制品被用以交换,确乎不是现代社会所独有。但伴随着科技的进步、物质生活水平的提升以及生产方式的改变,现代人的购买力和购买欲也在前所未有地膨胀。如果说,前现代人对于动物的需求更多的是通过"自然的馈赠"满足日常之所需,那么,现代人对于动物的需求则更多地通过创造更多的"奇绝之物"和"饕餮盛宴"来刺激消费社会的所欲。前者作为一种生存的需求是相对节制而有限的,后者则相反。

(三)"肉"欲的保护:烹饪、广告、装饰

庞大的动物需求意味着对动物进行的大规模剥削和屠戮,毕竟全国每年上百亿动物的"出栏",并不只意味着动物们换了个地方居住。在对有苦痛感知能力的生命存在者进行大规模的血腥屠宰后,想要在享用这些动物遗体的同时摆脱道德心理的抗拒,仅仅把动物商品化是远远不够的。至少,具有敏感道德情感的现代文明人在饮食时,显然不会对流着鲜血的生肉、肝脏或刚割下的器官不加抗拒地接受。因此,通过烹饪技术改变动物尸体的原貌便十分必要。正是在此意义上,茹毛饮血被视为"原始"与"野蛮",而使用精致的餐具进食经过复杂烹饪工艺加工过的熟肉则被称作"进步"与"文明"。

食物的本质是通过繁复的烹饪工序被掩盖起来的。通过美食的艺术,当人们在

---

① 让·波德里亚:《消费社会》,刘成富、全志钢译,南京大学出版社,2001 年,第 3 页。
② 李科林:《欲望的生产原理——德勒兹关于现代社会的批判思想》,《马克思主义与现实》2017 年第 3 期,第 116—123 页。
③ 赫伯特·马尔库塞:《单向度的人:发达工业社会意识形态研究》,刘继译,上海译文出版社,2006 年,第 6 页。

炎炎夏日手持"白色火炬"般的冰淇淋时,比起联想到被迫与母亲分离的初生牛犊,更容易联想到鹅毛飘落的冰雪世界;当人们醉心于欣赏精美礼盒中的建筑艺术——蛋糕时,比起联想到蛋鸡养殖场中被碾碎的新生小公鸡,更容易联想到糖果和奶油搭建的童话世界;同样的,当人们品味由各种复杂工序制成的精致肉食品时,也不容易嗅到各种香料和调味品掩盖下的血腥。在烹饪工艺的阻隔下,人们对血液、肌肉、器官有了新的理解,这种理解则在复杂的餐桌礼仪和温馨的用餐环境中得到进一步巩固。

除烹饪外,广告也为"肉"欲提供了必要的保护。这种保护主要是通过构造"虚假形象"拉远人们同动物真实遭遇之间的距离来实现的。显然,肉食品店不可能以一头正被宰杀的牛作为店招形象,皮毛制品商也不会选择一只正在被剥皮的狐狸作为橱窗展览。相反,作为广告内容的形象,必须是人们愿意看到的、能够刺激人们购买欲的形象:一只昂首阔步的公鸡、一群健康白净的猪崽、广阔草原上吃草的牛、雪域中自由奔跑的狐狸……由于真实的情况容易引起人们心理上的反感,而虚假形象对于"肉"欲的刺激和保护是有利的,那么真真假假便都不重要了。

此外,"装饰"也能对动物制品的本质加以掩盖。经过繁琐工艺的加工,柔顺精美的高档皮草如仙女织就一般巧夺天工,然而浑然天成的皮毛却容易使人遗忘它此前同赤裸血肉的剥离过程。同样地,满目琳琅的日化品店为人们构造出属于脂粉香娃的琉璃世界,然而支撑起这个世界的动物实验之野蛮却不亚于割腥啄膻。①"伪者,人为之,非天真也。"②通过一层层人工伪饰,人们限制了心理联想的延展空间,把动物的真实遭遇隔绝在动物制成品背后,人们对于残忍和暴力的抵触则被限制在耳目所及的空间内。至于被伪装和美化的事实真相如何,并不重要,了解食物的真相只不过会徒增享用动物制品时的心理负担。

总之,在资本力量和市场逻辑的支配下,包含具有苦乐感知能力的生命体在内的一切具有交换价值的东西,都可以被放到市场的天平上称量。而市场逻辑与人性中道德自抑机制的矛盾,只不过使得人们选择过滤掉那些不愿看到的事实。花样繁多的"包装"在人类的自然情感和暴力后果之间制造出一段又一段距离,以致在动物生命商品化的世界里,几乎没有顾惜恻怛的一席之地。

---

① 关于日化用品所采用的动物实验,可参见彼得·辛格(Petet Singer)的《动物解放》,其中揭露了大量不人道的动物实验,包括把各类有毒害作用的化学试剂滴入兔眼以检验产品的毒害性。(彼得·辛格:《动物解放》,祖述宪译,青岛出版社,2006年。)
② 许慎:《说文解字注》,段玉裁注,上海古籍出版社,1988年,第379页。

二、工厂的距离生产——非生命化的动物机器

现代社会对动物的庞大需求只有通过大规模的工业生产才能得到满足,然而,工业化的动物生产给动物带来了巨大的痛苦和灾难。具有同情心的人类,为何能对这大规模的痛苦和灾难无动于衷? 答案与现代工业特有的组织形式有关。

(一)工业养殖:集约化的空间隔离

在资本运作的世界里,竞争是生存的前提。与以散养、放养、圈养等养殖方式为主的小规模家庭式、农场式养殖相比,高效经济的工厂化、集约化养殖无疑更具市场竞争力。目前,这种大规模工业化养殖已然成为现代养殖中的主流。

工业养殖场的经营者为了获得更多利润,会在设法提升技术的同时尽可能地缩减成本。缩减成本对于动物而言,意味着其有限而短暂的一生,将在狭小拥挤的格子中度过,也意味着其一生最好刚刚被压缩为技术上能达到的最短生长期。养殖场的设计、动物的饲养,都以取得更高更快的经济收益为目的。因此,尽可能地钻营出降低养殖成本、缩短生长周期、增加繁殖数量的方法,就成了养殖行业获取更高利润的手段。如果培育三对翅膀八条腿的鸡是可能的,那么生理上的反感或许并不足以抗衡人们在效率和收益方面获得的喜悦。这无关乎贪婪,只不过是市场的逻辑。在这种逻辑的支配下,动物仅仅被当作毫无知觉能力的物来对待,其存在的意义和价值完全取决于人类对它们的需要,一旦抛却了这层需要,那么其存在便毫无意义,它们只不过是工业生产环节中的"生命—机器"。

总之,现代化养殖的大规模运作和高效率生产,在大幅提高生产效率和产量的同时,将动物推向了更加悲惨的境地:逼仄而拥挤的存活空间、缩短成长周期的养殖方法以及由于违背动物自然本性而带来的病痛和煎熬,都使得这些动物的寿命极大缩短,使其短暂的一生充满痛苦和折磨。关于动物在工业化养殖环境下的悲惨处境,《动物机器》一书已有充分的记录[①],问题的关键在于,人类的道德情感是否容许对这些由人类生产造成的动物苦难无动于衷。如果答案是否定的,那么人类的道德情感又是如何与这些动物的苦难相协调的呢? 要说明这一点,需要对养殖工业的组织模式进行一番考察。

[①] 可参见英国动物福利活动家露丝·哈里森(Lucy Harrison)的著作《动物机器》,其中对工厂化养殖动物的悲惨境遇有大量翔实的揭露。(露丝·哈里森:《动物机器》,侯广旭译,江苏人民出版社,2019 年。)

　　传统养殖,由于规模小、竞争弱,因而其存在是分散的、随机的,其生产活动之于人类社会生活的关系是嵌入式的,人们对于家庭养殖或农场养殖的感知也是熟悉而亲近的。相反,工业化养殖要求对动物进行集中处理,因为这种集中处理能为工业生产带来更高的生产效率。然而,动物的集中化处理要求将夹杂在传统社会生活中的动物大规模驱逐出去,这使得现代人所使用的动物不再为人们所熟识。现代人可以对各式各样的动物制成品及其效用如数家珍,然而对这些具体的动物却是陌生的。因此,传统社会中人们宰杀养育了数年的动物时所面临的尴尬和心理负担,是现代人能轻易避免的。[①]

　　除了"集中",现代养殖工业制造道德距离的方式还有"隔离"。众所周知,养殖场、屠宰场的选址往往不会考虑人口稠密的城市中心,相反,它们往往会选择远离人群的郊区或偏僻的工业园区。这部分是基于成本方面的考虑,部分也是因为政府部门对养殖场、屠宰场选址的规定。在相关的规章中,"距离""隔离""封闭""分开"是常被用以规范的词汇。虽然这类规范主要是基于健康防疫和环境保护的考虑,但在客观效果上,却对养殖场、屠宰场的选址提出了远离人群的要求。[②] 这种原本只是出于经济考虑和城市规划合理性的安排,却无意中造成了另一种便利:它将养殖动物隔离在了人们的视野之外,同时也使得人们的道德关怀被隔离在动物工厂施加的暴虐之外。

　　总之,养殖工业对动物的集中化和隔离化制造出了人们与养殖动物之间的道德距离,使得动物对人们来说变得疏离和陌生化。在此过程中,人类固有的道德自抑也不觉地被悬置了起来。

(二) 工业屠宰:自动化的机械屠杀

　　传统社会,人们为维持自身的生存,需要直接同野兽对抗,直面动物所遭受的痛苦和死亡,正视动物的眼睛和面容。操刀、割喉、放血、剥皮、取出内脏,这一系列"卑污"的流程,在很多现代人看来,多少是在道德情感层面难以直接接受的。如果每一个现代人所需的肉制品都需要亲自通过以上方式获得,不知多少人会成为素食者。幸而,现代人获取肉食或其他动物制品时,多数情况下并不需要亲历这种"野蛮""暴力""残忍"的场面。

　　虽然多数现代人的道德情感在面对动物的不幸遭遇时多少会恻隐萌动,但现代人对动物的屠杀规模却是以往任何时代所不能比拟的。以猪的屠宰为例,据中国农

---

① 传统社会中,对于养育多年的动物,人们为避免宰杀时出现的尴尬和不忍,有时会选择由他人代劳。
② 可参见《中华人民共和国畜牧法》《中华人民共和国动物防疫法》《畜禽规模养殖污染防治条例》《动物防疫条件审查办法》等文件中的相关条目。

业农村部发布的统计信息,仅2021年3月一个月,全国规模以上生猪定点屠宰企业的屠宰量就达1 508.7万头。[1]然而,这个数据仅代表达到特定规模的屠宰企业的屠宰量,实际上被屠宰的猪远比这多。这意味着,按最保守的估计,中国每天至少有48万头猪被屠宰。

人类的道德情感似乎并不容许如此大规模地屠杀动物,然而现实中,这种屠杀的发生却能同人类的道德情感并行不悖。这其实得益于现代动物屠宰工业的运作机制。

一方面,现代化的屠宰工厂,同工业化养殖一样,会通过生产的集中化和选址建厂的隔离化,将现代人的恻隐之心隔离起来。另一方面,现代化屠宰另一方面的特点——自动化和机械化——也会使得人类的道德自抑机制受到严重阻碍。

在屠宰行业,机械化、自动化的屠宰方式正日渐取代传统屠宰。得益于这种屠宰方式,每天都有无数的动物成为流水线生产过程中的被加工物。机械化的屠宰使得宰杀大批量动物变得轻而易举。按传统方式进行屠宰,宰杀一头猪往往需要多人协力,然而在机械化屠宰的助力下,庞大数量的动物宰杀仅需少数人的简单操作便能完成。此外,机械化、自动化屠宰的优势还在于,它能使人类在宰杀更多动物的同时,引起最少道德情感上的不适。

倘若有人愿意承认宰杀有苦乐感知力的生命负有道德责任的话,机械化屠宰能将这种道德责任尽可能地悬空。可以设想一个几乎完全实现自动化的屠宰场,其屠宰程序基本无须人工介入。其中既没有操刀的屠夫,也没有负责指挥的管理员,整个屠宰程序仅由预设的程序便可实现。只需每天把待戮的动物运送进去,将其经过分类、处死、清洗、加工、包装等程序处理,最终以动物制成品的形式呈现在人们面前。这样一个仅由机器和预设程序完成的屠宰流程,由于没有人工的直接介入,到最后会很难找到对这些动物的遭遇直接负责的人。在此,责任被悬空了。

然而,即便在需要由少数人操作的机械化屠宰场中,责任同样是处于"漂流状态"的。这种"漂流"之所以可能,正由于现代化生产者的"代理人"身份。[2]在现代工业体系中,生产者所生产的产品并非为了满足自己的需要,相反,他们只是那些商品使用者和工厂上级的"代理人"。而如果商品的使用者和需求者都可以被免除责任的话,代理人又有何不可呢?

高度自动化和机械化的屠宰场并不是一个遥不可及的理想,相反,它正是现代化

<hr />

[1] 中华人民共和国农村农业部:《全国规模以上生猪定点屠宰企业屠宰量》,2021年4月12日,据中华人民共和国中央人民政府网:http://www.gov.cn/xinwen/2021-04/12/content_5599117.htm。
[2] 鲍曼:《现代性与大屠杀》,杨渝东、史建华译,译林出版社,2002年,第214页。

屠宰的大势所趋。可以说,为人类建设一个又一个没有屠夫的屠宰场,制造一场又一场没有凶手的谋杀案,确乎是现代工业屠宰所企及的目标。诚如孟子言:"君子之于禽兽也:见其生,不忍见其死;闻其声,不忍食其肉。是以君子远庖厨也。"①古今同理,现代社会的养殖模式和屠宰模式,在道德自抑与动物苦难之间,制造了一段又一段距离,在现代人与痛苦、挣扎、宰杀、死亡之间,隔起了一重又一重障幕。障幕遮蔽下,我们不见其生死,亦不闻其哀嚎,偏远的厂区、封闭的围墙、自动化的屠宰,一切都便于人们过滤掉那些易于触发恻隐的血腥内容。

三、科学实验的距离生产——材料化的动物工具

怀抱"为科学而科学"的崇高理想,头顶"泽被天下"的桂冠,埋头于实验室攻克难题,在人类知识的边界拓荒……这是理想中的科研图景,却非现代科研的普遍现况。在现代化进程的影响下,科研不可避免地同那些与之原不相干的因素产生千丝万缕的联系,在这些因素的共同作用下,现代科研并不"单纯"。这种环境中,被卷入现代科研中的动物只不过是实验材料和实验工具。

(一) 科研工业下的动物实验

现代科研的发展离不开大量资金和人才支持,这使得现代科研的发展不得不同其他一些社会关系捆绑起来。首先,同产业相结合是现代科研常见的发展模式,因为产研结合可以为科研活动和科研人员提供大量的资金。其次,政府出于发展科学的义务,也会对科研提供相应的经济支持。再次,由于科研势必会涉及大量高要求的实验材料和器具,现代科研还会与很多庞大的利益相关团体发生关联。最后,现代科研与其说是一种少数人的志业,毋宁说是一个庞大的职业群体,不拘爱好与否,职业人依靠职业获得收益。在此意义上,现代科研可被称为一种工业,每天都可以生产出无数的科研产品和相关利益。

在这种科研工业的背景下,科学实验中的动物绝不只是单纯的"为人类福利做出之必要牺牲"。相反,无数毫无必要却极其残忍的动物实验每天都在进行,通过这类实验,现代科研产出了大量的学术论文、项目经费、职称成果以及对实验器材和实验动物的新需求。现代科研的丰富产出使得学界、科研者、器材供应商、实验动物养殖

---

① 朱熹:《四书章句集注》,中华书局,1983年,第208页。

者皆能饱尝硕果,因此,一项已被开展过的动物实验,在另一种动物身上开展则不失为一种创新;一种人所共知的实验反应,对其重复操作也不失为追求"逐渐增强的确证性"的过程;一种已被视为缺乏意义的动物实验,对申报书的说法进行一番巧思亦不失为一种意义的再生。确实,工业化的科研生产不只发生在需要做动物实验的学科,只不过,"哲学家和史学家为求取功名前途发表的论文,至多不过是浪费纸墨,令同行生厌而已,而动物实验论文则造成动物的剧烈疼痛或持久的痛苦"①。

科学实验中动物的遭遇其实并不比工厂或屠宰场中的动物更好,因此,也会存在同样的问题:既然动物实验是残忍的、不人道的,甚至在很多情况下是非必要的,那么科研人员是如何在操作"非必要"动物实验的同时安之若素的呢？其中原因较为复杂,除了受人类对待动物的一贯态度影响外,至少还有以下一些因素,正是这些因素使得实验员的怜悯之情同实验动物拉开了距离。

(二) 专家系统和术语

现代社会,专业的科研工作者往往也被称为"专家"。"专家"是社会分工高度精细化的产物,这部分人专门从事知识性的生产工作,是专业知识领域的权威代表,负责向社会提供生产生活所需的相关知识。然而,由于学科知识分类的高度精细化,"专家"同时又是知识垄断的重要形式。在专家系统中,高度专业化的语言便是这种垄断的具体表现。它既可以为专业性提供某种"看上去"的说服力,也可以为专业研究提供一定程度的便利。然而,至少在动物实验中,其作用不止于此。

在利用动物进行的科学试验中,专业语言的使用往往能为某些按常规理解的东西提供崭新的含义和理解方式。比如,当研究者试图对实验动物的遭遇进行描述或记录时,这种描述或记录便会尽力趋向于专业性和"客观",并同时为清除试验过程中产生的心理阻碍提供便利,从而区别于一般表述。对此,反对滥用动物进行实验的心理学家爱丽丝·海姆(Alice Heim)曾一针见血地指出:

> "动物行为"的研究总是用科学的、看似清净的术语表述,向纯朴的、非施虐狂的年轻的心理学学子灌输,使他们心安理得地去从事这些实验。因此,"消除"技术其实是表示用饥渴或电击来折磨动物;"部分加强"一词,是指先把动物训练成存在某种期望,却只是偶尔满足动物的这种期望,造成动物沮丧或挫折。"消极刺激"是指给动物的一种刺激,动物对这种刺激只要有可能逃避,就会立刻逃

---

① 彼得·辛格:《动物解放》,祖述宪译,青岛出版社,2006 年,第 66 页。

避的。"避免"一词可以使用,因为这是一个观察得到的活动,但"痛苦的"或"惊恐的"刺激就不可以用,因为这些词汇拟人化了,意指动物有感觉,或许同人的感觉类似。这样的词汇是不允许用的,因为不符合行为主义,是不科学的。(而且也是因为这会吓住年纪较轻和尚未老练的研究人员进行某种有创造性的实验。他可以让他的想像力有所发挥。)在"动物行为"研究领域的实验心理学家,最大的违规是把动物拟人化。然而,要是他真的不相信人类和低人一等的动物相类似,那么即使连他自己也会认为他的工作是毫无意义的。[1]

的确如此,动物实验要有意义,前提是承认动物与人之间的相似性,而不人道的动物实验之所以能被不带道德负担地进行,又要依靠否认动物与人的相似性。这种"既相似又不相似"的悖论之所以存在,其实就是因为否定人与动物在痛苦感知力上的相似性,有助于拉开实验员和实验动物之间的道德距离,从而抑制动物实验过程中同情心的作用。正是在这种专业化术语营造的环境中,动物完全成为被数字编号的实验工具,动物和非生命物被无差别化了,仅存差别是实验手段和实验反应的区别。

(三)科层制与权威

现代科学实验中,使实验员与实验动物之间的道德距离进一步扩大的,还有现代科研的组织形式及这种组织的权威。

高度理性化的社会组织是现代社会高效运作的保障,这种组织形式其实就是官僚制,又称之为科层制。照马克斯·韦伯的分析,科层制下的社会组织层级分明、分工明确,不同层级间有着明确的界限和等级关系。这种组织形式最重要的特点就是高度理性化,在理性的支配下,组织中的个人是非人格化的,其行事的原则也主要是工具理性的。[2]

在动物试验中,实验员仅仅是庞大科层制严格组织结构中的一环,其义务和责任在于摆脱非理性因素的限制,严格按照既定试验标准和程序执行实验。其操作行为是出自"指导者"或"上级"的命令、得益于"管理部门"的支持、获准于"权威机构"的认可、源于社会整体的需要的。因此,在此过程中,道德是作为"义务""规范""责任"而存在的,与情感无关。这种理性化的道德潜在地要求对另外一种关于情感的道德进行排斥。因为在前者看来,后者的基础是模棱两可的,是缺乏稳定性的,在本质上是

---

① 彼得·辛格:《动物解放》,祖述宪译,青岛出版社,2006年,第46页。
② 王威海:《韦伯——摆脱现代社会两难困境》,辽海出版社,1999年,第240页。

非理性的,其"不虑而知、不学而能"的先验性是荒谬可笑的。因此,科层制下实验员进行的动物实验,不仅是无须承受道德责任的,相反,它是受到权威道德极力支持的。在此,来自道德情感的压力又一次被消弭于无形了。

另外,科层制为科研人员提供了一种权威环境,这种环境同样能对实验员内心的道德情感进行有效的遏制。作为科研权威结构当中的一员,实验操作员当然需要服从来自"指导者"和"上级"的命令。但除此之外,更重要的是,实验员需要服从于整个科研权威结构中的最高权威——科学。

这个现代科研组织中的最高权威,以其不容置疑的合法性,为科研中的动物实验提供了最具正当性的辩护理由和坚硬无比的保护壳。无论实验是以多么令道德情感反感的方式进行的,这些手段最终都会被"科学"这一崇高目的所净化:

> 行动是为了科学利益的需要——无疑这是一个高高在上、鲜有争论、一般也是基于道德的权威。不过,没有指出的一点是,科学比起其他的权威来更多地被公众舆论许可实施伦理上可憎的原则,即用目的来使手段变得合理。科学成为目的与手段相分离最彻底的化身,这种分离是人类行为的理性组织所怀的理想:是目的而不是手段遭受道德的评价。①

总之,在科层制的科研环境中,道德主要是理性道德,进行动物实验的实验员也只不过是庞大科层整体中的一个环节,其行动的正当性主要与"职责"和"义务"相关,至于情感等非理性因素则被排除在外。因此,实验员的行动被作为"责任"的道德赋予了合理性。在科学权威的作用下,科研工作者进行的动物实验(无论是必要的还是非必要的)再次得到辩护。在"科学"的庇护下,实验员冲破来自内心深处道德情感的阻碍,义无反顾地前行。在工具理性的支配下,实验室里的动物,彻底沦为无生命的实验材料和实验工具。

四、结语

工业规模的动物生产给动物造成了巨大的灾难,这本是人类道德情感所不容许的。然而,通过独特的生产组织形式,现代社会压制了人类道德情感的冲动,阻遏了

---

① 鲍曼:《现代性与大屠杀》,杨渝东、史建华译,译林出版社,2002 年,第 209 页。

道德自抑功能的发挥。这种道德自抑困境要想得到化解,首先,需要对现代动物工业的运作模式进行深刻的反思:现代性对于人类,对于动物,究竟意味着什么? 其次,也要重新对道德进行本体论层面的审视:在现代社会,除了作为一种由外而内的"规则式"的社会规范,道德还能是什么? 最后,还需要对人与动物的伦理关系进行全面的反思:没有人类的智能,是否就是将动物排除在道德考虑之外的充足理由? 这些问题的回答对于解决人类与动物之间的矛盾是十分重要的。

当然,改善现代动物的生存境遇,远不只是一个理论问题。如果人类对待动物的基本态度没有发生根本性变化,那么仍然没有理由对现代动物的生存状况感到乐观。因为,动物遭受到的不幸,根源于自古以来人类对待动物的基本态度。而现代社会的不同之处,更多地在于通过现代动物工业的独特运作模式将这种不幸加剧到前所未有的程度。

Distance-Production Techniques and the Dilemma of Moral Inhibitions in Animal Industry

Wang Hai

Abstract: A series of changes in modern society have led to an unprecedented strong demand for animal products, which makes the relationship between human and animals closer. But at the same time, animals are severely deprived. The inherent moral emotion of human beings has an important self-restraint effect on violence. However, the unique organizational form and operation mechanism of modern animal industry makes moral self-restraint in trouble by virtue of a production technology that creates moral distance. This dilemma makes the suffering of animals in the animal industry far away from the concern of human morality and emotion. To get out of this dilemma of moral self-restraint and improve the living situation of modern animals, we should not only deeply reflect on the organizational form and operation mechanism of animal industry, but also re-examine the moral responsibility of human beings to animals.

Key words: animal ethics   moral inhibitions   animal industry   distance-production techniques

书　　评

以信仰的力量照亮生命前行

——评《苏区时期中国共产党理想
信念的培育与当代启示研究》

张培高　马子阳*

摘　要: 较高的信念,尤其最高信念(信仰)的产生、形成是人的生存与发展所需要的结果。但信念或信仰形成后,便会反过来对人生产生重要影响。苏区时期的农村,地主不仅占有大量的土地,而且收取高额地租,导致老百姓生活极其困苦。这一社会条件是广大农民、党员干部乐意接受马克思主义理想信念教育,并愿意为之奋斗终生的现实基础。而他们一旦做出自己的选择,马克思主义理想信念便立即成为他们的人生信念,指引着他们前进的方向,使他们不惧任何危险。

关键词: 理想信念　信仰　苏区时期　人生

人与动物最大的区别在于,人不仅是物质性的存在,而且是精神性的存在。其重要表现之一为人是有信仰的存在。海德格尔明确指出:"信仰乃是人类此在的一种生存方式。"[①]其实早在海氏之前,就有不少这方面的言论。如法国著名作家罗曼·罗兰说:"人,不能没有一个信仰。"美国著名诗人惠特曼也说:"没有信仰,则没有名副其实的品行和生命。"信仰不仅与个人的生命有密切的关系,还与民族、国家有密切的关系。惠特曼也明言:"没有信仰,则没有名副其实的国土。"习近平总书记更是高瞻远

---

* 张培高,四川大学哲学系特聘研究员、博士生导师。马子阳,四川大学哲学系拔尖班本科生。
① 海德格尔:《路标》,孙周兴译,商务印书馆,2001年,第59页。

瞩地指出:"人民有信仰,民族有希望,国家有力量。"①习总书记的这一论断无论在理论上还是在实践上都能得到印证。由马春玲教授主持的国家社科基金项目的最终成果《苏区时期中国共产党理想信念的培育与当代启示研究》(以下简称《培育》)一书便从理论与实践层面分析了苏区时期,中国共产党人及其领导下的百姓是如何在艰苦的革命岁月中坚守马克思主义信仰。全书共六章,分别从苏区时期理想信念教育的思想渊源与社会历史背景、发展过程、主要内容、方法途径、基本经验和当代启示六个方面展开论述。整体观之,全书结构较为合理,论述充分,材料翔实可信,可以认为,该作进一步丰富与推进了苏区教育史的相关研究。美中不足的是,该书对理想信念与信仰的关系,以及苏区时期理想信念的培育途径之具体内容的探讨还有待进一步完善。

一、理想、信念、信仰与人生

从概念上说,理想、信念与信仰是有密切联系但又有较大区别的一组概念。因此,分析他们之间的关系是探讨"苏区时期中国共产党理想信念的培育"之课题的前提,马春玲教授的《培育》一书即是以此探讨作为开篇的。如她所说:"理想、信念、理想信念和信仰都是人类的高级精神活动,是人生存状态和生存方式的体现,只是在层次上有所区别。信仰处于最高层次,涵盖了其他三者,以最高价值观的地位给人建立终极关怀和精神家园。正是由于信仰与信念只是在层次和程度上有所区别,因而在平常的用法中,往往不加仔细区分。"②这一结论,若不细究,那么大体是成立的。首先就理想与信念的关系来说,信念是对未来美好憧憬之想象(理想)的坚信不移。一般的相信或不坚定、不持久的相信,都不是信念,因此,信念就是在坚决相信某一对象的基础上所形成的,是具有稳定性与永恒性的精神现象。其次就信仰与信念的关系来说,虽然两者只有一字之差,但由"念""仰"的含义也可看出两者的联系与区别。从联系上说,"信仰"是"信念"的高级形态,即"信仰"具有"信念"所有的基本特征。但不能反过来说"信念"就是"信仰"。因为信念的对象很广泛,既可以是很小的某一个具体观点,又可以是很常见的某一个具体的人或物。而作为信仰的对象却绝非某一个具体、平凡、常见的人或物,一定是与人生有重大关切且能影响或决定人一生的人或

---

① 《习近平谈治国理政》第 2 卷,外文出版社,2017 年,第 323 页。
② 马春玲:《苏区时期中国共产党理想信念的培育与当代启示研究》,人民出版社,2022 年,第 16 页。

物。比如说坚信"邪不压正"或"正义必胜",表面看来这与人生有重大的关切,但其实只是一种普通的信念。因为这一信念的力量还不足以影响或决定人一生的方向,所以只有极高或最高价值的信念才能被称为信仰。[①]由上述可知,信念与信仰两者之间,不仅有层次与程度上的区别,而且还有外延与内涵上的差异。正是因为两者有包含与被包含的关系,所以在不严格的情况下,两者确实可以互用。

不过理想信念与信念又有所不同,它并不是理想和信念的相加,其在含义上与信仰一词相当。这是改革开放后为了适应思想政治教育的需要而逐渐形成的一个词语。之所以用这个词来代替"信仰",最主要的原因在于"信仰"一词不仅在日常生活中并不常用,而且容易与宗教关联起来。

理清人为何需要信念或信仰及其对人生有何作用之问题也是探讨理想信念或信仰培育的前提。整体观之,人的一生会有很多信念,不仅体现在不同的成长阶段中,而且体现在同一个阶段(如儿童、少年、青年、中年、老年等)的不同时间中。不过,无论是哪一个阶段的信念,从内容上来说,往往都是一些非常具体、容易实现、无关大局的信念。而其中极有可能也有对人一生产生关键且持久的影响、指引他的人生,甚至引导他生死的信念。这一信念就是信仰。人为何会有这些信念和信仰呢?这其实与人的生存与发展有密切关系。按照心理学家马斯洛的研究,人有生理、安全、社交、尊重和自我实现五个方面的需求。而生理需求是所有需求中最基本的需求,当生理需求没有得到满足的时候,其他的需求往往就无暇顾及,正所谓"如果所有的需要都没有得到满足,并且机体因此而受生理需要的主宰,那么,其他需要可能变得似乎全然消失,或者退居幕后"[②]。为满足生理需求而奋斗,其实就是为了生存而拼搏。人的生存包括吃、穿、住、行等多方面的内容。而影响需求满足的因素较多,除了与个人的主观努力有关外,还与其实现的途径、方法以及诸多客观条件等因素皆有密切关系。一般来说,一个人实现需求满足的愿望越强烈,那么其行动力就越强。而当他坚信该目标或意愿时,他的信念便由此形成。若他的目标或意愿是多方面的,那么他的信念也就是多方面的。这期间,可能还会出现几种情况:第一,当需要的满足受到多重打击后,那么他会寻求失败的原因。如果把失败的原因归结为"命",那么他会从某种宗教中寻求答案,并以之作为信仰。宗教在抚慰他受伤的心灵之同时,给予他继续奋斗的动力或引导他另有所求。第二,当需求未得到满足,如果他把失败的原因归结为现实的因素(包括自然环境、社会环境、社会制度等),那么他可能会选择某一人物、观点

① 荆学民:《人类信仰论》,上海文化出版社,1992年,第22页。
② 马斯洛:《动机与人格》(第三版),许金声等译,中国人民大学出版社,2007年,第19页。

或思想作为指导他继续努力的信念。如果对其所选择的对象深信不疑,那么这也就成了他的信仰。其实,这也是苏区时期绝大多数民众信奉马克思主义的重要原因。第三,如果他的需求能够顺利实现,那么当生存的需求满足之后,便会寻求更高的精神追求,这也为他走向信仰提供了极大可能性。所以说,较高的信念,尤其最高信念(信仰)的产生、形成是人的生存与发展所需要的结果。但当信念或信仰形成后,反过来也会对人生产生重要影响。

首先,指引人生的走向。主体一旦形成或选择了某一信仰,那么他的行为将围绕他的选择而展开。如果信仰对象是宗教,那么念诵该教经典、向神忏悔或祈祷将是他一生最主要、最经常的行为。如果信仰对象是某一非宗教人物或思想,那么他的一生主要与经常的行为也受此人物或思想的指引。比如裴多菲诗所云:"生命诚可贵,爱情价更高。若为自由故,两者皆可抛。"他认为"自由"远比爱情、生活可贵,故其一生的走向与主要行为皆由追求自由所引导。同样的,对于选择马克思及其思想作为信仰的人,追求人人平等与自由的共产主义社会便成其一生的事业。

其次,提供生命前进的动力。苏轼诗云:"人有悲欢离合,月有阴晴圆缺,此事古难全。"当事业、目标的实现受到诸多因素的影响时,有不少因素不是主体可以控制的,因此,事业、目标实现的路途并不总是一帆风顺,甚至可能荆棘丛生、惊涛骇浪。这时信念或信仰就会成为他战胜困难的动力。困难越大,信念或信仰提供给主体的动力也就越强。这方面的事例很多。如释迦牟尼为了求道不惜长时间苦行;又如夏明翰有"砍头不要紧,只要主义真"的悲壮之举。信念对人生的作用并非只体现在杰出人物中,也体现在普通人身上。如聂荣臻曾回忆道:"试问我们的每一个红色战士,为什么要当红军……他会回答你'为了实现共产主义!'……许多战士在临危受命时,是一面喊着'为了苏维埃新中国',一面献出了自己最宝贵的生命。"[1]

最后,提高人的精神境界。尽管自古以来对人之本性的善恶属性有极大的争议,但人人都有基本的生存需求。如性善论的主张者孟子说道:"口之于味也,目之于色也,耳之于声也,鼻之于臭也,四肢之于安佚也,性也,有命焉,君子不谓性也。"[2]以此,若把信念定位在个人生存的满足上,那么显然是属于低层次的。而一旦主体选择突破物质层次的信念,便进入精神层面的信念。如弘忍批评普通民众与门人曰:"汝等门人终日供养,只求福田,不求出离生死苦海。"[3]"求福田"所追求的是物质层次的富贵,而"出离生死苦海"便属于个人最高层次的生命关怀。因此主体若真正信仰佛

---

① 聂荣臻:《聂荣臻回忆录》,解放军出版社,2005年,第162页。
② 朱熹:《四书章句集注》,中华书局,2012年,第377页。
③ 慧能:《坛经校释》,郭朋校释,中华书局,1983年,第9页。

教,那么所追求的境界与层次就达到了精神的最高层面——生命的价值与归宿。又如主体若选择了马克思主义信仰,那么所追求的便不再限于个体自我生命价值的实现,而是突破了自我的禁锢,把小我融入了大我之中。因此,这一境界就可用崇高与伟大来形容了。

信念或信仰与人生有着密切的关系,不仅是人生的指南,而且是生命前进的动力和人的精神归宿,因此个体不仅要积极学习、了解与选择属于自己的信念,而且社会或组织也要通过各种途径对民众进行信念的培育。苏区时期的理想信念或信仰的培育也应当在此视域下进行探讨。

二、苏区时期理想信念的培育

苏区时期(1927—1937),又称土地革命战争时期。大革命失败以后,党的工作重心由城市转向了农村,因此革命任务转变为通过建立农村革命根据地,开展土地革命,建立革命武装和工农政权的方式反对国民党的独裁统治。国民党蒋介石集团为了遏制革命力量的壮大,反复组织军事力量对苏区进行打击,不仅打击的时间长达十年,而且打击的方式异常残酷。所以苏区时期又被称为第二次国内革命战争时期。从历史上看,这一阶段是中国共产党革命史上最为艰苦的探索与奋斗阶段,也是中国共产党理想信念的培育探索形成阶段。

从要素上看,理想信念的培育之所以可能,至少需要以下几个方面的条件:第一,培育的内容;第二,培育的对象;第三,培育的途径与方法;第四,培育的条件。《培育》大体上也是按照这个思路展开分析的。

1848年,马克思、恩格斯合著的《共产党宣言》发表,标志着马克思主义的诞生。批判资本主义、建立共产主义社会是马克思主义的核心思想。《共产党宣言》对未来的美好社会作了宏观的描述:"代替那存在着阶级和阶级对立的资产阶级旧社会的,将是这样一个联合体,在那里,每个人的自由发展是一切人自由发展的条件。"[1]按马克思、恩格斯的设想,未来的社会不仅物质资料极大丰富、人的精神境界极大提高,而且人人自由而平等。这给予人们新的生活希望与追求。十月革命的成功,既为共产主义社会的实现提供了最基本的条件,又为中国的无产阶级革命树立了榜样。因此,中共一大所讨论形成的中国共产党的第一个纲领作了如下规定:"二、革命军队必须

---

[1]《马克思恩格斯文集》第2卷,人民出版社,2009年,第53页。

与无产阶级一起推翻资本家阶级的政权,必须支援工人阶级,直到社会的阶级区分消除为止;承认无产阶级专政,直到阶级斗争结束,即直到消灭社会的阶级区分;消灭资本家私有制,没收机器、土地、厂房和半成品等生产资料,归社会共有;联合第三国际。三、承认苏维埃管理制度和党的根本政治目的是实行社会革命。"①大革命失败后,党的工作重点虽然由城市转向了农村,走上了农村包围城市的道路,但根本宗旨是没有变化的。如1931年赣南会议所通过的《党的建设问题决议案》指出:"现在阶级(段)中党的任务,是领导中国资产阶级性的民主革命。然而他将来是要领导这一革命转变到社会主义革命的。"②又如1933年出版的《苏维埃中国》开门见山地指出:"苏维埃中国现在所做的一切,还只不过是为将来社会主义建设任务开辟出必经的道路和准备些必要的前提。"③

整体上说,培育的对象包括全体党员干部、全体红军战士、普通民众和战俘。虽是如此,但并非说任何一个群体都属于培育的重点。相对于两后者来说,前两者才属于重点培育的对象。这两者其实就是马春玲教授所说的"指战员"。遗憾的是,马教授只分析了如何对指战员进行理想信念的培育,并未明确指出他们是重点培育对象的原因。而其原因在于:党员干部必须起领导先锋作用;红军战士是革命战斗的中坚力量。除此之外,还特别要注意的是红军指挥员所起到的模范作用。指挥员属于每个战斗单元的先锋与关键,而且起着承上启下的作用。如果指挥员的理想信念出了问题,势必会对该单元的战士产生严重的负面影响。正如《培育》一书中所谈及的原二十六路军总指挥部执法队的王振泽:在接受教育之前,他干革命的理念是回老家当"土皇帝"。如果他把这一思想带到军队中,必然会影响一大批战士。而后在党的教育下,他转变了观点与立场,并为共产主义的事业奋斗了一生。

那么,如何对广大指战员和普通民众进行理想信念的教育,其方式与途径有哪些呢?除了书中所谈及的办板报等途径外,学校教育和报刊宣传也是重要的方式。

第一,创办各类学校或培训班对对象进行理想信念的教育。苏区时期,除了由中央所创办的苏维埃大学等高等学校外,各个根据地还创办了各级学校和各种培训班。各级学校包括列宁小学、妇女夜校、列宁师范学校等。培训班有干部教育培训班、普通民众培训班等不同类型。据统计,苏区时期的湘赣区"全省有列宁初小700余所,学生28 900人,列宁高小7所,学生204人;女子职业学校4所,学生163人;女子半日制学校204所,学生4 045人;工农夜校807所,学生23 700多人;识字班2 500多

① 《建党以来重要文献选编(1921—1949)》第1册,中央文献出版社,2011年,第1页。
② 《中共党史参考资料》第6册,人民出版社,1979年,第429页。
③ 中国现代史资料编辑委员会翻印:《苏维埃中国》,内部资料,1957年,第1页。

所;识字牌 2 300 多个"①。这些学校在提高民众教育水平的同时,也使他们了解了马克思主义,因为马克思主义是《工农读本》《劳动读本》等教材中的必备内容。如有教育史料写道:"(共产主义社会)每个人都要劳动,没有阶级;没有国家,共同生产;共同消费,各尽所能,各取所需,劳动变成游戏一样。不会感到痛苦,社会上只有经济组织,没有政权的组织;永远不会有人剥削人,人压迫人的事情发生。这是真正友爱和平的大同世界,是人类的乐园!"②

第二,创办各种红色报刊宣传马克思主义,对对象进行理想信念教育。为了宣传马克思主义,中国共产党在创立之前就创立了《新青年》作为机关刊物,宣传马克思主义。后来又在各地创办了《共产党》《山东劳动周刊》《广东群刊》等报刊进行革命宣传。苏区时期,虽然各方面的工作都受到国民党的打压,但宣传工作并未因为敌人的打击而终止。自创办第一份红色刊物《红色中华》始,苏区随后迎来了报刊业的大规模发展。除了中央机关的报刊外,各苏区也办有自己的报纸。据统计,苏区时期累计办有报刊 226 种。③这些报纸不仅宣传了党的主张,而且培育了党员干部、普通民众崇高的理想信念。

第三,通过红色板报、标语、歌谣、戏剧等形式宣传马克思主义,对对象进行理想信念教育。板报是用黑板或墙面进行宣传的一种常见方式。标语相对于板报来说,方式更是灵活得多,既可以写黑板或墙上,也可以写在横幅、报刊或纸上。在苏区时期的农村,这两者都是很常见的宣传方式。而相对于板报、标语来说,歌谣、戏剧的感染力更强。党员干部与老百姓在娱乐中不知不觉就受到了马克思主义信仰的熏陶。正如马教授在书中所说:"红色歌谣的广泛传唱,对群众的革命思想教育产生了很大的影响。1930 年 10 月,赣西南特委书记刘士奇在给中央的报告中说,苏区民众都能明白《国际歌》《少先队歌》《十骂反革命》《十骂蒋介石》《红军歌》及各种革命歌谣。"④

但不管培育的形式多么独特,培育的内容多么吸引人,这仍然存在于精神领域,如果不能解决人民的实际问题,那理想、理念的培育也难以持久。

马克思主义信仰与宗教信仰的根本不同是,马克思主义不是抽象的信仰,而是具有现实的物质利益作为基础的科学思想。马克思明确指出:"'思想'一旦离开

---

① 《湘赣革命根据斗争史》,江西人民出版社,1983 年,第 101 页。
② 张挚、张玉龙主编:《中央苏区教育史料汇编》(下),南京大学出版社,2016 年,第 788 页。
③ 吕强、陶奕冰:《中央苏区红色报刊出版及其当代价值(1927—1937)》,《中国出版》2022 年第 4 期,第 61 页。
④ 马春玲:《苏区时期中国共产党理想信念的培育与当代启示研究》,人民出版社,2022 年,第 175 页。

'利益',就一定会使自己出丑。"①陈独秀也说:"群众只有为具体的切身利益争斗而信仰某一政党,是不会为抽象的主义而信仰的。"②苏区时期,马克思主义信仰或理想信念的培育之所以能够取得巨大成功,与广大农民所处的生存环境有关密切的关系。

虽然古人很早就有"耕者有其田"的理想,但这一理想在土地革命政策实施前仍未实现。地主不仅占有大量的土地,而且收取高额地租,导致老百姓生活极其困苦。正如毛泽东主席在农村调查时所指出的:"譬如耕了二十担谷田的,量去了十一担多租,剩下八担多。去年过年和今年青黄不接毛饭吃时借过地主谷子两三担,加上加五利,又要还去三担多至四担多。打禾了,要买好东西招扶地主。禾打过了,买上一点油盐,春上一点米子,立秋刚到,一切都完。"③这形象地展现了"四海无闲田,农夫犹饿死"的悲惨情况。这一社会条件是广大农民、党员干部乐意接受马克思主义理想信念教育,并愿意为之奋斗终生的现实基础。而他们一旦做出自己的选择,这一理想信念便立即成为他们的人生信念,指引着他们前进的方向,使他们不惧任何危险,进而取得了革命的胜利,为最终实现马克思主义的理想奠定了扎实的基础。正如邓小平指出的:"为什么我们过去能在非常困难的情况下奋斗出来,战胜千难万险使革命胜利呢? 就是因为我们有理想,有马克思主义信念,有共产主义信念。"④

Light up Life Forward with the Power of Faith:
Review of *A Study on the Cultivation of the Ideal Beliefs of the CPC during the Soviet Period and Contemporary Inspiration*

Zhang Peigao; Ma Ziyang

Abstract: Higher beliefs, especially the highest beliefs (faith) arise and are formed as a result of the needs of human existence and development. But when beliefs or faiths are formed, they in turn have an important impact on life. In the rural areas during the Soviet period, landlords not only possessed large amounts of land, but also collected large amounts of land rent, resulting in extreme poverty for the common

---

① 《马克思恩格斯文集》第 1 卷,人民出版社,2009 年,第 286 页。
② 《建党以来重要文献选编(1921—1949)》第 2 册,中央文献出版社,2011 年,第 439 页。
③ 《毛泽东文集》第 1 卷,人民出版社,1993 年,第 204 页。
④ 《邓小平文选》第 3 卷,人民出版社,1993 年,第 110 页。

people. This social condition was the basis of the reality that the majority of peasants and Party members and cadres were happy to receive education on Marxist ideals and beliefs and were willing to fight for them all their lives. And once they made their choice, it immediately became in turn their belief in life, guiding them forward without fear of any danger.

Key words: ideal belief   faith   soviet period   life

研究阐释党的十九届六中全会精神国家社科基金重大项目"创造性转化与创新性发展视野下的中华生命智慧研究"开题报告会简述

褚国锋*

2022 年 9 月 21 日,研究阐释党的十九届六中全会精神国家社科基金重大项目"创造性转化与创新性发展视野下的中华生命智慧研究"开题报告会在四川大学举行。开题报告会以线上会议的方式举行。中国社会科学院世界宗教研究所所长郑筱筠研究员,武汉大学文明对话高等研究院院长吴根友教授,四川省社会科学院李远国研究员,四川师范大学蔡方鹿教授、黄开国教授担任评议专家。评议专家、项目依托单位负责人、课题组成员等六十余人在线参加了会议。

课题首席专家、四川大学杰出教授詹石窗代表项目团队,就课题研究内容及研究计划进行了汇报。该课题以中华文化中的生命智慧及其转化变迁形态作为基本研究对象,着重挖掘中华优秀传统文化中敬畏生命、关爱生命、保护生命和完善生命的大智慧与真精神。课题主体共分为五个子课题:中华文化原型的生命智慧及其转化创新;少数民族的生命智慧及其当代应用;儒道释与中医的生命哲学及其转化发展;中外生命哲学的比较与超越;艺文滋养与当代社会的生命教育。课题以"生命智慧"为总纲,通过五个子课题分别以不同的方式和侧重点发掘中华优秀传统文化的生命哲学思想精华,形成未来的创新性发展思路。首席专家表示,课题研究将与《中华续道

---

* 褚国锋,四川大学道教与宗教文化研究所博士研究生。

藏》编纂出版工程、"创新 2035"先导计划和生命哲学学派工作结合进行,确保按期完成研究工作。

在开题评议环节,与会专家就课题的研究内容、理论价值、现实意义、可行性和创新点等方面展开深入讨论。评议专家们一致高度肯定了该项目的意义与价值,认为本课题的设立将有助于梳理中华文化发展脉络,提炼生命智慧精华;有助于阐明构成中华文化的多民族文化支脉,进一步巩固中华民族共同体意识;有助于在文明交流互鉴的视角下把握中华文化特质,彰显中国思想气派;有助于调动中华优秀传统文化服务新时期马克思主义发展,助力中华民族伟大复兴。

课题首席专家詹石窗教授感谢与会专家的肯定与鼓励,以及宗教所、哲学系和中华文化研究院的大力支持。课题组将按照专家们给出的宝贵意见,进一步调整和完善研究计划。

四川大学党委常委、副校长姚乐野教授,四川省社科联规划办主任赵静,四川大学社会科学研究处处长傅其林教授等在线出席了会议。姚乐野教授指出,詹石窗教授因应国家战略和时代需求而牵头申报重大项目,既是詹石窗教授为国效力的学术情怀的体现,也是四川大学百年来"胸怀天下,为国分忧"的光荣传统的体现。傅其林教授表示,詹石窗教授所获重大项目是四川大学"中国生命哲学学派"建设的重要成绩,是四川大学"创新 2035"先导计划"文明互鉴与全球治理研究计划"之"儒释道思想融合创新与人类命运共同体构建"方向的新成绩,也是教育部人文社科重点研究基地四川大学道教与宗教文化研究所的新成绩,具有重大意义!

《生命哲学研究》稿约

　　《生命哲学研究》是由四川大学生命哲学研究中心主办的综合性学术辑刊（每半年一辑），本刊坚持马克思主义指导原则，以兼容并蓄世界各哲学传统的生命哲学专题研究、发掘中国传统相关思想资源为特色，推动当代生命哲学发展，促进多元学科交叉。以传承优秀文化、激发前沿论战、启迪创新思维、提高健康水平、服务现代生活为宗旨，注重学术性、科学性、知识性与社会关怀相统一，力求治学的严谨性与求真的超越性的结合。

　　本刊主要内容包括但不限于特稿、专题研究、前沿新论、传统文化研究、文献刊布及书讯、探索争鸣、研究生论坛、学术动态等。

　　本刊海内外公开发行，凡是有关生命哲学及相关学科交叉的研究成果，均欢迎赐稿。本刊所刊发之文稿均为作者之研究成果，文责自负，不代表编辑部观点；同时，凡有剽窃或抄袭他人作品之情形，由该文稿作者承担相应的一切法律责任。

　　凡所投本刊的文稿，恕不退还。本刊对来稿拥有修改、删节等相应权利，如果投稿者不同意，请在投稿时予以说明告知。基于传播和推广学术思想之考虑，本刊对所刊发的文稿，拥有择优转发、推送等权利，如果著作权人不同意，请在投稿时予以说明告知，如未说明，视为同意。

　　为适应我国信息化建设，扩大本刊及作者知识信息交流渠道，本刊已被《中国学术期刊网络出版总库》及CNKI系列数据库收录，其作者文章著作权使用费与本刊稿酬一次性给付。免费提供作者文章引用统计分析资料。如作者不同意文章被收录，请在来稿时向本刊声明,本刊将做适当处理。

来稿请以 Word 电子文档形式发送至我刊电子邮箱,并附上作者的联系地址、邮编、电话、电子信箱等信息。同时告知否允许进行修改、推送等,以方便编辑部与您联系相关事宜。

格式体例:

一、来稿应包括论文题目(中英文)、内容提要(中英文,200 字左右)、关键词(中英文,3—5 个)、作者简介(中英文)、正文等内容,字数一般控制在 7 000—12 000 字。

二、引文出处或者说明性的注释,请采用脚注,置于每页下,具体格式为:

1. 引用专著,须注明:作者、书名、出版社、出版年、页码。例如:

詹石窗:《新编中国哲学史》,中国书店,2002 年,第 25 页。

2. 引用《道藏》《四库全书》等大型丛书,必须首先注明所引的书名或者篇名,然后注明丛书的册数与页码。例如:

《玄肤论·金液玉液论》,《藏外道书》第 5 册,第 363 页。

3. 引用杂志论文或论文集论文,须注明:作者、篇名、期刊(论文集)名,期刊序号(出版社、出版年)、页码。例如:

詹石窗:《关于道教思想史的若干思考》,《哲学动态》2009 年第 2 期,第 9 页。

圆顿子:《论〈四库提要〉不识道家学术之全体》,载张广保:《超越心性:20 世纪中国道教文化学术论集》,中国广播电视出版社,1999 年,第 342 页。

4. 引用译著,须注明:作者、书名、译者、出版社、出版年、页码。例如:

马克斯·韦伯:《儒教与道教》,王容芬译,商务印书馆,2004 年,第 133 页。

5. 引用期刊文章,须注明:作者、篇名、报纸名、出版日期(版次)。例如:

吴文俊:《东方数学的使命》,《光明日报》2003 年 12 月 12 日(B1 版)。

6. 引用外文文献,须注明:作者、书名、出版社、出版年、页码。例如:

Milton M. Chiu, *The Tao of Chinese Religion*, University Press of America, 1984, p. 17.